SeaEagle

SeaEagle

Virgil Mores Hillyer
維吉爾・希利爾｜著
王奕偉｜譯

媒體票選「影響一生的十大圖書」之一！
已翻譯成20多種語言，全球銷售超過1000萬冊！
《紐約時報》高度讚賞，全世界最受歡迎的歷史讀物！

維吉爾・希利爾：「讓我們喜歡和產生興趣的歷史，才是最有用的歷史！」
這位「卡爾維特學校」校長，他獨創的教育方式，為他贏得世界性的聲譽！
——《紐約時報》

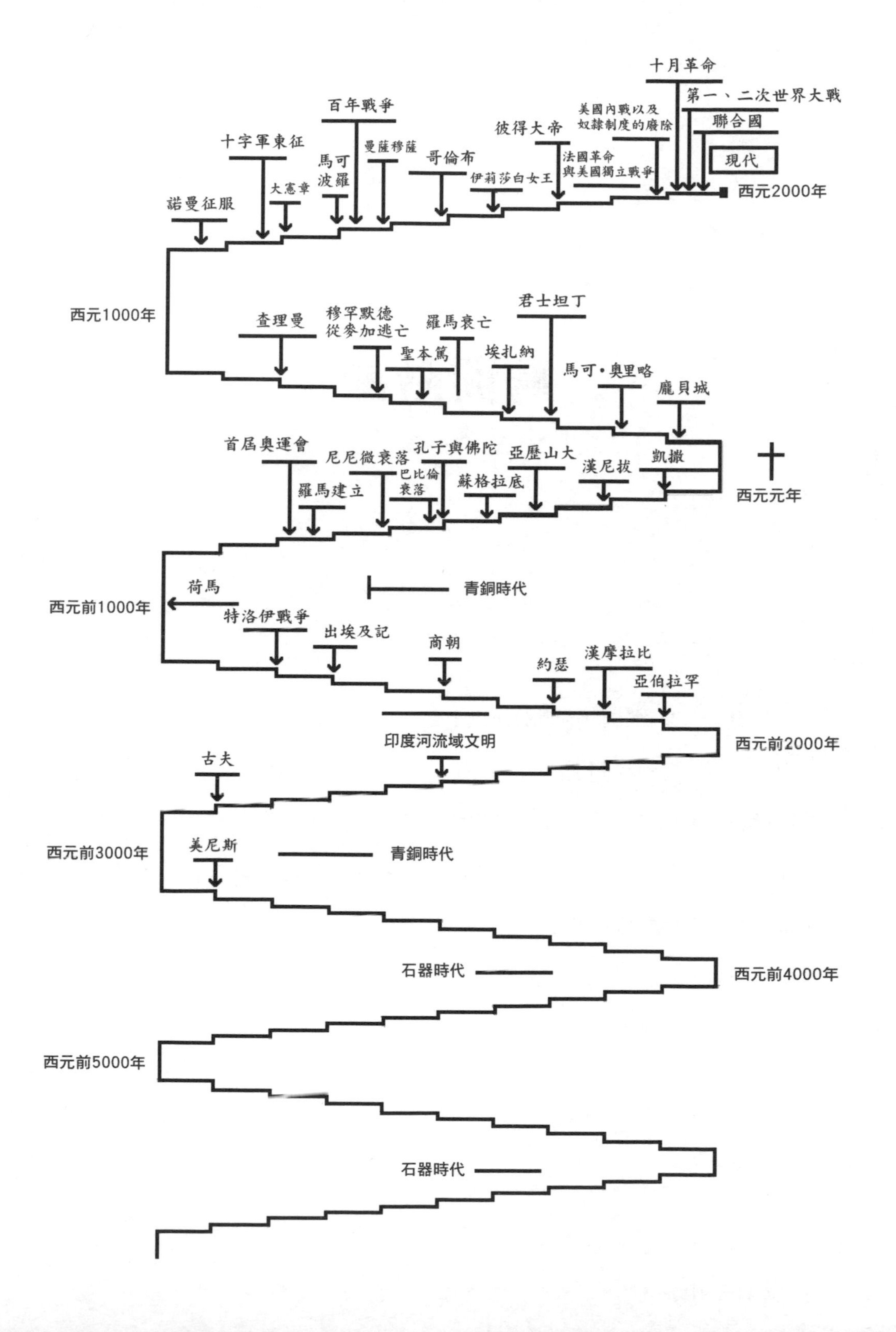

十月革命
第一、二次世界大戰
美國內戰以及
奴隸制度的廢除
聯合國
彼得大帝
百年戰爭
十字軍東征
曼薩穆薩
馬可
波羅
哥倫布
法國革命
與美國獨立戰爭
現代
大憲章
伊莉莎白女王
西元2000年
諾曼征服
西元1000年
查理曼
穆罕默德
從麥加逃亡
羅馬衰亡
君士坦丁
聖本篤
埃扎納
馬可·奧里略
龐貝城
首屆奧運會
尼尼微衰落
孔子與佛陀
亞歷山大
漢尼拔
凱撒
巴比倫
衰落
羅馬建立
蘇格拉底
西元元年
荷馬
青銅時代
西元前1000年
特洛伊戰爭
出埃及記
商朝
約瑟
漢摩拉比
亞伯拉罕
印度河流域文明
西元前2000年
古夫
美尼斯
西元前3000年
青銅時代
石器時代
西元前4000年
西元前5000年
石器時代

這就是——

時間階梯
Staircase of Time

「歷史」是從這個時間階梯以下更遠更遠的過去開始，然後一直往上升啊，升啊，升到我們生活的「現代」——每一個台階代表100年，每一段階梯代表1000年。這個時間階梯還會不斷往上升，一直升到高空中。讓我們從我們所處的「現代」位置，俯瞰下面的各段階梯，然後聽我講過去的漫長歲月中發生的故事吧！

前言

我知道，你看見我給一個九歲大的孩子講世界史時，一定會瞪大眼睛，並且質疑：「孩子才九歲，學這些會不會太早？」請轉身看看身邊擺滿各類科普讀物的書架，我們的孩子正在那裡流連。九歲正是孩子們好奇心慢慢長大的時候。就像我們小時候一樣，好奇心引領我們發現無數珍貴的事情，我相信直到現在，你的記憶裡總有一些珍貴難忘的東西，正是在九歲，或是更小一些的時候發現。

所以，如果在這個時候只對孩子們講述關於地區或國家的歷史，將會錯過孩子們認識世界的最好時光。我想起自己小時候的美國歷史課本，在那裡，時間的第一步開始於哥倫布剛到達美洲的那一刻，所以對當時的我而言，1492年成為一切的開始。你看，這樣顯得多麼狹隘，就跟一個住在德州的孩子只知道德州，而不知道有美國一樣狹隘。

但是，你先前的擔心也並非毫無道理，因為一個九歲大，或是更小一些的孩子根本無法理解許多抽象的日期，或是地理位置。我曾經也有很長一段時間陷入這樣的苦惱中：為什麼孩子們總是記不住第一屆奧林匹克運動會發生在哪一年；我們一直不明白，為什麼孩子們會說出「西元653000年」這樣奇怪的詞語；我們更加不懂，為什麼孩子們會認為義大利是佛羅倫斯的省會……我努力使用自認為再簡單不過的語言一遍又一遍講解，一次又一次重複，但是孩子們的思維仍然像一座巨大的迷宮，我們已經迷失在他們奇妙的想像中。我問自己，這一切是不是真的無法改變？

但是當我們回頭一想，在我們與孩子們一樣大的時候，對於那些古怪的名字、複雜的日期、繁雜的世界地圖，我們一樣充滿迷惑。這些東西就像一下子圍繞在我們身邊的許多陌生人一樣，沒有等到我們一一認識，就呼啦一下，全部不見了。

所以，是時候用一種不同的方式來為孩子們講述歷史。

這個時候，我想到古希臘的吟遊詩人，他們講述歷史的方式總是讓人驚歎。在一個又一個生動有趣的故事中，彷彿有一根絲線將散落一地的歷史珍珠串起。所以，我並不希望一個九歲大的孩子可以對政治、經濟、文化概念本身做出多麼深刻的理解。我反而更願意只給他們一幅歷史全景的白描圖樣，裡面的內容不會太多太複雜。當然，我會在故事裡加入一些啟示性的描述，給歷史增加血肉，以對抗閱讀的枯燥。這樣做的目的，是讓孩子們在時間的框架裡，將歷史看作一個整體，至於裡面的細節與色彩，我希望讓他們在今後的日子裡，自己來慢慢填充。

但是，無論我以什麼樣的方式講述歷史，可以將這些知識吸收進入大腦的決定性因素還是在於孩子。所以，請不要忘記隨時向孩子們提問，無論是人名或是地名還是時間。這種重複非常必要，就像你在介紹剛搬來的鄰居的小姐姐給孩子們認識一樣，你必須在孩子面前不斷地重複這個小姐姐的名字，否則他們可能轉頭就忘記。因此，讓孩子們的頭腦動起來，讓一些知識圍繞在他身邊，就像伴隨他成長的夥伴一樣。

CONTENTS

目錄

第二篇：藏在神話裡的歷史——古希臘時期

第三篇：小城邦和大帝國鬥爭——黑暗時代的帝國

第四篇：智者的故事——馬其頓時代

第五篇：打造「永恆之城」的英雄——羅馬帝國時期

第六篇：歐洲不只住著羅馬人——西元紀年的開始

第七篇：三百年沒有「亮光」的地方——黑暗的中世紀歐洲

第八篇：探險開始了——大航海時代的探險熱

第九篇：被驚醒的歐洲——歐洲文藝復興時代

第十三篇：昨天，今天，明天——萬象更新的人類社會

序篇：生命盛宴開始

——生命的起源

第 1 章：如果世界上沒有人類

在我還是一個小男孩的時候，每天不到7點我就會醒來。那個時候，外面仍然很安靜，爸爸媽媽還沒有醒來，鄰居也還沒有出門跑步，就連我的寵物——一隻好動的黃金獵犬都還沒有起床。世界那麼安靜，靜得好像只有我一個人。

如果這個世界真的只剩下我一個人……冰淇淋車再也不來了，我也不能再和約翰一起玩滑板，爸爸媽媽也不見了……天啊，這真是太可怕了。想到這裡，我飛快地從床上跳起來，跑到父母的房間裡，此刻他們正躺在床上。剛才那個可怕的想法纏著我，所以我顧不得許多，一下子鑽進媽媽的被子，在她身邊躺下。

媽媽吻著我的額頭，把我溫柔地擁在她懷裡。這一下，那種可怕的想法好像中了魔法一樣，突然從我的頭腦裡飛走了。我躺在媽媽身邊，不再害怕。可是，我的頭腦還是自己轉著，我不再擔心世界上只剩下我一個人，但是我卻開始想起其他的事情。

我在想，如果世界上只有圖畫本上的那些動物，乳齒象、恐龍、蛇、海龜……世界又會變成什麼模樣？真可怕，我不敢再往下想。你看，我的頭腦裡確實有各種奇怪的想法。雖然這些想法很奇特，我卻不得不告訴你們，我所想的那個世界真的存在過。

很久很久以前，世界不像我們現在這樣，可以看到許多動物，不要說我家的黃金獵犬，就連一隻普通的小狗也沒有。那個時候的世界，真的只有乳齒象、恐龍、鳥、蝴蝶、青蛙、蛇、海龜、魚。

不要覺得這樣的世界很無趣，還有更無趣的。比很久很久以前還要早的時候，世界上甚至連動物也沒有。如果你不幸生活在那個時候，你只能看見一些低等的植物。它們長得很奇怪，一點兒也不好看。當然，這還不是最糟的時候。在最早最早以前，世界上沒有動物，也沒有植物，只有石頭——還是光禿禿的石頭。不僅如此，那個時候到處是洪水。如果你在電視上見過洪水，你應該知道洪水到來時的慘狀。所以，你應該可以想像，一個到處是洪水的世界會是多麼糟糕。

到處是石頭和洪水的時代，已經距離我遠得難以想像。你問我更早的時候是什麼模樣？很遺憾，我無法告訴你比洪水時代更早的世界是什麼模樣，因為那個時候地球還沒有出生。

在地球還沒有出生的時候，只有星辰。每一顆星辰都是一顆燃燒的巨大火球。如果把它們的大小比作變形金剛，後來的地球與它們相比只是普通人類大小而已，甚至比人類還要小。

這些大火球一直在燃燒，其中有一顆在燃燒的時候還不停地旋轉。你見過每年7月4日美國國慶日放的煙火嗎？它就像那樣，一邊燃燒，一邊旋轉。它轉啊轉，濺起許多火星。在這些火星中，有一個要比其他火星冷卻得快一些。當它冷卻下來之後，我們就可以看清楚它的模樣——一個巨大的石球。

這個石球長得真是太普通了，灰色的外貌一點兒也不吸引人。而且，它的外表因為冷卻而產生的水蒸氣，讓它看起來顯得有些滑稽：它就像一個剛從火爐裡刨出來的煤球一樣，還在咕咕地冒氣。可是，當這些水蒸氣慢慢聚集，越集越厚，終於像一塊巨大的厚棉布將整個石球包裹起來以後，我們發現一切都不一樣。

下雨了。雨水落在石球表面，落進地面的凹洞中。

雨一直下，凹洞中的水越來越多，逐漸形成巨大的水塘。

雨仍然在下，水塘的體形越變越大，最後它實在是太大了，大到幾乎覆蓋整個石球的表面。這個時候，我們已經不能再叫它水塘。它長得也十分漂亮，藍色的水面就像最美麗的寶石，所以它應該有一個氣派的名字。我們給它取一個名字——海洋。

現在你知道，這個石球就是地球，地球就是這樣出生的。

這個時候的地球，除了海洋覆蓋的地方以外，都是岩石。那些岩石看起來冷冷清清，無趣枯燥，但是海洋卻不同。海洋裡正在進行一場生命大派對。在這場派對裡，先出場的是一些小到只有在顯微鏡下才可以看清楚的植物，慢慢地，一些微小生命體也登場了，它們一點一點地長大，變成水母、蛤蚌、馬蹄蟹大一些的動物。

水裡的生物在不斷地生長，它們甚至將派對開到岩石上。先是微小的植物從水裡長到岸邊，最後扎根在岩石上。後來，土壤覆蓋岩石。當岩石穿上土壤的外衣以後，就變成陸地。於是，植物開始在陸地上大量繁衍起來。接下來，這場生命派對的規模越來越大，登場的生物越來越多。

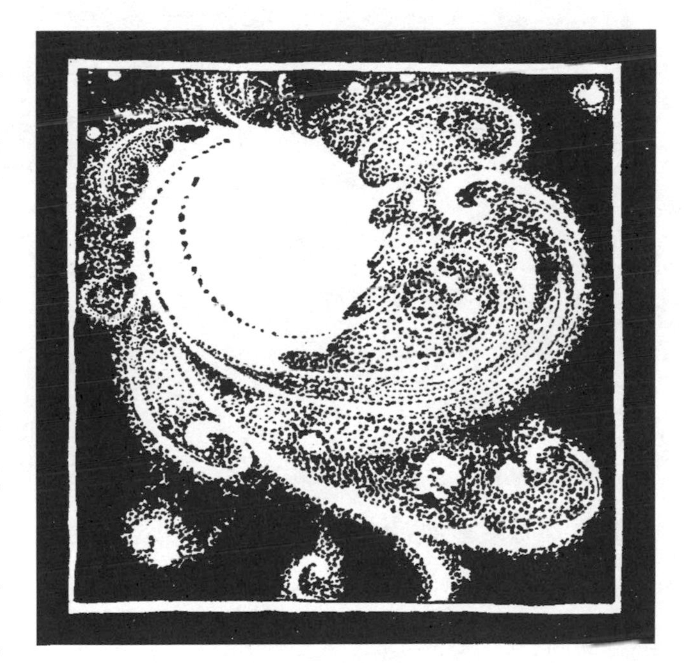

太陽噴濺出無數火星

昆蟲緊接著加入進來，牠們有些生活在水中，有些生活在陸地上。牠們之中的一些，甚至把舞台擴展到空中。再之後，魚上場了。和牠一起登場的還有兩棲動物——牠們既可以在水裡生活，也可以在陸地上生活。在兩棲類之後，我們就看見蛇、海龜、蜥蜴、恐龍等爬行動物。對了，還有產卵的鳥兒、餵奶的哺乳動物，都出現在派對的舞台上。

這場生命派對的成員已經很多，但是最重要的主角還沒有出現。主角總是在最後壓軸，這個主角就是人類。

說到這裡，你是不是有一些混亂？就像一場大戲裡出場的人物太多，你已經記不住演員有誰。請允許我整理一下以上講到的內容，我們可以這樣表示不同物質或生物出場的順序：

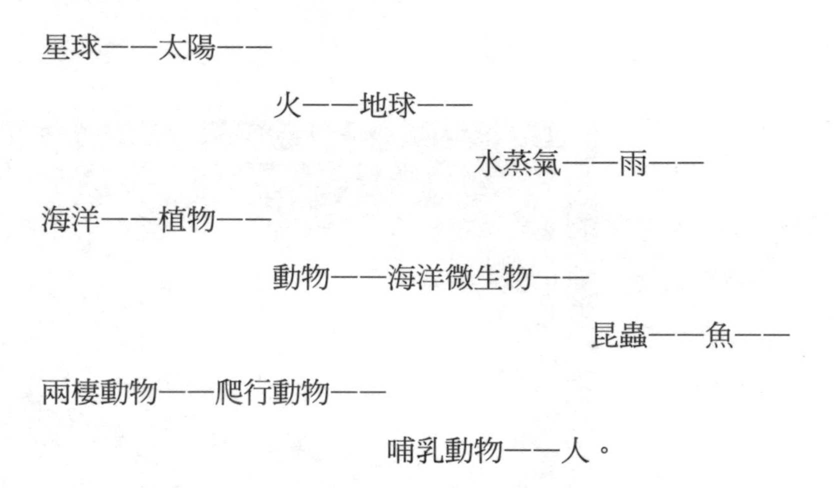

星球——太陽——

火——地球——

水蒸氣——雨——

海洋——植物——

動物——海洋微生物——

昆蟲——魚——

兩棲動物——爬行動物——

哺乳動物——人。

地球就像一座生命的舞台，不同的生物在這裡先後登場，一場盛大的派對就這樣隆重地開始。直到人類出現，這場派對進入最精彩的階段。人類的出現，又會給這場生命派對帶來哪些不一樣的精彩？

【藏寶箱裡的日記】——達爾文

關於生命的起源，我們不得不提到英國生物學家達爾文。正是他提出著名的進化論。恩格斯曾經將「進化論」列為19世紀自然科學的三大發現之一。

達爾文的祖父和父親都是醫生。在達爾文16歲的時候，父親送他進入愛丁堡大學學習醫學。父親在達爾文的身上寄託美好的期望，希望他也可以成為一名優秀的醫生。但是，達爾文的想法卻跟父親不一樣。他完全不喜歡醫學，反而對自然歷史產生濃厚興趣。

查爾斯・達爾文

達爾文的父親很生氣，他覺得達爾文的愛好對家庭而言是一項巨大的恥辱。於是，他在1828年把達爾文送進劍橋大學學習神學。可是，熱愛自然歷史的達爾文，在劍橋大學沒有學到任何神學，反而在那裡結識當時著名植物學家約翰・亨斯洛和著名地質學家亞當・塞奇威克。從此，他開始有系統地學習植物學和地質學。

1831～1836年，達爾文乘坐「小獵犬號」進行環球航行。他到了許多地方，觀察很多動植物，還對世界各地的地質結構進行大量的觀察和採集。最後，他出版《物種起源》。在書裡，達爾文告訴人們：現在我們看到的所有動植物，最初長得並不一樣。它們在漫長的歷史過程中，曾經發生過進化，而且還在繼續變化之中。人類也是由某種原始的動物進化而成的。

第 2 章：最會用石頭的人

你也許會問我：為什麼你會知道地球的出生，或是洪水時代的模樣？我依靠的是猜測。但是，我的這種猜測不像猜哪隻手上有硬幣那樣，單純依靠運氣。我的這些猜測依靠的是科學知識。

萬物生長都有規律，人類也留下許多關於他們的記錄。這些規律與記錄就像一部「時光機」，可以把我們帶回遠古時期。我們可以借助這些記錄，透過科學的推斷來瞭解我們未曾經歷過的時代。

為了瞭解過去，人類通常喜歡將深埋在地下的東西挖掘出來。因為人們相信，過去遺留下來的東西會告訴我們過去的秘密。例如：當我們從地下挖出一些用石頭做成的弓箭、矛、斧頭的時候，你應該立刻就可以想到，只有人類才可以製作這樣的東西，而且製作他們的人，絕對不是你的鄰居。因為這些武器都是用石頭做成的，但是現在我們用鋼鐵製造這些東西。這樣一來，我們就可以斷定，早在鋼鐵出現以前就有人類存在，而且那個時候的人們用石頭來製造工具。

除了石頭工具可以告訴我們人類出現的時間很早以外，埋在地下的人類骨骼也會告訴我們相同的資訊。

在東非，考古學家們在極深的地下，挖出一些人類的骸骨。別怕，他們其實並不像電影上的那樣可怕。對考古學家而言，這些人類骸骨是幫助他們瞭解遠古人類的最佳助手。

考古學家仔細地研究這些骨頭，最後他們瞭解到，如果骨頭的主人還活著，他一定有幾百萬歲。因此，這些骨頭可以稱得上最老的人類骸骨。

如果我們回到骨頭的主人生活的年代，你會發現他和我們一樣，吃飯、勞動、玩耍、休息，但是還有一件事情他經常做。這件事情讓他看起來與我們很不一樣，那就是打獵。

白天，他會邀請自己的同伴一起挖陷阱，並且在上面蓋上一層厚厚的樹枝和草。這樣一來，凶猛的野獸會被這層偽裝欺騙。如果野獸不小心踩到陷阱上的樹枝，它們就會掉進陷阱裡。除了用陷阱以外，骨頭的主人和同伴們還會一起追逐野獸。這一天，他們發現一隻鹿，於是他們兵分幾路，悄悄地靠近鹿。突然，骨頭的主人大聲地叫起來，受驚的鹿慌不擇路地亂竄，一頭撞進人們設下的陷阱裡，可憐的鹿變成人們的晚餐。

在當時，打到的獵物顯得異常珍貴。那個時候的人們生活艱苦，打獵不像現在那樣是人們閒暇時的遊戲。那個時候的人們通常要冒著生命危險才可以打到一隻獵物，有時候父親出去打獵，卻再也沒有回來。他很可能是被野獸撕成碎片，吃到肚子裡。

沒有獵物的日子裡，人們一日三餐只能吃一些乾果和草籽。直到又有勇敢的人們出外打獵，人們才可以重新吃到肉。所以，野果就成為另一種重要的食物。那個時候的人們產生分工：父親出外打獵，母親就帶著孩子們採集野果和植物種子。除了採集以外，有時候人們還會掏鳥窩。這個時候，掏鳥窩的人不會被人批評不愛護動物，因為在當時，鳥蛋也是人們的重要食物之一。

當人們結束一天的工作，帶著收穫的食物歸來時，會用這些食材製作哪些精美的食物？墨西哥烤肉？美味的蘋果派？都不是。那個時候的人們還不會用火，所有的東西都只能生吃。他們沒有叉子和湯匙，沒有壺和鍋。因此，他們用手抓著混著野獸毛的生肉放進嘴裡嚼，喝著有些溫熱的獸血……

現在你知道，那個時候人們的生活並不像大農場夏令營那樣，可以悠閒地打獵採摘。相反的，那是一個異常艱苦的時代。人們在大部分時間裡，都需要與野獸鬥智鬥勇，如果有誰沒有抓住野獸或是沒有躲避牠們，他就會成為野獸的美餐。而且，當時的人們還沒有學會怎樣給自己建造房屋，他們只能像野獸一樣住在山洞裡。住在山洞裡的人，有一個很貼切的名字，叫做穴居人。這就是骨頭的主人的名字。

穴居人住的山洞沒有裝潢，因為穴居人沒有鋸木板的鋸子，更沒有工具可以把木板加工成房屋和傢俱。沒有裝潢的山洞又陰又冷，動物有厚厚的皮毛外套，可以抵擋嚴寒的侵襲，穴居人什麼也沒有。他們沒有動物那樣厚的皮膚和禦寒的體毛，又不懂得怎樣織布，給自己做一身溫暖的衣裳，更不知道如何生火取暖，因此他們只能裸露身體，睡在光禿禿的地面或草堆上，依偎在一起，用體溫互相取暖。

幸好，後來人們發現獸皮可以禦寒，因此人們收集許多獸皮，並且把它們裹在身上。或許那就是最早的衣服，它們都是天然皮草。

當時的人們在睡覺時，頭頂也許正有蝙蝠在盤旋，身邊可能還有一兩隻討厭的蜘蛛。最可怕的是，洞穴的外面此刻正有野獸在伺機而動，隨時準備衝進洞裡。吃不飽睡不暖的穴居人面對猛獸，只有死路一條……

在這樣惡劣的條件下，穴居人的健康狀況也不好。他們沒有社區衛生保障，沒有牙醫，沒有消炎藥水，他們如果生病，就會很難康復。因此，穴居人的壽命很短，如果一個人可以活到像我們的父親那樣大的年歲，絕對是一個奇蹟。

我們把這樣的時代稱作石器時代，因為那個時候的人們只會用石頭做一些簡單的工具，所以你看不見美麗的銀製餐具，也看不見威武的鎧甲，就連爸爸用的刮鬍刀也看不見，因此那個時候的爸爸們從來不理髮，也不刮鬍子。當然，這也是因為那個時候的人們根本想不到要這樣做。

聽起來，那樣的時代真是既枯燥又危險。但是，我以下要說的事情或許可以讓你的精神振奮一些。

在石器時代，孩子們每天早晨醒來不用盥洗，他們捧著媽媽用泥土捏成的碗來吃東西。那個時候的孩子也不用上課，每天和兄弟姐妹們玩泥土、捉迷藏、摘果子。這一切就像野外露營一樣。

雖然那個時候的人們還不會製造複雜的工具，但是他們有兩樣東西非常實用，一個是比任何動物更有智慧的頭腦，人們可以用它來思考和想辦法，例如：他們用聰明的頭腦想到可以利用工具來防禦野獸；另一個就是靈巧的雙手，他們就是用這雙手實現他們使用工具的想法。所以，石器時代的人們才可以用石頭來製造矛和箭，但是其他動物，就連聰明的大猩猩也無法想到製造這樣的工具。可以製造工具，正是人類與動物的區別之一。

【藏寶箱裡的日記】——不一樣的石器

在石器時代，人們用不同的石頭做成不同的石器，例如：如果人們要製作一件用來切東西的石器，他們會選擇燧石和角岩，把它們削尖；如果要製作磨具，玄武岩和砂岩會是不錯的選擇。

如果我們仔細研究原始人使用過的石器，會發現他們的製作技術並不一樣。所以，考古學家們根據人們製作技術的不同，把石器時代分為幾個階段。

在人們普遍使用打製石器的階段，叫做舊石器時代。逐漸地，人們用磨製的方式製造石器工具。這個時候的石器看起來比舊石器時代的石器更精緻，也更好用。當這種磨製石器取代打製石器，成為人們使用的主要工具時，新石器時代就到來了。

第 3 章：自然賜予的最好禮物——火

火是一種神奇的事物，它美得驚人，但是又很可怕。在魔法的世界裡，火是最奔放熱烈的自然元素，當魔法棒噴出火焰，就可以照亮一切黑暗，又可以將一切化作焦黑。假使你用手指去觸摸它，我想你一定是在自討苦吃。

火看起來就像精靈一樣神秘。一開始，人們不瞭解這個神奇精靈的脾氣，因此不知道它可以為我們做什麼。所以，那個時候的人們不會生火，更不懂得用火來做飯，也不懂得用火來照明和取暖。所以，那個時候的人們總是吃沒有煮熟的食物，將打來的野獸生吞活剝，連毛帶血地吃。

因為不瞭解，所以那個時候的人們誤會這個美麗的精靈，他們曾經認為火是從天而降的災禍，是萬物之神的懲罰，可以把一切化為灰燼。

幸運的是，人們逐漸瞭解火精靈，瞭解它的脾氣，知道它可以煮熟食物，可以用來取暖。因此，人們開始對它親近。每當雷電落到樹頂上帶來火的時候，人們就會小心翼翼地將火種保留起來。火精靈幫了人們大忙，但是總是等著雷電把火精靈請出來太不可靠。因為雷電的脾氣也不好，它不知道什麼時候才有興趣讓火精靈出來。所以，人們開始想辦法自己邀請火精靈。但是，有什麼辦法？

時間是人類智慧的導師，它總是可以在人們意想不到的時候帶給人們啟發。不知道哪一天，人們突然想到，既然快速搓雙手可以使手發熱發燙，快速摩擦兩根棍子一定也可以使棍子變熱甚至變燙，也許火精靈就會出來。

人們將這樣的想法付諸實踐。於是，人們尋找一些木頭，在另一塊木頭上使勁地鑽，但是卻沒有火。問題在哪裡？難道這樣的方式不行嗎？

不用著急，時間總會給人們啟示。經過長時間的實踐，最終發現邀請火精靈的方法。

人們發現，想要用木頭請出火精靈，找到適合的木材很重要。於是，在不斷的嘗試中，人們發現乾燥的白楊和柳樹都是不錯的幫手。因為它們的質地比較軟，再找到一些相對較硬的樹枝做鑽頭就可以。首先，人們在白楊或柳樹板上鑽出一個倒「Ｖ」形的小槽，並且在下面放進一些容易被點著的火絨或是枯樹葉，接著雙手夾著樹枝鑽頭用力轉動。

你猜，人們看到什麼？火精靈出現了。它先是羞澀地只濺出一些小火星，但是當這些小火星跳到火絨或是枯樹葉上時，火精靈高興起來了。火星變成火苗，跳起歡快的舞蹈。

人們隨著火苗，跳起歡快的舞蹈。火對人們有十分重大的意義，如果沒有火，我們現在還在吃冰冷的食物，我們也無法見到麥當勞叔叔的微笑。

有了火，人們就開始用火做飯。有一天，一個住在山洞裡的原始人正在生火做飯。他在火的四周擺放一堆石頭，將火牢牢地圈在其中。他沒有想到，自己的這個舉動，竟然可以成就世界上最偉大的發現之一。

圍著火的石頭正在安靜地躺著。逐漸地，原始人發現，石頭附近的地上竟然有亮閃閃的小珠子，他驚訝地撿起珠子，仔細地端詳。真是漂亮的珠子，就像落在地上的星星。於是，他高興地將這些閃亮的珠子做成裝飾品。

這些珠子究竟是什麼？其實，這個原始人當時用來圍火的石頭不是普通的岩石，而是我們現在所說的「銅礦石」。

這些銅礦石就像儲藏銅礦的小倉庫，裡面藏滿銅。當它們躺在火堆旁邊時，熱情的火融化倉庫裡的銅。於是，銅就從銅礦石小倉庫裡跑出來，變成亮晶晶的小珠子。

一開始，銅只被作為飾物，後來人們發現將銅進行鍛造打磨以後，可以製成鋒利的刀刃和箭頭。用這樣的工具打獵，比用石頭工具容易很多。於是，銅變成人們製造工具的主要材料。但是，單純的銅太柔軟，用久之後很容易變形。所以，原始人為銅找到一個夥伴——錫。錫加入以後，銅變得堅強起來，它不再像原來那樣容易變形。

一個穴居人正在觀察銅礦石

銅和錫在一起，成為一種新的物質，稱作「青銅」。當時，人們用青銅製造許多工具，除了打獵的刀和箭頭以外，還有許多日常生活用品。一時之間，青銅器物統治人們生活的大部分領域，於是人們就把這樣的時代稱作「青銅時代」。

可是銅和錫並不容易獲得，它們實在太稀少。於是，新「國王」出現了，它叫做——鐵。鐵是一位親和力十足的國王，人們不僅到處都可以找到它，而且它也比青銅更好錘鍊。此外，鐵比青銅更有力量，用鐵製成的武器比青銅武器更有效。最後，鐵逐漸取代青銅。人們把鐵統治的時代稱為「鐵器時代」。

【藏寶箱裡的日記】——火的傳說

關於火的來源，有很多神話和傳說，有些人說火是木頭的兒子，是從木頭中生出來的；有些人說火是從石頭裡來的；有些人說是動物帶來火；甚至有些人認為，火是鬼怪的把戲；也有些人說火從寶珠來，火從天上來……

在所有關於火的傳說中，流傳最廣的一種，來自希臘神話，它帶有浪漫悲情的色彩，又吸引人們傳頌。

據說，泰坦巨人族的普羅米修斯從天上盜火給人類，眾神之王宙斯得知此事以後大為震怒，就用一條結實無比的鐵鏈將普羅米修斯鎖在高加索山的懸崖峭壁上，讓他每日不能入睡，雙膝不能彎曲，終日忍受風吹日曬和饑餓。此外，宙斯還派一隻神鷹，白天去啄食他的肝臟，等到夜間傷口癒合，白天再去啄食。就這樣，普羅米修斯忍受三萬年的折磨，直到神鷹被大力神赫拉克勒斯殺死，才終於得到解脫。

當然，神話多半是人類美好寄託的產物。但是普羅米修斯為人類爭取火的歷程告訴我們，人類應用火的經歷是多麼漫長與艱難。

第 4 章：真正的歷史開場了

現在，我們打開電腦就可以知道南半球的耶誕節不下雪，還可以看到愛斯基摩人正在用冰塊為自己建造房屋。透過社交網路，我們甚至可以與從未見面的人成為朋友。這一切對於古代的人們而言，簡直無法想像。

遠古時期沒有網路，沒有電視，沒有廣播，而且那個時候幾乎沒有可供長途旅行的交通工具，因此距離成為人們之間相互瞭解的巨大障礙。所以，那個時候的人們不知道遠方的人們如何生活，他們不知道山的那一邊的人是不是長得跟自己一樣，海的那一邊的人平時都吃些什麼……

由於條件的限制，起初人們並不喜歡長途遷徙。但是後來，人們為了改善生活，就放棄貧瘠的土地，來到更富饒的地方。就像動物大遷徙一樣，人類也嚮往水草豐美的地方。於是逐漸地，遷徙變成早期人類生活中經常發生的事情。

有時候，一個地區裡新來的人會與那裡原來的主人發生爭鬥。人們為了生存，劃定自己的區域。當新來的人與那裡原來的主人成為鄰居或是逐漸成為一家人的時候，人們就會互相學習對方的長處，例如：如何更好地種莊稼，或是怎樣讓我的牲畜長得跟你的一樣好。到了那個時候，人們也會互相交換各自的物品，例如：當一個人需要一袋糧食，但是他現在沒有的時候，他會用一個手工製的陶罐到鄰居那裡換回一袋穀子。當人們在新的地區生活得相對愜意，鄰居在大多數時間裡不會來找麻煩時，他們就會在那裡定居下來。

當時的地球就像還沒有被開發的農場，可以為人類提供的資源十分有限，因此遠古時期可供人們長期定居的地方很少。那個時候，有河流和海灣的地方，成為人們定居的首選區域。如果我們打開地圖來尋找，還可以找到這些人類生存的最早地方。

在亞洲西部，我們可以找到「一彎新月」。這彎新月並不是天上的月亮，它是一片富饒的土地，彎彎的就像一彎新月。如果我們仔細看，會發現在這片新月沃地的東部，有兩條河流——幼發拉底河和底格里斯河。這兩條河肩併著肩向前奔流，當它們經過一片名為「美索不達米亞平原」的地區以後，一起流進波斯灣。

或許你從未聽過這兩條河，但是它們卻是世界最古老文明的發源地。在這兩條河的沿岸，曾經先後居住過蘇美人、阿卡德人、希伯來人、腓尼基人。這些古老的民族曾經在這裡先後建立三個古老的國家——巴比倫、亞述帝國、敘利亞。幼發拉底河和底格里斯河像母親一樣哺育這裡的文明，因此人們把這片區域裡的文明稱作「兩河文明」。

現在，讓我們順著亞洲西部的群山，將目光轉向非洲。在那裡，我們可以找到另一片神秘的土地。這片土地位於非洲的東北角，那裡有一條河叫做尼羅河，尼羅河是非洲最大的河流之一。在尼羅河沿岸，流傳「尼羅，尼羅，長比天河」的諺語。在拉丁語中，「尼羅」的意思是「不可能」。據說，當時居住在尼羅河中下游地區的人們認為，人們根本不可能瞭解這條與天河一樣長的河流究竟在哪裡發源，所以就把它叫做「尼羅河」。

尼羅河在非洲哺育另一塊文明發祥地，其實它距離我們並不遠。我們經常可以在書上和電視上看見它的名字——埃及文明，現在你的眼前是不是浮現出巨大的獅身人面像和神秘的金字塔？是的，古老的尼羅河正是流經埃及，它為那裡帶來人類最古老燦爛的文化之一。

尼羅河沿岸除了住著埃及人以外，還住著另一個部落，因為他們居住的地方距離撒哈拉沙漠很近，所以他們也被稱為尼羅－撒哈拉族，來自埃及南部的努比亞人就屬於這一族。努比亞人曾經沿著尼羅河峽谷向北遷移，來到埃及人生活的地區，埃及人也會向南遷移，進入努比亞人生活的地區。

也許自然母親特別鍾愛埃及，不僅給埃及尼羅河，還送給它一片海。埃及旁邊有一片被大陸包圍的海，這片「陸地中的海洋」叫做「地中海」。

現在，地中海沿岸是著名的旅遊勝地，這裡的風光與美食吸引世界各地的遊客。千萬不要以為這裡一直是這樣，地球就像會變臉的演員一樣，它在幾百萬年裡變化許多次。地中海在石器時代的時候，是一片山谷。那個時候，這裡沒有西西里島的美麗風光，沒有愛情海的神秘傳說，人們居住在這裡，與自然鬥智鬥勇。

底格里斯河和幼發拉底河以及尼羅河的美麗與富饒，曾經讓許多部落在此定居。但是，為了擁有更好的土地，人們在那裡進行一場又一場的戰爭。贏得戰爭的人們成為家園的主人，失敗者只能被迫離開土地，去開闢新的家園。

究竟是什麼樣的部落曾經在這裡生活？我們之前提到，曾經有蘇美人、阿卡德人、希伯來人、腓尼基人居住在兩河流域，而在現在的中東，也就是地中海附近，閃米特人居住在這裡。如果你身邊有一位阿拉伯人或是猶太人，你或許可以聽到一些與當年的閃米特人的語言類似的話。因為閃米特人是現在的阿拉伯人和猶太人的祖先，阿拉伯人和猶太人的語言發音與他們的祖先十分相近。

和人類一樣，語言也有自己的「家族」，不同的語言屬於不同的家族，相同或是相似的語言屬於同一個家族。因此，我們把阿拉伯人和猶太人的語言稱為「閃米特語系」，它們都是「閃米特語系」語言家族中的成員。

有一個不得不說的部族，叫做雅利安人。雅利安人來自現在的伊朗地區。一開始，他們不稱自己為「雅利安」。當他們佔領印度河流域的城邦以後，才將自己的族名改為「雅利安」，意思是「高貴」或「純潔」。雅利安人非常好戰，他們曾經到處佔領土地，所以現在的歐洲人、伊朗人、印度人的血統裡，都流著當年雅利安人的血。

蘇美人的楔形文字

也許你又會問，我是如何瞭解這些的？這還要感謝當時的人們用文字和圖畫記錄這一切，所以現在我才可以在這裡為你們講述這些奇妙的歷史。

【藏寶箱裡的日記】——兩河流域的曆法和算術

兩河流域的文明是世界上最古老的文明之一，這裡的人們創造燦爛而獨特的文明。

我們來看看他們的曆法。現在，我們用的曆法被稱為陽曆，因為我們根據太陽的運行週期來確定時間，但是在蘇美和阿卡德時代，人們以月亮的陰晴圓缺作為計時標準，這種曆法被稱為陰曆。

當時，每個月有29或30天，每年有354天，每12個月為1年。我們都知道，1小時有60分鐘，這不是手錶出現以後才確定。這種把1小時分成60分的做法，早在阿卡德時代就出現，1週有7天的規定也早在亞述時期就產生。一直到現在，我們還是在沿用這樣的規定。

蘇美人的數學成就也很高，我們在課堂上學習的分數、加減乘除四則運算、一元二次方程式的解法，都是蘇美人的貢獻。

在巴比倫時期，人們記載許多一次和二次方程式的問題，就像我們現在的數學問題集錦一樣。我們現在解二次方程式的過程和公式，都是古巴比倫人教給我們的。

西元前3000年

第一篇：曾曾曾……祖父的故事

——文明的開化

第 5 章：巴比倫的泥土

很久很久以前，在底格里斯河和幼發拉底河附近，有一個美好的地方叫做伊甸園。傳說在這個地方，樹上會結出蛋糕和糖果，任何你想吃的想玩的東西，只要伸手就可以在樹上摘到。當然，這個地方只是傳說。但是在兩河流域，確實有這樣一個富饒的平原，它叫做美索不達米亞。「美索不達米亞」由兩個希臘單詞「河流」和「在……之間」組成，意思是「在河流之間」。在那裡，曾經建立許多國家，其中有一個富裕的國度叫做巴比倫。關於巴比倫，世間流傳這樣一首詩歌：

看，那是亞述，底格里斯河上游的陸地；
看，那是巴比倫，兩河交匯處的陸地；
看，那是迦勒底，兩河匯入大海的地方；
再看，那是亞拉拉特山，傳說諾亞方舟在洪水以後曾經停靠在這裡。

現在，我們就來說說兩河交匯之處的巴比倫。

巴比倫的富饒，要歸功於底格里斯河和幼發拉底河給這裡帶來的大量泥沙。這些泥沙不像我們小時候玩的泥土，它們就像能量棒一樣，讓巴比倫的土壤變得肥沃。就在這片肥沃的土地上，巴比倫人種植小麥和大棗。小麥是我們現在的主食之一。在巴比倫，大棗的地位和小麥一樣重要，有時候甚至比小麥的作用更大，而且巴比倫人也曾經將大棗作為主食。兩河流域還盛產魚類，但是捕魚對於巴比倫人來說只是消遣娛樂而已，因為在他們的日常生活中，食物已經足夠豐富。

在當時，金銀類的貨幣還沒有出現，因此當時人們衡量家庭財富的標準十分有趣。古巴比倫人如果要評價一個家庭是否富有，往往要看他家蓄養多少家畜。一個人蓄養的家畜越多，就表示他越富有。巴比倫人如果缺少某樣日常用品，例如：一條做工精美的毛毯，他們會拿一件東西——也許是一隻小羊羔——來到市場。如果他看到路邊有人正拿著毛毯準備與人交換時，他會牽著自己的羊羔來到他的身邊。拿著毛毯的人看看對方的羊，很幸運，正好是自己需要的。於是，雙方高興地交換物品，各自回家。

如果我們去埃及可以發現，那裡的建築大多用石頭砌成，但是在巴比倫附近卻沒有可供開採的石頭。不用擔心，巴比倫的泥土此時發揮另一項重要的作用：巴比倫人將泥土曬乾，製作成磚頭，建造塔和房子。只可惜，泥土磚頭不如石頭那樣堅固，它們很容易破裂融化。如果遇到洪水，巴比倫的許多建築物都會被沖毀。如果遇到乾旱，在太陽的熾烤下，脆弱的泥磚頭就會破碎，房屋就會慢慢倒塌。所以，現在我們在巴比倫，可以看見許多荒蕪的土堆。或許哪一處不起眼的土堆，曾經是一座宮殿。

在當時，巴比倫人建造許多高塔。有人說，巴比倫人是為了躲避洪水，才建造許多高塔；也有人說，巴比倫人建造高塔，是為了更接近天堂。據說，巴比倫人之中有一部分來自北方。北方有縱橫的山脈，連綿不絕，那是距離天空最近的地方，所以北方人總是把他們的祭壇建在山頂上，希望可以更接近天堂。後來，這些北方人來到巴比倫地區。這裡是一片開闊平坦的平原，看起來，這裡彷彿距離天堂很遠，於是這些北方人就建造許多高塔，希望可以藉由高塔來接近天空。在巴比倫建造的高塔中，有一座最有名，它叫做巴別塔。說它是塔，但是它看起來更像是一座山。

泥土製成的磚，除了可以用來建造房屋與高塔以外，還可以用來寫字。巴比倫人用樹枝當筆，在還沒有完全曬乾的磚上刻寫符號。巴比倫人寫出的文字，看起來就像一個個楔子，人們把這種文字稱為「楔形文字」。

與喜歡藝術的雅典人不同，巴比倫人對天文學情有獨鍾，他們很早就開始將目光投向廣袤的宇宙。經過長時間的觀察，巴比倫人逐漸瞭解太陽、月亮、星星的變化規律。早在西元前2300年，巴比倫人就已經預言日蝕的發生。

古代的人們把日蝕視作災難。人們往往認為，日蝕表示將有巨大的災難降臨人間。實際上，日蝕是一種非常正常的自然現象，沒有任何的危

巴比倫人在觀看日蝕

害。之所以會發現「日蝕」現象，是因為月亮正好繞到太陽前面，擋住太陽光。這個時候，我們在白天可以看到太陽上出現月亮的影子。在月亮影子籠罩的地方，就像有一個調皮的孩子把太陽咬出一個缺口。

日蝕每隔幾年就會發生一次，如果你有機會觀察這種現象，早晨10點鐘左右是一個不錯的觀察時間。就在陽光燦爛的時候，月亮突然擋住太陽光，白天剎那變成黑夜。但是，太陽並沒有消失，只要一會兒的時間，月亮逐漸離開，太陽從月亮的影子下走出來，陽光又會再一次照亮天空。你或許還沒有看過日蝕，但是總有一天你會看見的。如今，我們將那些研究星象和天體的人稱為天文學家，巴比倫人之中有許多都是著名的天文學家。

巴比倫人除了在建築與天文學方面擁有偉大成就以外，在他們創造的文明中，還有另一項輝煌成就，那就是《漢摩拉比法典》。《漢摩拉比法典》是我們目前發現的世界上最早的成文法典。據說，在西元前1770年，當時的巴比倫王漢摩拉比為了向眾神顯示自己的功績，就纂集這部法典。整部法典刻在一根高2.25公尺，底部周長1.90公尺的黑色玄武岩柱上，總共3500行。雖然經過歲月的打磨，它至今依然保存完整，上面閃耀巴比倫人的智慧光芒。

【藏寶箱裡的日記】——通往天國的巴別塔

「巴別」聽起來與「巴比倫」很像。確實，在巴比倫語中，「巴別」或「巴比倫」都是「神之門」的意思。

我們在這裡講述的「巴別塔」，是由一位名叫那波帕拉薩爾的巴比倫國王與他的兒子尼布甲尼撒修建。巴別塔建成於西元前610年。在當時，它是巴比倫內最高的建築。無論你在什麼地方，只要一抬頭，就可以看見它偉岸的身姿。它實在是太高了，彷彿順著它往上爬，會一直到達天上。所以，巴比倫人稱它「通天塔」。也有人說，天上的神去凡間的時候，會在塔上休息，這裡是眾神的旅店。

我們讓古希臘歷史學家希羅多德來告訴你這座舉世聞名的巴別塔的模樣：

這座塔的規模十分宏大。巴別塔的塔基每邊長大約90公尺，塔高約90公尺。它建在八層巨大的高台上，隨著高度的增加，這些高台越來越小。最上層的高台上，是馬爾杜克神廟。人們沿著牆外的螺旋階梯，可以直達塔頂。在這些塔梯的中部，還有供人休息的座位。

西元前1770年

第 6 章：名字古怪的國王

羅馬一直是世界史上最重要的一員，以後我會詳細告訴你關於羅馬的故事。在這個之前，我要告訴你另一個城市的故事。在羅馬登上歷史的舞台之前，世界上已經誕生一座偉大的城市，他的歷史與羅馬相比並不遜色，這座城市的名字叫做尼尼微。

尼尼微位於底格里斯河附近，亞述國的國王就住在這個城市裡。對亞述國的鄰居而言，亞述人總是在給他們找麻煩。因為亞述人是一個好戰的民族，為了擴大自己的版圖和權力，亞述人不斷地與鄰國交戰。

好戰的亞述國王留著長長的螺旋捲髮，他們的凶殘與他們的捲髮一樣，成為他們的象徵。亞述國王對待俘虜的手段異常殘忍，我以下要說的這些殘酷的刑罰，你甚至連聽也不敢聽，例如：他們會剝掉俘虜的皮、割掉他們的耳朵、拔掉舌頭、扎瞎他們的眼睛。亞述國王對這些俘虜似乎沒有一點仁慈憐憫，而且這些殘忍的手段竟然成為他們藉以炫耀的本錢。

這些長著螺旋捲髮的國王令人聞風喪膽。那些被俘虜的人，在他們的強迫之下，不僅要上繳大量錢財，還要保證在戰事來臨的時候，可以幫他們一起打仗。在亞述國王的威懾之下，世界上很多地方都變成他們的屬國。兩河流域的美索不達米亞，以及東邊、北邊、南邊的土地，還有腓尼基，甚至埃及都被他們的戰火蹂躪。那些侵佔而來的其他國家的土地，使亞述變得越來越強大。

有強大的國土作為支持，亞述國王的生活也變得越來越奢侈。他們為自己建造莊嚴宏偉的宮殿，通往宮殿道路的兩旁擺放巨大的雕像——一些長著翅膀與人頭的公牛和獅子。

亞述的一個長著翅膀的人首牛身塑像

亞述國王不僅對人類開戰，他們的戰爭對象也包括動物。亞述國王很喜歡狩獵，當地有許多圖畫，都在描繪亞述國王騎在馬背上，與獅子或是其他動物作戰。有時候，亞述國王也會活抓一些野獸，把它們關在籠子裡，供人參觀。

亞述國王不僅留著獨特的螺旋捲髮，他們的名字也是古怪至極，其中最有名的一位是辛那赫里布。這個名字古怪的國王，是亞述國王薩爾貢二世的長子。辛那赫里布具有高超的政治和軍事才華，當他繼承父親的王位以後，就與先輩們一樣，到處征戰。辛那赫里布的戰果輝煌，他為亞述攻下許多城鎮。同時，他也鞏固亞述對巴比倫和以色列的統治。這一切，讓辛那赫里布成為新亞述黃金時期最有作為的皇帝之一。

後來，有一個叫做亞述巴尼拔的人當上亞述的國王。亞述人好戰的血液，讓他驍勇善戰。但是，這位國王除了會打仗之外，還對書籍懷有濃厚興趣。出於對書籍的熱愛，這位亞述國王專門建立一座圖書館。不要小看這座圖書館，它是世界上最古老的圖書館之一。

這座圖書館裡的書籍十分特別，它們並不是用紙張製成。還記得我們之前說過的巴比倫人寫字用的泥磚嗎？是的，這裡的書籍都是一塊塊泥磚，上面的文字也是楔形文字。

書是一塊泥磚，當然不能擺放在書架上，否則書架一定會被壓垮。這裡的書，都被成堆成堆地疊放在地上。你或許會問，這樣一來，讀者進去找書不會麻煩嗎？一點兒也不會，聰明的亞述人給書籍編號，按照這些編號，人們將泥磚書排列得井然有序。那個時候的讀者到圖書館借閱書籍的方式，跟我們現在沒有太大的區別。他們只要報出書的序號，就可以很快找到需要的書。

辛那赫里布和亞述巴尼拔將亞述帶到發展的巔峰。這個時期的亞述國，在它的歷史上就像黃金一樣耀眼，這個時期也被稱為亞述的黃金時代。尼尼微人對自己的國家十分滿意，他們活在巨大的榮耀裡，但是其他慘遭亞述鐵蹄侵踏的國家的人們，卻對亞述恨之入骨。亞述就像一個巨大的陰影，籠罩在這些國家的上空，但是人們卻對此無能為力，只能默默承受亞述國給他們帶來的一切災難。

黃金時期的亞述國王在尼尼微為自己修建豪華的王宮，然而浮華的外表還是無法掩蓋它曾經被血腥籠罩的事實。當亞述帝國衰落之時，新巴比倫的迦勒底人和東邊的米底人開始反抗。他們聯合起來進攻亞述，並且於西元前612年，攻進亞述國的尼尼微城，將那裡洗劫一空。也許只有這樣，亞述人才可以體會曾經敗在亞述利劍下的人民心中的痛苦。

亞述國被擊垮了，隨著一把大火沖天而起，一代名城尼尼微和龐大的亞述帝國一起煙消雲散。直到兩千多年以後，英國考古學家萊亞德才根據《聖經・約拿書》的描述，找到那場大火之後的尼尼微城廢墟。然而，就是這塊廢墟也沒有倖存。十九世紀，英國人為了得到亞述國王陵墓中的浮雕和泥版，對這裡進行無計畫發掘。他們採用毀滅性的發掘方式，使得一代名城尼尼微遺跡徹底告別人世。

【藏寶箱裡的日記】——世界上最早的圖書館

考古學家找到世界上最早的圖書館，這就是我們提到的亞述巴尼拔圖書館。考古學家發現它的時候，它依然保存得十分完整，宏大的規模與豐富的藏書，更是令人驚歎。很多古代的圖書館都因為年代久遠而消失，裡面的藏書也大多遺失。但是，亞述巴尼拔圖書館的藏書大多保存下來。聰明的讀者，你知道是為什麼嗎？你可以在我們之前的故事中找到答案。因為，當時的圖書都是用泥磚製成的，所以它們可以保存很久，就像許多古老的建築一樣。

考古學家在亞述巴尼拔圖書館裡，為我們找到一樣有趣的東西。那是一塊泥版，上面有亞述巴尼拔的自述。他說：「我，亞述巴尼拔，受到納布智慧神的啟發，覺得有博覽群書的必要。我可以從它學到射、御以及治國平天下的本領……讀書不僅可以擴充知識和技藝，而且還可以養成一種高貴的氣度。」

西元前612年，尼尼微

第 7 章：瘋國王的美麗花園

在我們之前提到的，擊敗亞述的人之中有迦勒底人。當時，帶領迦勒底的首領名叫那波帕拉薩爾。在滅亡亞述之後，那波帕拉薩爾重新建立巴比倫王國，他也成為新巴比倫的第一任國王。

這位新巴比倫的國王並沒有放下手中的武器，他希望新的巴比倫可以與鼎盛時期的尼尼微那樣，擁有輝煌與榮耀。於是，他開始不斷向鄰近的國家發起進攻，直到巴比倫真正成為第二個尼尼微。

其實，在那場滅亡亞述的戰役裡，另一個名字更值得我們記住。只是這個名字或許有些難記，那就是那波帕拉薩爾的兒子，後來著名的新巴比倫國王尼布甲尼撒。

當亞述人在尼尼微城過著奢華生活的時候，尼布甲尼撒只是一個孩子。後來，權力和財富讓亞述人開始腐敗，亞述帝國被內亂與外患困擾。這個時候，迦勒底人和米底人一起，聯合發動那場攻陷亞述帝國的戰爭，一把火燒了尼尼微。

在與亞述人戰鬥時，尼布甲尼撒就表現驚人的軍事才華。那個時候，尼布甲尼撒的父親那波帕拉薩爾已經老了，無法再指揮龐大的軍隊到處征戰，因此尼布甲尼撒獨自一人指揮軍隊，憑藉自己的勇敢與智慧，打下許多勝仗。

隨著擴張腳步向前邁進，新巴比倫王國不可避免地與其他國家發生衝突。例如：西元前607～605年，新巴比倫王國就在幼發拉底河上游，與埃及發生許多衝突。可是，在這場衝突中，新巴比倫軍隊吞下很多敗仗。老國王那波帕拉薩爾認為，必須盡快改變戰爭面貌。於是，他再一次將重任交給自己的兒子尼布甲尼撒，讓他帶領巴比倫軍隊與埃及軍隊進行一場決戰。

這場決戰發生在西元前605年春天的卡爾凱美什，那裡位於幼發拉底河西岸。被父親委任為統帥的尼布甲尼撒，率軍在下游先行渡河，與埃及軍隊展開激烈戰鬥。尼布甲尼撒的士兵倒下一波，下一波緊接著湧上來。埃及軍隊被嚇倒了，他們竟然不敢再進攻，轉身後退。戰爭的結果很明顯，埃及人慘敗。

後來，尼布甲尼撒繼承新巴比倫的王位，他對敘利亞和巴勒斯坦地區的一些小國發動征服戰爭。大馬士革、西頓、泰爾，以及猶太的國王，都紛紛承認尼布甲尼撒是他們的領導者。可是不久之後，曾經吞下敗仗的埃及軍隊又來騷擾西亞地區。這一次，猶太王國犯了一個錯誤，他們竟然脫離巴比倫，站在埃及人那一邊。尼布甲尼撒聽到這個消息之後，大發雷霆，他發誓要踏平耶路撒冷。

西元前598年，尼布甲尼撒血洗耶路撒冷，猶太王國只好臣服在尼布甲尼撒的統治之下。但是，埃及人卻總是找麻煩。10年之後，埃及向巴勒斯坦地區發動進攻。猶太人見到這種情景，就像見到舊日的夥伴又重新回來一樣，立刻起來回應埃及人。

這一次，猶太人徹底地激怒尼布甲尼撒。他帶著軍隊攻入耶路撒冷，進行洗劫和焚燒。然後，尼布甲尼撒將耶路撒冷城中所有活著的居民都擄到巴比倫，將他們關進監獄。從此，在50年的漫長歲月中，這些來自耶路撒冷的俘虜都過著囚禁的生活。這群被尼布甲尼撒囚禁的猶太人，就是歷史上著名的「巴比倫之囚」。

在尼布甲尼撒的統治下，新巴比倫進入穩定繁榮時期。可是，新巴比倫人卻總要應付他們國王的胃口。因為尼布甲尼撒愛好奢華的生活，在他的驅使下，人們開始重建巴比倫城。

重建之後的巴比倫城，有兩層外城牆，厚實而宏偉。城牆上戰垛和箭樓高低起伏，極為壯觀。由於尼布甲尼撒與巴比倫的神廟祭司團關係密切，所以他修建大量宗教建築，其中就包括我們在之前提到的巴別塔。

巴比倫在尼布甲尼撒的建設之下，日漸強大，發出耀眼的光芒。但是，就像有陽光的地方一定也有陰影一樣，在巴比倫耀眼的光芒中，卻也隱藏邪惡的陰影。

國家強大起來之後，巴比倫人開始崇尚無節制的享樂，沒有人為明天考慮。越是墮落至極的生活，他們越開心。此時，他們的國王尼布甲尼撒瘋了。尼布甲尼撒整天幻想自己是一頭公牛，所以他總是用四肢著地，啃食青草。或許在他看來，自己原本就是一頭野獸。

尼布甲尼撒用發瘋的方式結束自己的一生。耀眼的新巴比倫，雖然擁有堅固的城牆和黃銅的大門，卻依然無法逃脫滅亡的命運。巴比倫怎麼會被佔領，是誰，什麼時候，關於這些，你可能很難猜到。

楔形文字「尼布甲尼撒」

【藏寶箱裡的日記】——空中花園

尼布甲尼撒曾經迎娶米底公主為王后。在米底，到處都是起伏的山巒，但是巴比倫卻是一望無際的平原。尼布甲尼撒的王后對這個絲毫沒有起伏的平坦國家提不起任何興趣，於是她開始日思夜想自己美麗的家鄉。

為了留住心愛的王后，尼布甲尼撒決定為王后「建造」一座小山。這是一個龐大的工程，尼布甲尼撒動用幾萬名能工巧匠，堆砌小山丘，在上面種植奇花異草，修建美麗的亭台樓閣。沒錯，這座小山花園就是世界七大奇蹟之一——「空中花園」。

這座空中花園建在高地，在罕見雨水的巴比倫很難常綠。可是尼布甲尼撒的巧匠們卻製造一種特殊的水利系統，從人工河和人工湖中抽水，送到高地。如此一來，一座四季鮮花盛放的高空花園就出現了。

很可惜，這樣一座秀麗如天堂的「空中花園」，卻經不住歲月的洗禮和西亞風沙的侵襲。它的真實面目完全被隱藏於歷史的泥流之中，即使後人努力探索和發掘，眼前卻總是一片迷霧。

第 8 章：不快樂的宴會

小時候，米底人和波斯人的關係在我眼中就像一團亂糟糟的毛線團，我根本不瞭解他們的關係。長大以後才知道，米底人和波斯人是印歐語系中的兩個民族，他們生活在巴比倫附近。

提到米底人和波斯人，人們通常會想到：「米底人和波斯人的法律。」這句話的意思是：有一些事情，無論如何都不能有絲毫改變。之所以會有這樣的諺語流傳，是因為米底人和波斯人都用法律來治理國家。這些法律相當嚴格，而且絕對不允許變更。

米底人和波斯人的宗教信仰比較獨特，與猶太人和巴比倫人都不同。米底人和波斯人的宗教創始者是一個波斯人，名叫瑣羅亞斯德。瑣羅亞斯德是一個智者，他曾經在各地向人們傳播讚美詩和箴言。他經常說，這個世界上只有兩種最偉大的神靈——善和惡。善的神靈是光明的象徵，叫做馬茲達，亦是光明之神，而惡的神靈預示黑暗。

在波斯人看來，火中就蘊含善神。因此，波斯人的祭壇總是燃著火。蘊含善神的火絕對不能熄滅，因此波斯人會派專人來守護它。這些守護火的人被稱作麥琪，也就是祭司。傳說這些祭司就如同魔法師一樣會使用魔法。當然，這只是傳說。

現在，讓我們來講述波斯帝國另一個值得我們記往的人，一個偉大的國王——居魯士。但是，在講述居魯士的故事之前，要請你耐心一些，先聽我講述一個小國——利底亞的故事。

利底亞距離特洛伊不遠，它的國王名叫克羅伊斯。千萬不要因為克羅伊斯的國家小，就小看他。克羅伊斯是當時世界上最富有的人，因為利底亞王國裡藏著許多金礦。現在，當我們要說一個人很富有的時候，還會說：「他就像克羅伊斯一樣富有。」

在我講述這麼多歷史之後，你一定會發現，有許多國王雖然擁有大量的財富和土地，然而他們還是貪心地想要擁有更多，克羅伊斯也不例外。貪婪的克羅伊斯雖然擁有世界上最多的財富，但是他還不滿足。為了擁有更多的財富，他想出一個辦法：向附近的城市徵收稅款。但是，這些稅款並沒有填飽克羅伊斯的貪婪，他還在想辦法如何讓這些錢像母雞生蛋那樣，越「生」越多。

克羅伊斯在這個方面確實有才華，他使用的方法非常有效——讓黃金流通起來。在黃金流通的過程中，人們要帶著大塊的黃金在市場上活動，這樣一來，既不方便，還很危險。於是，克羅伊斯又想出一個妙招：他把黃金都分成小塊。但是這樣一來，又有新的問題產生，總不能每次交易的時候，人們都要為金塊秤重吧！於是，克羅伊斯就讓人把切成小塊的黃金都秤一遍，得出黃金的具體重量，這樣一來，就不用在每次使用的時候都秤一遍。克羅伊斯還想到另一點，為保證這些金塊的重量真實可信，他命人將自己的名字或是名字中的第一個字母刻在這些金塊上，想得真是周到。

在克羅伊斯以前，從來沒有人這樣使用過黃金，所以這些被切割得形狀各異的金塊，應該是世界上最早的真正意義上的貨幣。

這些一連串的舉措，為克羅伊斯帶來巨大的財富，他深深地沉浸在自己的財富夢中，不曾料到居魯士竟然來了。居魯士怎麼可能不來？利底亞的金礦把這個國家變成一塊巨大的磁鐵，吸引無數夢想財富的人，居魯士就是其中一個。

當克羅伊斯聽說居魯士正帶著軍隊步步逼近時，一時之間不知如何應付。於是，他在居魯士的大軍趕到之前，派一個人前往希臘。是去搬救兵嗎？不是。這個人肩負的重要使命，是去向德爾斐神諭求助。

如果你的記憶容量足夠大，你一定記得在我向你講述希臘眾神的傳說時，曾經提到德爾斐神諭。沒錯，就是她，那個說著含糊語言的女祭司。克羅伊斯派去的人，向女祭司詢問這樣一個問題：在與居魯士的戰爭中，誰會獲勝？神諭給他的回答是：「一個偉大的王國將會滅亡。」這個答案真是模糊，但是樂觀的人總是可以把事情往有利於自己的方面去想。克羅伊斯聽到這個結果以後，非常滿意，他理所當然地認為居魯士的王國將要滅亡。

可是事實的結果卻與克羅伊斯的想法正好相反，神諭暗示的，似乎是克羅伊斯的國家會滅亡，因為利底亞被居魯士攻陷。野心勃勃的居魯士在佔領利底亞以後，並沒有停止他的戰爭腳步。這一次，他把劍鋒指向新巴比倫。試想，誰不喜歡尼布甲尼撒用畢生精力建設的美好國度？

此時的巴比倫人在做些什麼？他們無休止地享樂，大吃大喝。在他們眼中，巴比倫又高又厚的城牆和黃銅製作的大門是那麼堅不可摧，只有傻子才會想要攻打巴比倫。但是，巴比倫人忘記最重要的一點，幼發拉底河從他們的城市穿過。這條孕育巴比倫燦爛文明的母親河，此時卻成為他們最大的弱點，因為居魯士利用這個地理因素，讓巴比倫徹底淪陷。

這一天晚上，巴比倫王子伯沙撒正在舉辦盛大的宴會，縱情聲色的他早就把國家的安危拋到腦後。就在巴比倫人吃喝玩樂的時候，居魯士派人在巴比倫的城牆邊上築水壩，將幼發拉底河的河水引向一邊。然後，居魯士又派人抽乾幼發拉底河。

居魯士帶著軍隊沿著乾涸的巴比倫河道，輕鬆地走進巴比倫城。巴比倫人還沒有反應過來，都城已經成為別人的囊中之物。居魯士不費吹灰之力，輕易地打開巴比倫的大門。西元前538年，曾經繁華無比的新巴比倫覆滅了。

居魯士在兩年以後釋放50年之前被尼布甲尼撒從耶路撒冷擄來的猶太人，並且允許他們回到自己的祖國。「巴比倫之囚」的時代，也從此畫上句號。

【藏寶箱裡的日記】——居魯士大帝

現在，要講述居魯士的故事。這個偉大國王創造許多傳奇，讓我先從他的離奇身世說起吧！歷史之父希羅多德曾經這樣記錄關於居魯士的出生：

米底國王阿斯提阿格斯夢見他女兒的肚子裡竟然長出葡萄藤。它一直長，直到把整個亞洲都纏住。當時，阿斯提阿格斯的女兒正在懷孕，因此阿斯提阿格斯認為，這個奇怪的夢預示即將誕生的孫子將會奪取他的王位。於是，在孫子出生的時候，阿斯提阿格斯就叫人把他扔到野外。但是，居魯士卻被牧羊人救了。

就這樣，居魯士長到10歲，他經常與同村的孩子玩國王和大臣的遊戲。後來，這件事情傳到阿斯提阿格斯那裡，居魯士的性命危在旦夕。

幸好，當時的宮廷祭司對阿斯提阿格斯說：「居魯士是遊戲中的國王，他不會成為現實中的國王。」於是，阿斯提阿格斯沒有殺死居魯士，將居魯士送回波斯。但是，他日後會為自己的決定後悔的，因為這個男孩長大以後，成為波斯人的首領，統一波斯的10個部落。最終，他攻克米底的都城，正式建立波斯帝國。波斯在他的統治下日益強大，後人把居魯士稱為居魯士大帝。

第 9 章：真假「印度人」

歷史上曾經有兩個地方的人都被叫做「印度人」：一個是真正的印度人，他們的國家位於崛起的波斯帝國東邊——那裡就是印度。另一個，是現在的美洲印第安人，這些人曾經也被稱作印度人，但這是一個天大的誤會，因為探險家到達美洲的時候，他們誤以為自己來到印度或是東印度群島，所以他們就把當地的印第安人當作印度人。但是實際上，美洲原住民印第安人與印度人根本沒有關係。真正的印度是什麼模樣？

與巴比倫和埃及一樣，印度也是由一條河哺育而成，這條河叫做印度河。我們習慣把古老的文明用哺育它們的河流名字或是它們的地區名字命名，所以你很自然就可以想到，沿著印度河谷發展起來的早期文明，就叫做印度文明。印度與古埃及和古巴比倫一樣，擁有悠久的歷史與燦爛的文化。

印度有另一條大河，名叫恆河。它從遠古開始，就是印度最重要的河流之一。有許多人認為，印度古文明的繁榮之處在恆河流域。但是事實上，印度文明最繁榮的時期出現在印度河流域。

印度河與恆河一樣，發源於喜馬拉雅山脈。它經過巨石阻攔的峽谷，容納高山上的無數冰川，吞捲兩岸的泥沙，終於通過高大山脈之間的深谷，奔流不息地闖入南亞巴基斯坦平緩地區，分成無數的支流，開始衝擊屬於自己的平原。如果站在足夠高的地方，可以清晰地辨識泛紅土壤中的印度河湍流，以及它所衝擊的灘塗。遠遠看去，它與這片土地形成血肉交融的壯麗情景。

印度河流域記載和保存的最早城市遺址，是西元前2500年的卡利班甘、哈拉巴、莫亨焦・達羅三處，它們都緊緊地依偎印度河。

河流可以成為文明的發祥地，但是它陰晴不定的脾氣也確實讓人煩惱。印度河是一條經常氾濫的大河，它一次氾濫，都為兩岸的平原帶來大量的泥沙。一次又一次，泥沙不斷累積，於是印度河的河岸越來越高，甚至超過人類建造的城市。因此，我們現在看到的卡利班甘、哈拉巴、莫亨焦・達羅，實際上有很大一部分都沉寂在印度河數百公尺深的泥沙之下。或許，這也是為什麼莫亨焦・達羅遺址被稱為「寂靜的地方」。

這些古老的城市原貌已經長眠在地下，現在你可以看到的，都是人們在原始城市的基礎上，不斷加高重建的結果。因此，這些城市並不是最原始的古典文明。所以，印度河流域文明的開端，也許遠遠早於五千年。

【藏寶箱裡的日記】——恆河

在印度神話中，有一個神叫做梵天，神話中的梵天創造山河萬物。但是，梵天在創造萬物之後，就和自己的兄長阿修羅戰鬥。梵天在阿竭多大仙的幫助下取得勝利，但是因為這一戰，人間所有的海都乾枯了。

後來，印度大地上出現一個阿逾陀王國，跋吉羅陀為了求得銀河之水洗淨先輩的靈魂，就開始艱苦的修行。終於，他的修行感動恆河女神和濕婆。

恆河女神就將銀河之水傾倒在濕婆頭上，威力巨大的神水在濕婆的頭頂上分成許多小一些的水流，落進喜馬拉雅山，奔流向前，成為現在印度的主要河流之一——恆河。

第 10 章：埃及人的謎題

世界上最早使用文字的國家是埃及。我們之前曾經提到，巴比倫人把文字寫在泥土製成的磚塊上。埃及人書寫的材料比巴比倫人輕便許多，古埃及人把文字寫在一種叫做紙草的植物的莖上。

紙草是一種水生植物，它有厚厚的莖。埃及人把它採回來，用重物碾壓。碾壓要一直進行，直到這些莖變得又平又薄，可以讓人方便在上面寫字為止。如果我現在說出紙草的英文名字「Papyrus」，你一定很快就可以聯想到「紙」的英文「Paper」。而且你會發現，它們不僅在外形上長得很像，就連發音也很接近。據說，「紙」的英文詞語，就是來自於「紙草」的古埃及名稱。

巴比倫人的書，就像磚塊一樣堆在地上，但是埃及人因為可以把文字寫在紙草上，所以他們的書也是用紙草片黏在一起而製成。埃及人把這種草片製成的書捲成卷軸，要看的時候就直接把它鋪開。

細心的讀者一定會問，巴比倫人用樹枝當筆，把文字刻寫在泥板上，埃及人用什麼寫字？最早的時候，埃及人也沒有筆，他們把蘆葦劈開做筆。他們的墨水，則是水和煙灰的混合物。

還記得我們說過，巴比倫的文字叫做什麼嗎？是的，楔形文字，而埃及的文字看起來就像一幅幅有趣的圖畫。有些看起來像一支矛，有些像一隻鳥，有些像一條小魚。如果你去讀古埃及人的書，會覺得埃及人似乎是在用圖畫來為我們說故事。確實如此，埃及人可以根據這些圖畫來猜出裡面表達的意思，例如：人們要表示「鳥」，就會畫一個小鳥圖案來表示。

這種像圖畫一樣的文字，被我們稱為「象形文字」。

古埃及人寫字的時候有一個習慣，他們會在國王或是王后的名字外面加一圈線。這是為了告訴人們，這個名字十分重要，與其他人的名字不一樣。埃及有一個女王叫做哈特謝普蘇特，為了方便記憶，我們可以把她的名字拆開來讀，哈特—謝普—蘇特，這樣就容易許多。她是埃及歷史上第一位女王，她的名字外面就有這樣一圈線。

象形文字書寫的克麗奧佩脫拉

古埃及人在紙草上「畫」著他們的文字，書寫他們的歷史。但是，古埃及人通常不會把與國王或是與戰爭有關的歷史事件記載在紙草片上，而是把它們刻在建築物的牆上或紀念碑上。這樣很好理解，這些事情對一個國家而言十分重要，所以人們想要將這些記載長久地保存下來。但是，紙草並不結實，時間一久，它也許會破損，所以把這些事情刻在牆上或紀念碑上就安全許多，這些石頭可以經受歲月考驗。據說，印度有一個國王叫做阿育王，有關他一生的記載，全部刻在古建築的石柱上，但是書籍從來沒有留下關於他的記錄，也許他的想法和古埃及人一樣。

象形文字的意思其實並不好懂，那些會寫和會讀象形文字的古埃及人已經逐漸離開人世，所以在很長一段時間裡，象形文字的讀法和解法失傳了。直到後來，正好有人閱讀並且理解這些象形文字，人們才瞭解古埃及的一些歷史。這件事情是這樣的：

尼羅河在匯入地中海之前有很多支流，一個名叫羅塞塔的海港位於其中一條支流的入海口。有一天，一隊士兵在羅塞塔附近挖出一塊像墓碑一樣的石頭。這塊「墓碑」上面刻有三種文字：最上面的是圖畫一樣的象形文字，最下面的是希臘文，中間還刻著一種叫做「世俗體文字」的字體。後來人們明白，古埃及人通常用世俗體文字書寫日常文件和契約。

當時，沒有人知道那些象形文字所代表的意思，幸好軍隊裡的人大都認識希臘文，於是一個聰明人，就對照希臘文翻譯這些古代的象形文字。

翻譯的過程就像解謎遊戲一樣，只是解開謎底花費那個聰明人將近20年的時間。多虧這個人，正是因為他的工作，當有人再去讀埃及的象形文字時，要理解起來就容易許多。

這塊刻寫三種文字的石頭，被人們稱為羅塞塔碑。透過它，人們也慢慢瞭解從前發生在埃及人身上的故事。如果你也想看它，可以到倫敦的大英博物館，它被很好地保存在那裡。

在地理位置上，埃及也是一個適合居住的好地方。尼羅河在每年總會氾濫幾個月——似乎所有的河都有這樣的壞脾氣。每年，當埃及進入雨季時，這裡就會整日整夜地下雨，雨水將尼羅河填滿。當河水在河道裡再也沒有地方可待，就只能溢出堤岸。這個時候，水和泥就會順勢流向陸地，但是不至於淹沒土地。於是，每當大水退去時，尼羅河河谷附近都會留下一層肥沃的黑色泥土。這種黑土是最好的天然肥料，它適合棗樹與小麥和其他穀物生長。可見，尼羅河氾濫雖然對人們的家園與生命造成威脅，但是當人們瞭解每次河水氾濫的規律以後，就可以利用尼羅河的定期氾濫來安排農業生產，這真是一件變害為利的事情。

古埃及的統治者有一個特殊的稱號——法老。埃及歷史上第一位法老叫做美尼斯，他大約生活在西元前3100年。美尼斯並不是這片肥沃土地的最早主人，他來自埃及南部，後來他逐漸征服北方。當美尼斯統治整個埃及以後，為了讓人們服從他和尊敬他，美尼斯宣稱自己不僅是王，更是神。

在古埃及，人們被劃分為不同的等級。這種等級可以世襲，這表示如果你的父母屬於某一個等級，你出生以後也是屬於那個等級。

埃及第一位法老——美尼斯

如果我們把古埃及的等級畫成一個金字塔，站在金字塔頂端的人是僧侶。僧侶在古埃及擁有最高等級，他們大多數都受過高等教育，精通象形文字，埃及的僧侶們同時還承擔醫生、律師、工程師的工作。僧侶們為古埃及人制定宗教教義和行為規範。這種規範的效力，相當於現在的法律。

現在，我們由上往下來看埃及等級金字塔的第二層，那裡站著士兵，士兵的等級僅次於僧侶。接下來每一層，分別站著農民、牧羊人、商人、手工業者。這個金字塔的最下層，是養豬的人。

古埃及人信奉的神也很多。現在，我要告訴你一個專業一些的名詞「多神教」。古埃及人信奉的宗教就屬於多神教，多神教表示這個宗教之中的神有成百上千個。古埃及人相信，世間萬物都有靈魂，每一種事物都由一個專門的神來掌管。所以，不同的神就有不同的職能，有些是農場的主管，有些是商戶的主管。這些神有善有惡，但是都被古埃及人奉養。

在古埃及的眾多神明中，歐西里斯是眾神之首，他掌管農業和死亡。歐西里斯的妻子叫做伊西斯，古埃及人把伊西斯奉為法老王的聖母。歐西里斯的兒子叫做荷魯斯，他長著人的身體，卻有一個鷹的頭。當時，古埃及有許多神的形象都是人身獸頭。無論神長得多麼可怕，對古埃及人來說，他們都是一樣神聖。相對應的，一些動物也就變得神聖，例如：鷹。如果有人殺死神聖的動物，就會被處死，因為他褻瀆神靈，他的罪行甚至大過於殺死人。

【藏寶箱裡的日記】——世俗體文字

在羅塞塔碑上的三種文字中，有一種十分特別，那就是「世俗體文字」，這種文字是一種簡化文字。雖然世俗體文字也是埃及人使用的文字，但是它看起來一點都不像圖畫。這種文字是如何在埃及流行起來？

我們已經知道，在古埃及只有祭司和貴族才有資格學習象形文字。這些受過專門訓練，會讀寫象形文字的人，被稱為「書吏」。書吏們一直使用象形文字，直到一千多年以後，他們之中的祭司對象形文字進行演化。這種演化的字形比象形文字簡單許多，由於它們的使用者是祭司，所以人們把這種簡化的文字稱為祭司體。

到了西元前700年，祭司體之中演化出另一種更簡單的字體，它比祭司體更容易書寫，因此平民也可以很快掌握。於是，這種字體很快就在埃及人的日常生活中流傳。人們一開始用它寫日記、寫信、寫文書、記帳，後來就連人們在抄寫古籍的時候都用這種字體。人們把這種字體稱作「世俗體」。

雖然世俗體很容易書寫，使用起來更方便，但是這種文字的書寫方向是從右至左，因此人們讀一本用世俗體文字寫成的書時，會覺得相當費勁。但是，它仍然與象形文字和祭司體一起，一直使用到羅馬帝國統治時期。

第 11 章：喜歡建墳墓的人

古埃及人相信，一個人死後，他的靈魂不會立刻離開，而是會繼續在身體旁邊逗留。因此，每當有人死去時，古埃及人就會把死者用過的東西和他的屍體一起放入墳墓中，讓他的靈魂和肉體合二為一。而且，古埃及人還相信，總有一天，死者的靈魂會回到他的身體裡。可是，肉體很容易腐爛，它或許等不到靈魂重新回來的那一天。為此，古埃及人用一種很奇特的方法來保存人的肉體。

古埃及人會用一種叫做泡鹼粉的礦物浸泡屍體，然後把用亞麻製成的繃帶把屍體層層包裹起來。這種包裹的方式非常複雜，透過這種方式包裹的屍體會在很長的時間內不腐爛。

被這樣處理過的屍體，就是眾所周知的木乃伊。透過考古學者的挖掘，埋在地下的埃及木乃伊被人們發現。現在，它們大多被擺放在博物館。在我看來，木乃伊乾乾瘦瘦，就像一個瘦得只剩下皮包骨的小老頭。

最初，並不是所有人死後都有資格被製成木乃伊，享有這種權利的只有法老和上等階級的重要人物。當然，那些神聖的動物也有這個權利。後來，各個階級的人都擁有死後被製成木乃伊的權利。

埃及人死後，他的朋友們為了防止其他動物，例如：老鷹和鬣狗，來啃食屍體，會在死者的屍體上壘起一堆石頭，將屍體掩蓋。最初的石頭堆看起來很簡單。後來，法老和富人為了顯示自己的地位與眾不同，就給自己建立大型的石頭堆，這些石頭堆大到像山一樣。

幾乎所有的法老都希望他們的石頭堆看起來比其他人的更宏偉，於是

圖坦卡門之墓中保存的食物

彷彿是在跟誰比賽一樣，當法老們還活在世界上時，他們就開始著手為自己建造石頭堆。看起來，法老們對建造墳墓的興趣要遠遠大過建造宮殿。這也不難理解，因為這些法老們認為，死後住在石頭堆裡，可以不朽。而且在未來，他們將會在同一個地點再次降生。這些巨大的石頭墳墓有一個舉世聞名的名字——金字塔。

金字塔是一種多面三角形建築。在尼羅河沿岸，金字塔星羅棋布，從高空中俯看下去，彷彿是誰在尼羅河沿岸撒下許多三角形的積木一樣。這些金字塔大多建造於西元前3000年以後。這些金字塔之中有一座最大，它是靠近現在埃及首都開羅的古夫金字塔。

其實，不僅埃及人會為自己建造金字塔。在現在的蘇丹，也就是過去尼羅河南邊的努比亞，因為與古埃及人在信仰上有許多相同的地方，所以他們的國王也會為自己建造金字塔。

巨大的金字塔對歷史學家而言，具有巨大的吸引力。它就像一個裝滿謎題的寶匣一樣，吸引人們把裡面所有的謎團都解開。在這些謎題中，有一個讓人們苦思很久，那就是：古時候沒有起重機，這些高大無比的金字塔是怎樣建成的？

很多人想到許多有意思的答案，甚至有人認為金字塔是外星人建的。但是這些答案都沒有可靠的證據，所以我在這裡還是告訴你一個比較可靠的答案。歷史學家們在經過大量研究以後認為，這樣巨大的金字塔，必須依靠許多人共同工作來完成。人數多得你也許想像不到，我可以舉一個例子，讓你對這件事情形成明確印象：

世界上最大的金字塔，也就是古夫金字塔，總共動用十多萬人，花費二十多年的時間才建成。那些建造用的石頭，要靠很多人一起推拉，一點一點地往前，需要很久的時間，才可以接近需要它的地方。

這樣的金字塔一定非常宏偉壯觀，我曾經親自去過那裡，那座金字塔裡的一塊石頭就和我們現在一間房子差不多大。當我走進裡面一看，到處都是飛舞的蝙蝠，古夫的木乃伊卻早已不知所蹤。

古夫在修建自己的金字塔

古夫金字塔的旁邊是一座名叫史芬克斯的巨大獅身人面像。金字塔用許多巨大的石頭堆建而成，但是這座獅身人面像卻是用一塊完整的石頭雕

埃及神廟

刻而成。如果你想知道古夫長什麼模樣，你可以看看史芬克斯的頭，因為據說他的頭像是按照法老古夫的模樣雕刻。但是，現在的史芬克斯長得已經和原來不一樣。因為它在這麼久的時間裡，一直待在外面，受到風吹雨打，沙石雕磨。如今，它的爪子和身體的大部分已經埋在沙子下面，剩下的部分也留下斑駁的痕跡，古夫的模樣已經不完整。

古埃及人經常用岩石來雕刻人的雕像。這些雕像，有些坐著，有些站著，比我們正常人要大上許多。但是，古埃及人把這些雕像塑造得很拘謹。他們僵直著雙腳，呆呆地站在地上，手指緊貼著身體，就像一個等待訓誡的孩子。

埃及人為神靈建造的房子，被稱為廟宇。廟宇裡的圓柱和大樑都高大無比，一般人站在旁邊會顯得像侏儒般矮小。

廟宇、金字塔、木乃伊的棺木上，都繪有很多風格各異的圖畫，但是古埃及人似乎並不想把事物的真實模樣畫出來，因此他們的畫看起來與真實事物的模樣有些差距，例如：他們只用一些曲線來代表波浪。古埃及人在畫畫的時候，具有奇特的構圖方式，例如：他們在畫兩個前後站立的人時，他們會把後面站立的人畫在前面那個人的頭頂上。在畫法老的時候，

古埃及統治者——拉美西斯大帝

古埃及人會把他畫得比畫面中的其他人大上許多倍。

在色彩的選擇上，古埃及人比較喜歡鮮亮的顏色，例如：紅色、黃色、棕色，所以他們的圖畫非常顯眼。透過這些圖畫，我們可以看出，埃及南部的人膚色偏黑，地中海附近的人膚色呈淺棕色。但是，隨著埃及人的不斷遷移，這種膚色的變化越來越小，想要透過膚色來判斷一個人來自哪裡，也變得越來越難。

【藏寶箱裡的日記】——古夫金字塔

關於古夫金字塔，我先來告訴你一組資料：在最初建成時，它底邊長230公尺，塔高146.59公尺。整座金字塔佔地52900平方公尺，體積約260萬立方公尺。你一定在驚歎，這真是一座巨大的金字塔。如果你坐車經過開羅西南約10公里的吉薩高地，你就可以見到它。古夫金字塔除了大之外，還是埃及歷史最古老的金字塔之一。此外，如果我再告訴你一些關於古夫金字塔的細節，你會更驚訝：

古夫金字塔底部是一個正方形，金字塔四面的四邊正對著北、南、東、西四個方向。如果讓時間倒退回到西元前2500年，金字塔的四條坑道將分別正對「北極星」、天龍座的第一顆星「右樞星」、小熊星座的第二顆星「帝星」、大犬座最明亮的第一顆星「天狼星」。當時，這四顆恆星正穿越子午線。

在古夫金字塔的附近還有兩座金字塔，它們是卡夫拉金字塔和孟卡拉金字塔。古夫金字塔、卡夫拉金字塔、孟卡拉金字塔的排列，正好與西元前1050年獵戶座三粒腰星的排列相同。而且，當年天上的銀河與地上的尼羅河，竟然隔著茫茫的太空對稱分布。

第二篇：藏在神話裡的歷史

——古希臘時期

第 12 章：希臘眾神的家譜

如果我說有一個地方叫做赫拉斯，你也許覺得陌生，但是當我說出它的另一個名字時，你一定很熟悉——希臘。赫拉斯就是希臘。希臘就像一個美麗的珍珠鑲嵌在地中海上。希臘很小，但是它的名氣卻不小，它的歷史說起來，要比世界上其他國家精彩許多。

在希臘附近，居住著一群「赫楞人」。赫楞不是神奇的事物之名，它只是一個男人的名字。由於赫楞養育很多子孫，為了紀念他，人們把他的子孫叫做「赫楞人」。但是，如果你現在還把他們叫做「赫楞人」，你就顯得有些土氣。因為他們在很久以前已經不叫這個名字，他們現在叫做「希臘人」。

或許是希臘太小的緣故，所以希臘和希臘人一直沒有引起大家的注意。他們就這樣默默無聞地生活很久，直到西元前1300年左右，就是鐵器時代開始的時候，人們才注意到他們的存在。

人們發現，希臘人信奉眾多神明，他們主要信仰的神有六位男神和六位女神。這些神明住在希臘最高的山——奧林帕斯山上。有趣的是，在希臘人眼中，這些神明就跟人類一樣會發脾氣，會吵架，會彼此嫉妒，也會互相欺騙，會犯一些可怕的錯誤。他們就像一個經常吵鬧的大家庭，與希臘人世代為鄰。

雖然神明們也跟我們所有人一樣有缺點，但是他們畢竟是神，所以他們都長生不老。希臘人認為，這主要是因為神明們的食物具有讓人永保青春的功效。關於希臘人的神明，我有另一個小秘密要告訴大家，那就是他們其實也是羅馬神話中的神明，只是他們在羅馬神話裡，有一個不一樣的名字。當你知道這一點，下次你再讀到那些神明的羅馬名字時，你就知道，他們就是希臘神話中的神明。

例如：希臘眾神之父宙斯來到羅馬，就改名字叫做朱庇特。宙斯不僅是眾神的父親，他還是所有人類的王。他坐在寶座上，身邊有一隻鷹，那是鳥中之王。在希臘傳說裡，宙斯是一個容易發怒的父親。當他發怒時，他會拿出手中彎彎曲曲的雷電，怒氣沖沖地擲出，於是天空中就會電閃雷鳴。所以，當你聽到希臘人說：「宙斯的閃電」，意思就是神在發怒。

宙斯的妻子是眾神之女王赫拉，羅馬人更願意叫她朱諾。赫拉喜歡拿著自己的權杖，與她心愛的孔雀待在一起。

宙斯有一個兄弟是海神，他叫做波塞頓，羅馬人叫他尼普頓。波塞頓駕駛一輛戰車，手持三叉長戟。這三個尖頭的長戟，看起來有些像你家花園裡的乾草叉。但是，不要被它表面的模樣欺騙，它的威力非同小可。如果波塞頓揮動這個「乾草叉」，平靜的海面一下子就會變得波濤洶湧。

在奧林帕斯山上住著一個腿有殘疾的鐵匠，他的日常工作是在山洞裡打鐵。這個鐵匠的力氣太大了，只要他一打鐵，火山就會噴發，地動山搖。原來，這個鐵匠不是別人，正是火神赫菲斯托斯。大家都知道英文單詞火山——volcano，如果你記不住，我教你一個好辦法，這個詞語其實就是火神赫菲斯托斯的羅馬名字武爾坎（Vulcan）。

或許，只有太陽神阿波羅沒有給自己取羅馬名字，他在羅馬神話中也叫做阿波羅。阿波羅是宙斯和黑暗女神勒托的兒子，他降生的時候，天空出現萬丈金光。據說，阿波羅是所有男神中最英俊的神，他的眉心嵌著一個耀眼的太陽。阿波羅同時也掌管音樂。他每天早晨都駕著自己的太陽神車，穿越整個天空，為人類帶來燦爛的陽光和動聽的音樂。

阿波羅的孿生妹妹叫做阿提蜜絲，她的羅馬名字叫做黛安娜。據說，阿波羅出生之後，他從母親的體內牽出阿提蜜絲。阿提蜜絲出生時，眉心嵌著一個耀眼的月亮，手中舉著弓箭，全身散發聖潔的光芒。你可以猜到太陽神的妹妹是什麼神嗎？沒錯，她是月亮女神，同時也是狩獵女神。阿提蜜絲身材勻稱，長得十分美麗。據說，她特別熱愛大自然，因此她拒絕眾多求婚者，只願意與森林中的仙女們永遠生活在一起。

眾神之中，有一位十分活潑快樂的神，叫做阿瑞斯。他是戰神，在羅馬神話中，他被叫做瑪爾斯。每當戰爭爆發時，他就會興奮異常。

奧林帕斯山上的眾神經常吵架，幸好他們有信使荷米斯，也就是墨丘利。荷米斯的形象十分可愛，他的鞋子和帽子上都長有翅膀，就連手中的權杖也長著翅膀。荷米斯是一個相當出色的調解員，這要歸功於他的權杖。據說，只要把這根權杖放在爭吵者之間，他們就會立刻和好。有一次，荷米斯將自己的權杖放在兩條正在酣戰的蛇中間，於是兩條蛇立刻停止戰鬥，變得友好起來。停戰的兩條蛇將荷米斯的權杖纏繞起來，自此以後，這根權杖上就留下兩條蛇形。因此，這根權杖被叫做「雙蛇杖」，又叫做「使節棍」。

有一位女神在希臘為自己建造一座城，她用自己的名字為這座城命名——雅典娜。雅典娜，或是叫做密涅瓦，是智慧女神，她從宙斯的頭上誕生。有一天，宙斯忽然頭痛得厲害，於是他派人找來火神赫菲斯托斯，讓他用錘子敲擊自己的頭。雖然赫菲斯托斯覺得這樣做對宙斯很不敬，但是為了尊崇眾神之王宙斯的旨意，赫菲斯托斯也只能在宙斯頭上敲擊起來。突然，一個東西從宙斯的頭上竄出，宙斯的頭痛立刻停止了。從宙斯頭上跳出來的就是雅典娜。雅典娜出生的時候，身穿戰甲，全副武裝。她非常聰穎，又富有戰鬥能力，她在希臘建立雅典城之後，一直用心地守護它。

愛神和美神阿芙蘿黛蒂，也就是維納斯，是奧林帕斯山上最美麗的女

雅典娜的誕生

神。據說，她誕生於大海的泡沫之中。她有一個可愛的兒子厄洛斯，你或許更熟悉厄洛斯的羅馬名字——邱比特。當邱比特用箭射中人們的心時，世間就成就一對愛人。

奧林帕斯山上還有掌管家事和爐灶的女神赫斯提亞，或是叫做維斯塔，以及掌管農業的豐收女神狄蜜特，或是叫做克瑞斯。

以上就是奧林帕斯山上12位主神。其實，眾神之王宙斯和海神波塞頓有一位哥哥，他叫做哈迪斯，哈迪斯的羅馬名字是普魯托。

哈迪斯雖然與宙斯和波塞頓是一家人，但是他卻不住在奧林帕斯山上。他住在陰間，統治冥界。哈迪斯為什麼不跟弟弟們住在一起，而要待在陰冷的冥界？這要從遙遠的泰坦之戰說起。很久以前，宙斯、波塞頓、哈迪斯為了反對父親克洛諾斯的暴政，就聯合起來將父親打敗。之後，哈迪斯和弟弟們用抽籤的方式決定各自的領地。宙斯抽中天堂，成為天上的王，波塞頓抽到海洋，哈迪斯的運氣有些不好，他抽到冥界。因此，哈迪斯成為冥王，統治地獄。

人們對希臘眾神無比崇敬，因此就用眾神的名字來命名天上的行星。但是，這些行星的名字，都是用眾神的羅馬名字，例如：最大的行星木星，又叫做「朱庇特」；最紅的行星火星，又叫做「瑪爾斯」；美麗的金星又叫做「維納斯」；水星是「墨丘利」；海王星是「尼普頓」；冥王星是「普魯托」。

希臘人認為，眾神在統治奧林帕斯山的同時，也在保護人類。大地的豐收，生活的安寧，都離不開眾神的庇佑。因此，希臘人經常會向眾神祈禱，希望神靈保佑他們平安，不受傷害。

世界上許多民族都有向神靈禱告的習俗。有些民族，例如：中國人在禱告時，往往閉目跪拜，但是希臘人在向神靈祈禱時，卻用站立姿勢，雙臂向前伸開。

在禱告的儀式開始時，希臘人會準備許多東西，例如：牲畜、水果、酒。希臘人認為，這些東西都是眾神喜歡的食物。希臘人還認為，當眾神享用這些祭品時，就會透過一些自然現象來給人們啟示，例如：神會讓鳥群掠過天空，或是在天空放閃電。這些現象預示眾神對獻祭是否滿意，如果他們不滿意，就會帶來一些不好的預兆，例如：當一塊盤子突然被打碎時，希臘人就知道，原來神明對他們的獻祭不滿意。直至今天，仍然有很多人相信這種預兆。

雅典附近有很多山和城市毗鄰，一座叫做帕那索斯的山就和一座名為德爾斐的城市緊密相連。從德爾斐城裡的裂縫中經常會湧出一股沼氣，希臘人認為，這股沼氣是阿波羅的呼吸。

在德爾斐城的裂縫上，經常坐著一個女祭司，只要她聞到這股沼氣，就會變得迷迷糊糊。這個時候，你如果問她問題，她就會對你說很多。只是這個女祭司太糊塗了，以至於你完全無法明白她究竟在說些什麼。所以，在女祭司旁邊會有一個祭司當翻譯。後來，人們將這裡稱為德爾斐神廟，女祭司那些稀奇古怪的話被稱為德爾斐神諭。

每當希臘人在不知所措或是對未來感到茫然時，就會去祈求德爾斐神諭的指示。希臘人堅信，神一定會幫助他們。但是，由於女祭司的話非常含混，因此神諭就有多種多樣的解釋。例如：曾經有一位國王在戰爭開始前去問神諭，自己能不能取得勝利。神諭的指示是：「一個偉大的王國即將滅亡。」你可以猜到戰爭的結果是什麼嗎？在現代語言中，人們經常把這種晦澀多義的語言叫做「神諭式的語言」。直至今天，仍然有很多人跋山涉水來到這裡，只為可以得到神諭的指引。

【藏寶箱裡的日記】——宙斯的身世

天空之神烏拉諾斯和大地女神蓋亞有十二個子女，他們是歐克亞諾斯、考伊斯、克利奧斯、伊亞佩特斯、菲碧、泰西絲、克洛諾斯、瑞亞、緹米斯、尼莫辛尼、海波利翁、緹伊雅。在希臘神話中，他們被稱為泰坦神（Titans）。

晦澀多義的德爾斐神諭

這個古老的泰坦神族曾經統治世界，宙斯的父親就是泰坦神族中的克洛諾斯。克洛諾斯是時間的創造力和破壞力的結合體，他的妻子女神瑞亞則掌握時間流逝。克洛諾斯是一個殘暴的父親，瑞亞每生下一個孩子，他就一口把孩子吞掉。當宙斯降生時，瑞亞認為再也不能失去任何一個孩子。於是，她用布裹住一塊石頭代替宙斯，騙過克洛諾斯。幸運的宙斯隨後被帶到寧芙女神那裡撫養。

宙斯長大以後，瞭解自己的身世。他決定推翻父親的殘暴統治，救出自己的兄弟姐妹。於是，他設計引誘克洛諾斯吃下催吐藥。在催吐藥的作用下，克洛諾斯不斷地嘔吐，他腹中的子女們一個接一個地被吐出來。這幾個被吐出來的子女分別是波塞頓、哈迪斯、赫斯提亞、狄蜜特。

隨後，宙斯和他的兄弟們開始聯手作戰，推翻殘暴的父親。他們放出被克洛諾斯囚禁的獨眼巨人和百臂巨靈。藉著他們的神力，宙斯和他的兄弟們打敗克洛諾斯，把他關進地獄的最底層。勝利之後，就是決定誰來做王的時候，宙斯和他的兄弟們互不相讓，於是就有以上我們說過的宙斯兄弟三人抽籤的故事。

第 13 章：都是蘋果惹的禍

希臘的歷史總是與奧林帕斯眾神的故事關係密切。奧林帕斯眾神卻總是會犯一些與人類相同的錯誤，所以他們之間總是發生爭執。你看，眾神在一場婚宴上又鬧開了，這次爭執卻引發一場戰爭，希臘的歷史就在這場戰爭中開始。

有一天，希臘眾神受到邀請，參加人類英雄佩里斯和海洋女神特蒂斯的婚禮。可是，女神厄里斯卻不在受邀之列，厄里斯非常生氣。引起爭執是厄里斯的強項，於是她為了報復，就計畫在婚禮上引起不和。

厄里斯準備一個金蘋果來到婚禮上，當她把這個蘋果呈現給賓客時，在場的女神都坐不住了。原來，金蘋果上寫著：「送給最美的女神。」女神們每個都高貴而驕傲，她們都覺得自己才是最美麗的那一位，其中赫拉、雅典娜、阿芙蘿黛蒂為了爭這個金蘋果而相執不下。

如果你的同伴們發生爭執，我想你一定會站出來勸架。可是，面對三位女神的爭吵，當時在場的其他神卻一句話都不敢說，因為他們都害怕得罪三位能力非凡的女神。最後，無奈的宙斯找來一位名叫帕里斯的牧童來當裁判。

為了讓牧童把金蘋果判給自己，三位女神開始用誘人的條件來引誘牧童：眾神之女王赫拉答應讓他做國王，智慧女神雅典娜許諾給他智慧，愛與美化身的阿芙蘿黛蒂答應給他世界上最美麗的女人做妻子。

事實上，帕里斯不是一般的牧童，他正是希臘對面的特洛伊國王普里阿摩斯的兒子。在帕里斯還是嬰兒的時候就被人扔到山上，幸好有一位牧羊人經過，發現帕里斯。牧羊人把帕里斯帶回家精心照料，將他撫養成人。

此時，帕里斯面對女神的條件，會選擇哪一樣？做智者與做國王？帕里斯想了一下，覺得沒有意思。他認為，得到世界上最美麗的女人做妻子才是最幸福，於是阿芙蘿黛蒂得到蘋果。

到了阿芙蘿黛蒂實現承諾的時候，可是當時世界上最美麗的女人海倫，已經嫁給斯巴達的國王墨涅拉奧斯。於是，阿芙蘿黛蒂幫助帕里斯潛入斯巴達城找到海倫。然後，帕里斯把海倫帶回故鄉特洛伊。

墨涅拉奧斯失去自己的妻子，既難過又憤怒。於是，他聯合希臘人對特洛伊發動戰爭，希望可以從特洛伊人的手中奪回自己的妻子。可是特洛伊的城牆太堅固，很難攻陷。這場戰爭一打，就是10年之久。墨涅拉奧斯覺得，或許自己永遠奪不回海倫。

最終，希臘人想出一個絕好的計策。他們建造一個巨大的木馬，大得比城門還高，然後他們讓士兵們藏在木馬的肚子裡。一切準備就緒，希臘人把木馬放在特洛伊城牆外，然後駕船離開，做出停戰的模樣。同時，希臘人透過他們安排的間諜，向特洛伊人傳達一個訊息：這個木馬是神的禮物，因此特洛伊人應該把木馬請進城裡。

這個時候，特洛伊城中一位名叫拉奧孔的祭司看出端倪。他認為希臘人一定在木馬上做手腳，因此他勸大家不要接近木馬。但是那個木馬是神的禮物，特洛伊人怎麼可能不要？你是不是也曾經有這樣的經歷，當你特別想要做一件事的時候，無論是父母或老師的規勸還是同伴的勸說，你都不願意聽？現在，特洛伊人也是這樣，他們因為很想得到木馬，因此沒有把拉奧孔的話聽進去。

就在這個時候，拉奧孔和他的兩個兒子被海裡游出來的幾條大蛇纏住，窒息而死。特洛伊人認為，這一定是神靈在暗示他們不要相信拉奧孔。於是，特洛伊人決定把木馬搬進城裡。為了把巨大的木馬搬進城裡，特洛伊人甚至拆掉一部分城牆。

當晚，木馬裡的希臘人衝出來，從城裡打開特洛伊城門，和外面沒有走遠的希臘大軍裡應外合，一舉攻下特洛伊。這一次，他們幾乎夷平整個城市，海倫也再次回到丈夫的身邊。正是依靠木馬計，希臘最終戰勝特洛伊。

特洛伊人一定很後悔把木馬搬進城裡，因為直到現在，那裡還流傳一句諺語：「小心希臘人送的禮物。」意思是：要提防送禮給你的敵人，他們往往不安好心。

特洛伊的戰爭故事的過程，被詳細記載在兩首很長的史詩中。一首叫做《伊利亞德》，伊利亞是特洛伊的另一個名字。在《伊利亞德》中，記錄特洛伊戰爭的詳細過程。另一首叫做《奧德賽》，這首詩的標題來自一個希臘英雄的名字。這個英雄叫做奧德修斯，《奧德賽》正是描寫他在特洛伊戰爭結束以後，返鄉途中的歷險記。當然，如果你聽到有人把奧德修斯叫做尤利西斯的時候，也不要吃驚，因為這是奧德修斯另一個名字。

有人認為，《伊利亞德》和《奧德賽》是世界上最美的兩首詩歌。它們的作者名叫荷馬，大約生活在西元前850年，是希臘的吟遊詩人。

吟遊詩人到處流浪，如果你遇到他們，他們會停下來為你唱歌曲和講史詩。他們的歌聲很動聽，在里拉豎琴的伴奏下，那些用歌聲講述的故事顯得更美麗動人。如果你想要回報吟遊詩人，可以給他提供住所和食物。

荷馬的歌曲很動聽，人們把這些歌曲記在心裡。荷馬的母親在荷馬死後，繼續荷馬的工作，給孩子們唱歌。後來，人們將這些詩歌以希臘文記下，編成書籍，流傳至今。如果你有幸接觸到希臘文，相信你不會錯過荷馬史詩，如果沒有學習希臘文的機會，荷馬史詩的中文譯本也是一個不錯的選擇。

荷馬的詩歌可能改編自古老的傳說，荷馬本人身上也有許多傳說。更有意思的是，僅僅是荷馬的出生地就有七個城市在爭。關於這些，我們難辨真假。我想，荷馬恐怕也會為此煩惱。

【藏寶箱裡的日記】——吟遊詩人荷馬

荷馬為世人講述許多傳奇的故事，就跟這些傳奇故事中的主角一樣，荷馬自己也有神秘的身世。但是直到現在，關於荷馬的生平仍然是一個未解開的謎。

首先是荷馬的名字。有人說，「荷馬」是「人質」的意思，或許荷馬曾經是一個俘虜；有人說「荷馬」兩個字代表「組合」。說不定，他只是後人虛構的人物。但是無論哪種說法，都是人們的猜測。

西元前6世紀時，一位叫做色諾芬尼的人寫了一首詩，裡面提到荷馬，這是關於荷馬的最早記載。但是，希臘歷史學家塞奧彭普斯卻說，荷馬在西元前686年才出生，這個年份比色諾芬尼詩中的荷馬晚了許多。後來，又有傳說荷馬出生於西元前12世紀。但是，這種說法似乎把荷馬出生的時間定得太早一些。

就連荷馬在哪裡出生，也有許多爭議。有人說他出生在雅典，有人說希臘才是他的故鄉，還有記載說他是希俄斯島人，但是也有人認為，他實際上是小亞細亞的斯彌爾納人。你認為呢？

第 14 章：斯巴達人的「軍事夏令營」

你還記得海倫的丈夫墨涅拉奧斯嗎？他是斯巴達城的國王。關於斯巴達城，我也有許多要告訴你的故事。

在西元前900年左右，斯巴達有一個名叫萊庫格斯的男人，這個名字是一個非常強健的希臘名字。當你看完這個故事就會知道，萊庫格斯的為人和他的名字一樣強健。萊庫格斯有一個宏大的願望——他要讓斯巴達成為世界上最強大的城邦。

但是，如何才可以實現這個目標？為了尋找答案，萊庫格斯開始他的遊歷。他幾乎走遍世界上所有大城市，學習它們強大的原因。在旅行的過程中，他遇到許多人和許多事。

有些地方的人，只希望過著舒服的日子，每天快快樂樂，日子平平安安。或許你也想過著那樣的日子，可是在萊庫格斯看來，如果一個城市的人只想這樣過日子，這座城市一定不夠強大。在萊庫格斯看來，如果有一座城市，裡面的人們無論是否快樂，都可以任勞任怨地做著自己的工作，這座城市就有強大的可能。

在遊歷足夠多的城市以後，萊庫格斯回到家鄉斯巴達。根據遊歷所得的經驗，萊庫格斯認為應該制定一些規則，讓人民在規則的引導下生活。這樣一來，斯巴達的人民將會很快成為最強大的人。於是，萊庫格斯開始為斯巴達人制定規則，這些規則被稱為法典。也許你會說，所有的法典都很嚴酷。是的，但是法典在嚴酷的同時，確實可以讓斯巴達人變得強大。我們就來看看，法典是否發揮神奇的作用，讓萊庫格斯的理想成為現實。

萊庫格斯希望斯巴達城裡沒有弱者，於是他為斯巴達人規定詳細的訓練計畫。這些計畫對斯巴達人而言，就像一場人生過關遊戲，你必須通過重重考驗，才可以成為強者。

首先，萊庫格斯規定斯巴達人要從嬰兒時期就開始訓練。只是這項規定確實有些不近人情，因為斯巴達的嬰兒一出生，就會有專人檢查他們的身體情況。如果嬰兒不太健康，他就會被扔進山裡。這個可憐的小傢伙能不能活下去，只能聽天由命。

經過嬰兒時期的考驗，男孩們長到7歲。這個時候，他們的另一項考驗來了。7歲的少年們要離開母親的溫暖懷抱，來到類似於軍營的學校生活。如果你曾經參加軍隊夏令營，就會對斯巴達的學校有一定瞭解，但是千萬記住，斯巴達的孩子在軍營學校裡受到的訓練，比你們的夏令營要艱苦許多。在那裡，怎樣變成最優秀的戰士，才是他們最重要的學習內容。

那裡的少年們不容許有任何的疏忽和懈怠，他們的生活顯然不如你的軍隊夏令營那樣豐富。他們的生活單調而呆板，甚至殘酷：即使在冬天，他們也要光著頭，打著赤腳。他們的穿著十分單薄，有時候甚至要赤身裸體站在冰天雪地裡。他們平常吃的食物很少，為了訓練他們的意志，學校的管理者甚至故意不讓孩子們吃飽。所以，他們不像你在軍隊夏令營裡那樣，有機會幸運地偷吃到巧克力派。這些少年睡在野草和蘆葦上，沒有被褥，有時候學校的訓導員還特意讓他們睡在軟泥或沙堆上，這一切只為磨練他們的意志。

這裡的孩子平日裡學習格鬥，他們不僅學習互相格鬥，還要學習與野獸進行搏鬥。如果在搏鬥中不幸受傷，他們不能流露絲毫痛苦的表情。因為在這裡，痛苦是恥辱，哭不是一個男子漢的所為。如果一個男孩流下眼淚，這種恥辱將會伴隨他一生。當斯巴達的男孩們再長大一點時，經常會被無理由地鞭打一頓。這是要告訴他們，在承受苦難的時候要堅強。這一切的一切，都是為了要讓斯巴達的青年們，變得身強力壯，意志堅定，機敏堅韌。

這些就是「斯巴達式訓練」。如果你在軍隊夏令營裡覺得辛苦，想想這些斯巴達孩子的魔鬼訓練，或許你就可以堅持下來。

男孩們在學校裡經受磨礪，普通的斯巴達人也過著辛苦的生活。斯巴達人的食物、衣服、住所都由國家免費提供，看起來是很好的國家福利。但是如果我說，你在免費擁有這些東西以後，不能吃香甜可口的飯菜，不能穿柔軟舒適的衣服，不能睡溫暖乾淨的床鋪，只能用最簡單或是最簡陋甚至有些破舊的生活用具，你還會堅持自己的想法嗎？萊庫格斯為了讓他的人民無比堅強，堅決不允許斯巴達人被舒適的生活所迷惑。他認為，生活過於舒適，將會讓人的意志消沉。因此，對斯巴達人來說，一頓可口的飯菜都成為奢侈。

斯巴達人不僅在生活物質方面簡單，在語言表達方面他們一樣簡單。在那裡，語言似乎與糧食一樣珍貴，任何人都不能浪費任何一個字。所有人都要盡可能用最少的語言來表達最準確的意思。

斯巴達人的簡潔到什麼程度？有一次，斯巴達人收到一個國王的恐嚇信。這個國王在信裡威脅他們，如果斯巴達人不服從他，他就會佔領這裡，毀掉他們的家園，把他們都變成奴隸。斯巴達人只用一個「敢」字，就做出強有力的回答。現在，人們把這種簡潔明瞭的回答稱作「laconic」，就是「拉科尼式」回答。它之所以叫做這個名字，是因為斯巴達所在的地方是拉科尼亞州。

在萊庫格斯的訓練下，斯巴達人確實成為世界上最優秀的戰士，他們征服比他們人數十倍還多的城邦。被征服的人都成為斯巴達的奴隸，為斯巴達人種田工作。看到這裡，你是不是也覺得萊庫格斯的這種做法不正確？歷史也同意你的想法，它在以後給出公正的判決——萊庫格斯的想法是錯誤的。

斯巴達是希臘的一個重要城邦，在希臘還有另一個城邦——雅典。雅典位於斯巴達北部，如果當時你在雅典，就會發現這裡與斯巴達簡直是兩個世界。雅典人的生活和想法與斯巴達人截然不同，他們熱愛所有美麗的事物，精緻的雕塑、油畫、美妙的音樂以及詩歌，都是他們喜愛的事物。這裡的一切與斯巴達的軍事化都不一樣，唯有一點，雅典人和斯巴達人相同，那就是他們都熱衷於各項體育運動。

在斯巴達人眼裡，鍛鍊身體最重要，但是雅典人更看重內心修養。

西元前1000年

有一次，一個年邁的老人去觀看雅典和斯巴達的比賽，但是觀眾席已經坐滿人，而且沒有人主動給老人讓座。斯巴達人看到以後，就把老人請到自己這邊，並且給他找一個最佳的位置。

有趣的是，雅典人看到斯巴達人的做法時，都歡呼表示贊同，但是斯巴達人對雅典人的舉動做出回應：「你們知道這樣做是對的卻不付諸實踐，這樣並不聰明！」

【藏寶箱裡的日記】——城市國家

我們在故事裡提到城邦。如果一個城市像國家一樣擁有主權，並且控制一定的土地，它就叫做城邦。其實，城邦就是國家，是一個以城市為中心被鄉鎮環繞的國家，例如：古希臘的雅典和斯巴達，以及後來的義大利城邦——佛羅倫斯、威尼斯。

在古代希臘的城邦中，除了雅典以外，就是斯巴達的實力最強。「斯巴達」在古希臘語中，意思為「可以耕種的平原」。這片可以耕種的平原位於希臘半島南部的拉科尼亞平原上。西元前11世紀，多利安人來到這裡定居，建立一座屬於多利安人的斯巴達城。後來，人們就把這裡的多利安人稱為斯巴達人。

第 15 章：舉辦奧運會是最重要的事情

在古希臘，無論是男孩還是女孩，都熱衷於各種各樣的戶外運動。但是那個時候的運動，沒有足球和籃球或是滑板。古希臘人進行的運動項目就是跑步、跳高、摔跤、拳擊，有時候還有擲鐵餅。當時，希臘的很多地方都會舉行各種各樣的比賽，從中挑選能力最強的選手。

在古希臘的各種比賽中，最重大的一項體育盛會每四年舉行一次。這次體育盛會在希臘南部的奧林匹亞舉行。比賽的日子，是希臘最盛大的節日。因為這項活動是以眾神之王——宙斯的名義舉辦的，所以運動會期間所有的事情都要為運動會讓路，就算是戰爭也不例外。如果想要開戰，只能在運動會結束以後開始。

每年的奧林匹亞體育盛會中，都聚集希臘高手。希臘各地的人們，從四面八方趕來，觀看四年一次的盛會。是不是覺得這樣的場景很熟悉，很像我們的奧林匹克運動會？沒錯，現在的奧林匹克運動會，就是起源於希臘的奧林匹亞運動會。

可是在當時，並不是所有人都可以參加運動會。古希臘人對參賽選手的資格規定嚴格的標準，只有沒有任何犯罪記錄和違法行為的希臘人才會被給予參賽資格。這就像學校在選拔校隊時，也通常希望品行優良的學生參加一樣。

現在，無論男女都可以參加運動會，女性在運動場上的表現完全不輸男性。但是，我們在古希臘的運動賽場上卻看不見女性，因為當時人們只允許男性參加比賽。

參賽選手為了可以在這場盛大的賽事上充分發揮，他們往往提前四年就著手準備。在運動會開始之前的九個月，參賽選手們還要集中到奧林匹亞附近的露天體育場，在那裡進行最後的訓練。

運動會開始時，希臘人會在運動場裡擺滿眾神雕像。人們先向希臘眾神祈禱和獻祭，再進行隊伍遊行。運動會結束時，也會有相同的儀式。事實上，持續五天的體育賽事不僅是一場運動會，還是一場宗教儀式——紀念宙斯和其他眾神。

運動會上的比賽項目也有很多，在任何一項比賽中，都不允許作弊。如果誰在比賽的時候採取欺騙手段，他從此以後將會被禁止參加奧林匹亞運動會。從那個時候開始，希臘人就有自己的體育精神，勝不驕，敗不餒。當時，也從來不會有失敗的選手指責判決不公平。

在比賽中勝出的運動員會有什麼待遇？在一個項目甚至多個項目中奪冠的運動員就是全希臘的英雄，他所代表的城邦也是無上光榮和自豪。奪冠的英雄雖然沒有獎金，但是人們會把月桂樹枝做成的花環戴在獲勝者的頭上，同時還會有雕刻家為他們雕塑雕像，詩人為他們寫歌，比現在的運動員們只獲得獎金或獎牌更有意思。

古希臘跑步的運動員

在希臘，除了四年一次的盛大體育競賽之外，還有詩人和音樂家的比賽，他們要在詩歌、作曲、演奏上一決高下。在這些比賽中勝出的人不戴桂冠，他被群眾抬起來歡呼，這就是對優勝者的最大肯定。在現代比賽中，尤其是足球比賽中，你可能會看見隊長或是功臣被隊員們抬起來拋向空中。這個慶祝的方式，在古希臘就已經開始。

在希臘的歷史上，奧林匹亞盛會的意義十分重要。因為在希臘的漫長歷史中，我們可以確定的第一個事件就與奧林匹亞有關。

西元前776年，希臘人在奧林匹亞舉行一次運動會。這次運動會的比賽項目只有一個——在距離為192.27公尺的場地跑。正是從這次賽跑比賽以後，希臘人開始計算他們的歷史日期，並且認定這一年為希臘的第一年。

奧林匹亞，是希臘人對奧林匹亞運動會週期的稱呼，即兩次奧林匹亞運動會之間相隔的四年。在此之前，還沒有年、月、日的日曆被他們記錄，所以希臘的第一個奧林匹亞的起始年應該從西元前776年算起。在此之前，希臘的歷史都是來自於傳說或故事，我們無法考證它們的真實性，從西元前776年開始，希臘歷史就有根據。

1896年，不只對希臘，對全世界來說，都是一個重要的年份。正是在這一年，人們決定將停辦多年的奧林匹亞運動會重新舉辦。這樣一來，兩千多年以前的奧林匹亞運動會跨越時空來到現代。現代奧林匹克運動會第一次在西元1896年舉行，但不是在希臘南部的奧林匹亞，而是在雅典。

過去舉辦奧運會是希臘的專利，現在所有國家都有權利承辦。全世界各國的運動員都被邀請參加這項盛會，當然也包括女性。只是，在古希臘，連戰爭都要給神聖的運動會讓路，但是現在，運動會卻往往因為戰爭而被迫停辦。

【藏寶箱裡的日記】——現代奧林匹克運動會

西元522年和西元511年，接連發生兩場強烈的地震，這兩場地震將奧林匹亞徹底摧毀。從此以後，人們再也無法在那裡舉辦奧林匹亞運動會。

到了19世紀，有人開始著手恢復奧運會，顧拜旦就是其中之一。在他的努力下，1894年6月16日，來自9個國家37個體育組織的78名代表，在巴黎召開名為「國際體育教育代表大會」的會議。在這次會議上，人們決定此後每隔4年舉辦一次奧運會，並且選出國際奧林匹克委員會。

顧拜旦在復興奧林匹克的過程中，做出巨大的貢獻。正是他奠定奧林匹克運動的理論基礎，使奧林匹克運動發展成為持久的體育與和平運動。顧拜旦被人們譽為「現代奧林匹克之父」。

西元前776年

第 16 章：猶太國王的詩篇

在猶太王國，有這樣一位國王，他就像荷馬吟唱的史詩中的英雄們一樣，為世人所熟悉和稱頌，這個國王是大衛。他用自己的勇敢和智謀為自己在迦南譜寫美妙的詩篇，並且為自己贏得猶太國王的地位。

文藝復興時期的著名雕刻家米開朗基羅雕塑的雕像，表現的就是這位王者的英姿，同時它還展示一段關於大衛的故事。

這段故事發生在西元前1000年。那個時候，猶太人由他們的第一任國王掃羅領導。有一次，掃羅帶著軍隊，在巴勒斯坦的一個山谷中和非力士人對峙。在非力士人之中，有一個名叫歌利亞的巨人，擋在掃羅的大軍面前。歌利亞高大魁梧，面容凶悍，他對著掃羅的軍隊大聲叫罵。掃羅的士兵都被他的身材嚇呆了，沒有人敢迎戰歌利亞。

這個時候，大衛站了出來。他對掃羅說，自己可以戰勝歌利亞。可是，掃羅看了大衛一眼，覺得他根本就是在說大話。因為大衛當時只是掃羅軍隊裡的一個牧童，他長得眉清目秀，是一個少年，怎麼可能戰勝歌利亞？不止掃羅，相信所有猶太人都不會相信他的話。大衛覺得國王不相信自己，就告訴掃羅：「我曾經在獅子的口中救出羊羔，那一次我打死獅子。我也曾經打死熊。很顯然，歌利亞不會比獅子和熊更可怕。」

聽了大衛的話，掃羅還是將信將疑。打死獅子和熊是一回事，打敗歌利亞是另一回事。但是事到如今，既然沒有人願意與歌利亞作戰，就讓這個牧童試試吧，或許真的有奇蹟也說不定。於是，掃羅最終同意讓大衛迎戰歌利亞。

為了迎戰歌利亞，大衛開始做準備。他不喜歡沉重繁瑣的盔甲，所以他仍然穿著自己的衣服。然後，他到溪中撿了五塊鵝卵石，拿著自己的牧羊杖和甩石鞭，就這樣來到歌利亞的面前。

歌利亞還以為會是一個強壯的勇士來挑戰自己，結果卻是一個看起來沒有什麼力氣的年輕人。歌利亞完全沒有把大衛放在眼裡，他一臉不屑地向大衛走過去。大衛面對歌利亞完全不畏懼，他氣勢昂揚，向歌利亞衝過去。大衛沒有歌利亞高大強壯，弱小的他，如何戰勝強大的敵人？

大衛自有辦法。當他向歌利亞衝過去的時候，找到機會用甩石鞭將鵝卵石甩出去。鵝卵石像流星一樣，飛向歌利亞。歌利亞沒有防備，一下子就被鵝卵石打中前額。他慘叫一聲，倒在地上一動也不動。大衛趁機拔出歌利亞腰間的刀，輕易地割下他的頭。

就這樣，大衛用自己的機智戰勝巨人。

沒有歌利亞的非力士人潰不成軍。掃羅順勢一路殺過去，一鼓作氣攻下非力士人的幾個城池，取得戰鬥的勝利。

在戰鬥的勝利以後，掃羅的女兒米拉愛上勇敢智慧的大衛，大衛也對米拉情有獨鍾，於是兩人就結為夫婦。在掃羅去世之後，大衛接替他的位置，成為猶太人的國王。

原本猶太人沒有都城，當時就連掃羅也是住在帳篷裡。後來，大衛將迦南人統治的一座叫做耶布斯的城市征服之後，將那裡作為猶太人的聖城，並且將城市改名為耶路撒冷。

在大衛死後，他的兒子——赫赫有名的所羅門，繼位成為國王。傳說，上帝曾經到所羅門的夢中，詢問他想要什麼。你認為作為國王，所羅門會向上帝要求什麼？權力？財富？都不是，所羅門並沒有要求這些。他讓上帝賦予他無窮的智慧，上帝答應他。

所羅門確實是一個智慧非凡的人。有一次，有兩個女人爭吵

大衛砍下歌利亞的頭

著，找到所羅門。她們爭吵的原因就是她們手上抱著的一個嬰兒——她們都告訴所羅門，自己才是孩子的母親。那是一個還不會說話的嬰兒，他無法告訴所羅門，誰才是他真正的母親。就在大家一籌莫展時，所羅門輕鬆地說：「這很好辦，就把這個嬰兒劈成兩半，你們一人一半吧！」

聽了所羅門的話，其中一個女人痛哭流涕。於是，所羅門將孩子交給哭泣的女人，她才是孩子真正的母親。因為所羅門知道，真正的母親絕對不願意看見自己的孩子被劈成兩半。

所羅門王的智慧傳遍各地。據說，當時在阿拉伯西南方有一個叫做示巴的國家。它的女王為了一睹所羅門王的風采，千里迢迢從阿拉伯來到所羅門的宮殿。所羅門與示巴女王一見鍾情。後來，示巴女王為所羅門生下一個兒子，取名為曼尼里克，就是衣索比亞的第一任國王。

所羅門曾經建造一座異常宏偉的廟宇，建造廟宇用的香柏木，專門從鄰國運來，十分名貴。廟宇中的大理石潔白純淨，廟宇的牆壁上鑲嵌熠熠生輝的黃金與琳琅滿目的珠寶。這座壯觀的廟宇，吸引世界各地的人來參觀。現在，雖然宮殿和廟宇早已湮沒，但是它們依然以獨特的韻味吸引世人。

版畫《所羅門的審判》

所羅門是猶太人最偉大的國王之一，很可惜，他竟然也是猶太人最後一位偉大的國王。因為在他去世以後，猶太人經歷600年的分分合合。最終，猶太王國分裂了。猶太人失去自己的國家，在世界各地流浪。在長達兩千多年的時間裡，猶太人沒有國王，沒有屬於自己的都城。但是後來，

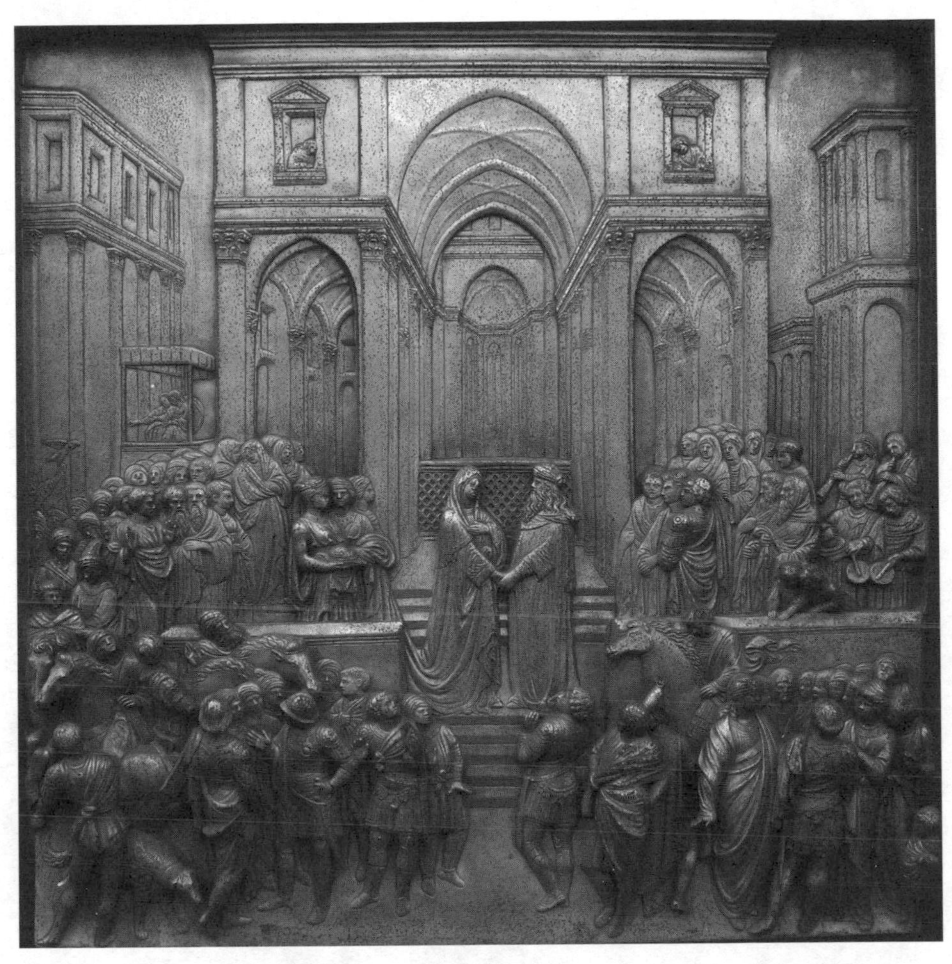

示巴女王會見所羅門王的浮雕

他們在過去被稱為迦南的那片土地上建立一個新的國家——以色列。

【藏寶箱裡的日記】——耶路撒冷

耶路撒冷在英文中稱作「Jerusalem」，其中Jeru表示城市，Salem為和平之意，因此耶路撒冷是「和平之城」。

這座聞名世界的古城，位於巴勒斯坦中部的城市，耶路撒冷城有4個區，分別為東部的穆斯林區、西北部的基督教區、南部的猶太教區、西南部的亞美尼亞區。由於這裡是猶太教、基督教、伊斯蘭教的聖地，所以城裡有許多聖地、神廟、清真寺、聖殿，例如：猶太教的哭牆和聖殿山，穆斯林的圓頂清真寺和阿克薩清真寺，以及基督徒的聖墓教堂和苦路。

第三篇：小城邦和大帝國鬥爭
——黑暗時代的帝國

第 17 章：「靴子」是怎樣誕生的？

相傳，有一種叫做千里靴的神奇靴子，只要你穿上它，就可以一步跨出幾公里！我想，這個靴子一定很大，但是還有比這個更大的靴子，它有805公里那麼長。如果你坐著飛機飛到地中海上空時，往下看就可以看到它。這只「靴子」叫做義大利。是的，它不是真正的靴子，而是地中海一個重要的國家，只是它的形狀看起來就像靴子。有人說，或許正是義大利長得像靴子，所以那裡的人才會把足球踢得那麼好。

西元前770多年，義大利發生一件大事，也因為這件大事，義大利擁有自己的歷史，開始紀年。但是，這件大事不是某個偉人的誕生，而是一座城市的誕生，它就是羅馬。

和希臘一樣，羅馬的歷史也是源自神話。希臘詩人荷馬向我們講述奧德修斯的英雄事蹟，多年之後，古羅馬也誕生一部偉大的史詩。它的作者——詩人維吉爾，向我們講述特洛伊人埃涅阿斯在特洛伊滅亡以後的流浪生活。

當特洛伊城被焚毀以後，埃涅阿斯逃離那裡，開始流浪，並且不斷尋找新的家園。幾年之後，他來到義大利中部台伯河的河口處。在那裡，他不僅安定下來，更幸運地娶到國王的女兒拉維尼亞。婚後，夫妻二人過著幸福快樂的生活。而且，他們的每一代子孫都是這塊土地上的統治者。多年之後，羅穆路斯和雷穆斯這兩個孿生兄弟誕生了。

到此為止，故事的第一部分結束，幸福也由此終結。有人在雙胞胎出生之時，奪走原本應該屬於他們的王位，這個篡權者為避免日後這兩個孩子會對他進行報復，就把兩個孩子放在竹籃裡，丟進台伯河。他希望水流把孩子帶向大海，或是竹籃翻倒在河裡也可以。篡權者做出這樣的事情卻認為自己沒有罪過，畢竟他沒有親手殺死孩子。

但是罪惡的陰謀並沒有得逞。竹籃載著兩個孩子，漂流到岸上。這個時候，一隻母狼發現竹籃裡的孩子。情況似乎很危急，剛逃過一劫的孩子會死在母狼的口下嗎？

奇蹟發生了，母狼不僅沒有吃掉他們，反而把他們當作自己的孩子來養。不僅母狼，還有一隻啄木鳥也用漿果餵養這兩個孩子。兩個孩子由母狼照顧一段時間以後，被一個牧羊人發現。仁慈的牧羊人把兩個孩子帶回家，在牧羊人的精心照料下，他們一天一天地長大。

羅穆路斯和雷穆斯被母狼撫養

兩個孩子是統治者的後裔，他們成年以後，都想建立屬於自己的國家。可是這個國家裡只能有一個國王，兄弟二人都不肯放棄王位，為此他們爭執不休。爭執越來越激烈，悲劇終於發生了。兄弟二人反目成仇，羅穆路斯親手殺死自己的兄弟雷穆斯。

羅穆路斯殺死雷穆斯以後，於西元前753年，來到當年被母狼救過的地方，那是台伯河邊的一處山地，那裡有七座小山，羅穆路斯在那裡建造屬於自己的城市，並且用自己的名字給城市命名為羅馬。此後，這座城市裡的人就被稱為羅馬人。也因為羅穆路斯的身世，所以羅馬的歷代國王總會強調羅馬人是特洛伊英雄埃涅阿斯的後裔。

故事還沒有說完，但是我以下要說的事情，就連我自己也不太相信。但是，這個故事流傳得太久太久，幾乎每個人都聽過，即使它只是一個傳說。

據說，為了增加羅馬的人數，羅穆路斯竟然向小偷和越獄犯許諾，只要他們在羅馬定居，他們的人身安全都可以得到保證。於是，羅馬城裡聚集許多小偷和越獄犯。這些罪犯都是男人，整座羅馬城裡找不到一個女人。沒有女人，如何繁衍後代？羅馬的人數也無法進一步增加。於是，羅穆路斯又策劃一個陰謀。

有一天，羅穆路斯邀請羅馬附近的薩賓人來參加宴會。這是一個豪華的盛宴，薩賓人得到很好的款待。然而，就在薩賓人快樂地享用美食之時，羅馬人之中有人發出一個暗號。這個暗號的意思是：可以開始搶奪宴會上的薩賓女人！於是，羅馬人突然發動，開始搶奪薩賓的女人。當羅馬人把薩賓女人搶到手以後，就迅速逃離，不見蹤影。在這次搶奪中，每一個羅馬人都搶到一個女人。

薩賓的男人們怎麼可能容忍羅馬人將自己的妻子搶走？他們立即召集軍隊，向羅馬人開戰，想要奪回他們的妻子。可是，就在兩軍交戰之時，被搶的薩賓女人說，他們已經愛上現任丈夫，並且願意在羅馬生活。同時，她們要求薩賓人和羅馬人停戰。

就這樣，羅馬城帶著陰謀和罪惡建立了——他們的第一個國王以殺害自己親兄弟的方式登上國王的寶座，然後他召集一批不法份子做臣民，這些人大張旗鼓地搶鄰居的妻子來繁衍後代……這樣建立起來的羅馬，又會創造怎樣的歷史？

【藏寶箱裡的日記】——羅馬

羅馬也被稱為「七丘之城」，因為羅馬古城建在七座山丘上。這座亞平寧半島中部的古老城市，總面積為1507.6平方公里，距離第勒尼安海25公里。台伯河從城市裡橫穿而過，如果你有興趣數一數，會發現台伯河上架有橋樑24座。

羅馬氣候溫暖，四季分明，春季正是一年中最適合出遊的季節。如果你四月在羅馬旅遊，千萬不要錯過4月21日。為了慶祝西元前753年羅馬城奠基，每年4月21日羅馬城所有考古遺址和博物館都會對你免費開放，因此這是一個增長見識的好機會。其實，羅馬城本身就是一座巨大的歷史博物館。你在這裡可以看見古羅馬帝國的元老院、宏偉的凱旋門、萬神殿和大競技場，以及許多文藝復興時期的精美建築。

第 18 章：誰可以當希臘人的裁判？

「這樣不公平！」不知道是誰又犯規，一群玩球的孩子吵開了。比賽的時候，因為公平性引發的爭吵，並不是一件稀奇的事情。看來，那群孩子們現在需要一個公正的裁判來幫他們解決問題。

這群孩子的爭吵，讓我想起雅典。

當雅典剛建立不久時，城裡的人明確地分成兩類——富人和窮人，就是貴族和平民。這兩派人就像賽場上的選手一樣，經常指責對方沒有公平做事。當然，他們不是為了比賽，而是為了爭取自己的利益。同樣的，他們也需要一個裁判。

一開始，雅典也曾經有國王。國王能不能當裁判？不行，因為國王並不公正，他代表富人，總是站在富人一邊，維護富人的利益。雅典人不答應，所以他們攆走他們的最後一個國王，從此以後，雅典再也沒有國王。

大約在西元前600年時，雅典的社會狀況每況愈下。當人們認為這種情況不能再繼續下去時，就找來一個名叫德拉古的權威人士，為雅典制定一套每個人都會遵守的法律。這套出自他雙手的法典，就以他的名字命名——《德拉古法典》。

德拉古在他的法典裡，詳細規定人在犯法之後會獲得怎樣的懲罰。這些懲罰非常嚴酷，例如：如果有一個人偷東西被發現，絕對不是坐一段時間大牢就可以解決，在《德拉古法典》的規定下，等待小偷的將是死刑。當時，只要有人犯錯，無論這個錯多麼微不足道，他都要被處死。德拉古認為：小偷就應該被處死，比小偷所犯的刑罰更嚴重的罪犯要受到更嚴厲的處罰，但是德拉古找不到比處以死刑更嚴厲的懲罰措施。

由於《德拉古法典》過分嚴酷，因此它導致許多糾紛，而且雅典人也實在無法接受如此殘酷的法典，所以他們希望有人重新制定一部公正的法典。接過這個重任的人，叫做梭倫。

梭倫開始制定法典，在他眼中，法典除了要為出身高貴的人服務以外，也要為出身低下的人服務。梭倫要讓他的法典為每個雅典人謀求公正。梭倫沒有讓人失望，他為雅典人制定完備而公正的法典。由於他的出色表現，人們把梭倫列為「古希臘七賢」之一。現在，我們也會把參議員和參與立法的人叫做「梭倫」，就是源於這裡。

雖然梭倫制定的法律盡可能地公平公正，但是雅典的上層階級並不滿意。他們認為這部法律偏袒下層人民，但是下層人民卻認為，這部法律明顯在袒護富人。即使如此，梭倫的法典在當時仍然被人們遵守相當長的一段時間。

可是好景不長，這個相對和諧的局面很快就被打破。西元前560年左右，有一個名叫庇西特拉圖的人登上雅典的政治舞台。他就像一個沒有得到其他人的同意，自己霸佔隊長位置的球員一樣，他沒有經過雅典人的選舉就自稱為雅典的王，管理國家的一切事物。雅典人當然不願意讓這樣的人來領導他們，但是庇西特拉圖的勢力太強大，強大到沒有人可以阻止他。

在希臘，人們把自立為王專橫跋扈的人稱為「暴君」。所以，在希臘人眼中，庇西特拉圖是一個「暴君」，只是這個「暴君」有一些不同。我們現在所說的暴君，指的是那些殘暴不仁的統治者。雖然希臘人說庇西特拉圖是暴君，但是事實上，他根本不殘暴，而且很公正。他遵照梭倫的法典，成功解決雅典貴族和平民的爭執。

庇西特拉圖很有作為，他在統治雅典時，竭力促成雅典城邦的統一，捍衛雅典的尊嚴。他不僅執行梭倫所制定的法典，而且採取一連串的措施來改善農民和手工業者的生存條件，以促進農業和手工業的發展。

庇西特拉圖有一項措施很偉大，他為了方便人們閱讀，就讓人把《荷馬史詩》記錄下來。在此以前，人們透過口耳相傳的方式來記錄這部詩歌，父親傳給兒子，兒子再傳給孫子。但是，如果孫子的記性不好，詩歌就有可能再也無法傳下去。因此，庇西特拉圖的這項措施讓《荷馬史詩》這部偉大的作品可以代代相傳。很顯然，以書面形式記錄歷史，比起口耳相傳，優勢更明顯。

在庇西特拉圖統治期間，農民和工商業者的地位提高了。庇西特拉圖雖然獨裁，但是卻不殘暴，他推行的專制是「仁義的專制」。但是，庇西特拉圖的兒子繼位以後，專制的陰暗面開始顯露。他奢侈殘暴的統治，當然不能滿足雅典人對君王的要求，於是在西元前510年，所有庇西特拉圖家族的人都被雅典人趕出雅典。

不久之後，又出現一個試圖解決貧富兩派衝突的人——克里斯提尼。

貧富兩派之間的衝突，並不容易解決，但是克里斯提尼卻認為，窮人和富人可以實現平等，例如：在選舉的時候，無論是富人還是窮人，都只能投一票。如果有人觸犯法律，無論貧富，都要為自己的罪行付出相應的代價。

但是，克里斯提尼雖然將選舉的權利賦予每個男人，無論貧富，但是他卻把女人排除在外。在古代社會，女人在政治之外十分常見。所以，雖然女人沒有公平地享有選舉權，當時的雅典人仍然認為克里斯提尼的統治公平公正。

在刑罰制度方面，克里斯提尼創建「陶片放逐制」。在這種制度下，民眾有權放逐一位公民。這跟現在的投票制度有些像，陶片就是選票。但是，這些選票不是為了選出統治者，而是選出不被人們喜歡的人，然後將他們流放。

當時，被流放的人要在雅典外面待上至少十年。我想，你或許也曾經被「流放」，例如：你和弟弟在客廳裡打鬧，打翻媽媽最喜歡的花瓶。這個時候，媽媽把你們趕進自己的房間，不准待在客廳。這就表示，你和弟弟被「流放」。

陶片放逐制

陶片放逐制對雅典人而言有一個好處，它可以使雅典擺脫那些野心膨脹和影響力太大的政治家。但是它也有很多弊端，因為雅典人在進行陶片放逐選舉的時候經常帶著情緒，民眾的情緒又經常會受到那些擅長鼓吹的政治家的影響。所以，這種選舉難免成為各政黨之間相互傾軋的工具，民眾最終也難免淪為各政黨手中的棋子。

【藏寶箱裡的日記】——雅典

雅典，艾加里奧山、帕尼薩山、彭特里山、伊米托斯山環繞這座古老的城市，阿提卡平原彷彿一個巨大搖籃，雅典靜靜地躺在它的中心地帶。

古希臘時期的雅典，是一個強大的城邦。雅典人認為，雅典受到戰爭女神雅典娜的庇佑。

傳說，當年雅典初建成時，海神波塞頓與雅典娜都想用自己的名字給這座城市命名。但是，他們誰也不服誰。後來，波塞頓與雅典娜達成一個協定：他們分別送給人類一件東西。如果誰的東西對人類更有用，誰就是雅典的守護神。

於是，波塞頓舉起他的三叉戟，在地面上用力地敲打。咚咚咚，響聲過後，一匹健壯的戰馬出現了，波塞頓將它送給雅典人。看到波塞頓變出戰馬，雅典娜立刻變出一棵橄欖樹。最後，雅典人選擇橄欖樹，因為戰馬代表戰爭，橄欖樹卻是和平與富裕的象徵。於是，人們用雅典娜的名字為他們的城市命名，雅典也一直在雅典娜的守護之下。

西元前500年

第 19 章：敢把國王趕走的國家

西元前509年的羅馬，發生一件大事——羅馬和雅典一樣，分成窮人和富人兩大陣營。富人也被稱作貴族，他們和氣有禮，家產豐厚；窮人也被叫做平民，指那些沒有上過學、家裡財產不多的人。

起初在羅馬，窮人沒有選舉權，選舉是富人獨享的權利。慢慢地，窮人也有一定的選舉權，可是一位名叫塔克文的國王卻認為窮人不配享有選舉權，因此他剝奪窮人很不容易享有的極少選舉權。

對於這項命令，窮人並不認同。尤其是在享受一段時期的選舉權之後，窮人更是無法忍受塔克文對他們權利的剝奪。俗話說：「哪裡有壓迫，哪裡就有反抗。」西元前509年，羅馬城裡憤怒的窮人聯合起來，與塔克文進行鬥爭，最終塔克文被趕出羅馬城。

趕走塔克文國王之後，羅馬人並沒有選出新的領導者。因為此時的羅馬人認為，如果國家只由一個人來領導，他總有一天會想做國王，歷史將會重蹈覆轍。羅馬人對國王一點好感也沒有，因此他們決定採用新方式來管理國家。就這樣，羅馬人建立共和政體。

在這種新的管理方式下，羅馬人每年選出兩個人共同管理國家，這兩個人就是執政官，執政官的任期為一年。執政官不僅掌管羅馬國內的事務，還要指揮軍隊對外作戰。每個執政官都擁有一支12人衛隊，每個衛隊成員肩上都背著一根捆插斧頭的木棒，衛兵們把它叫做束棒。

現在，你也有機會看到束棒的模樣。在一些硬幣和郵票上面，就有束棒的圖案。一些大型建築物或是紀念碑上，也會選用束棒作為裝飾。

束棒是權力的象徵，如果一個人擁有束棒，就表示他可以用束棒懲惡揚善。打人，用斧頭砍掉犯人的腦袋，都是他們權力範圍之內的事情。

還記得那個被趕走的國王塔克文嗎？他雖然被羅馬人趕走，但是一直沒有死心，總是幻想可以再次登上王位。於是，他悄悄潛回羅馬，並且說服一些羅馬人幫助他。

幸好，當時羅馬的執政官之一布魯圖斯識穿塔克文的陰謀。但令人心痛的是，布魯圖斯的兩個兒子竟然是塔克文的同謀。雖然他們是自己的親生骨肉，布魯圖斯還是毫不留情地把兩個兒子送上法庭，將他們作為塔克文的同謀，與其他叛亂者一起處死。布魯圖斯鐵面無私大義滅親的舉動，確實令人佩服。

塔克文想要奪回羅馬王位的計畫就此夭折，但是他仍然不甘心。第二年，塔克文捲土重來。這一次，他選擇正面與羅馬人對抗。他聯合鄰國軍隊，向羅馬發起進攻。

得到消息的羅馬元老院陷入恐慌，因為即使羅馬的軍隊十分英勇，但是塔克文的盟友克魯修姆非同一般。克魯修姆國力強大，而且它的國王波塞納名震四方，所以元老院擔心羅馬群眾會因為對手強大而變得軟弱，最終用奴役來換取一時的和平。

手執「法西斯」的刀斧吏

羅馬的形勢變得危急。在這個緊要關頭，元老院決定採取一些措施來安撫人心，贏得群眾支持。元老院的這些措施，包括：免除賦稅，向人們提供優惠的食品。這些措施產生良好效果，元老院贏得群眾支持。

當塔克文的軍隊接近羅馬時，羅馬人展開嚴密的防守。但是羅馬有一個薄弱環節，那就是台伯河上的一座木橋，敵人正打算從這裡進入羅馬城。就在羅馬生死存亡的關頭，一位願意用自己的生命換取羅馬安寧的勇士站出來，他就是賀雷修斯。

當時，賀雷修斯正在把守木橋，面對如洪水一般湧來的敵人，他建議同伴們斬斷木橋，以防止敵人攻入羅馬。為了給斬斷木橋的同伴爭取更多的時間，賀雷修斯自告奮勇，以一人之力抵抗敵人的千軍萬馬。

雖然在木橋毀壞之前，同伴們催促賀雷修斯在橋斷之前回來，但是賀雷修斯依然憑藉驚人勇氣，站在橋頭以一敵眾。最終，木橋被斬斷，敵人前進的步伐被打斷，羅馬保衛戰取得勝利。賀雷修斯身著沉重的鎧甲，跳入河中，向對岸游去。賀雷修斯在河中躲過敵人射來的箭雨，游回羅馬。賀雷修斯作為羅馬生死存亡時的一面盾牌，被後世羅馬人銘記頌揚。

賀雷修斯畫像

在古代，經常會有人為入侵其他國家而編出許多理由。就在賀雷修斯去世以後的幾年，又有敵人準備攻打羅馬。這一次，羅馬人決定推選一位名叫辛辛納圖斯的人做獨裁官，領導他們與敵人作戰。

所謂的獨裁官，就是羅馬人在關係國家存亡的緊要關頭，所推舉的領袖。全國人民都受獨裁官的領導，軍隊也要聽從他的指揮。其實，辛辛納圖斯在當時只是一位普通的農夫，但是他為人善良，並且充滿智慧，因此羅馬人十分信任他。

接過重任的辛辛納圖斯立刻放下農活來到城裡，召集一支軍隊出城迎擊敵人。在驍勇善戰的辛辛納圖斯的帶領下，羅馬軍隊不到一天就將敵人趕出羅馬地界，凱旋而歸。

辛辛納圖斯以極快的速度和顯赫的戰果為羅馬人帶來榮耀，羅馬人舉國歡呼，希望辛辛納圖斯可以做他們的領袖，領導整個國家。雖然在此之前羅馬人已經決定不再接受國王的領導，但是他們卻願意讓辛辛納圖斯當國王。

如果你是辛辛納圖斯會怎麼做？辛辛納圖斯面對官爵不受誘惑，他只想和妻子在田地邊的小茅屋裡，過著安靜平淡的生活。雖然大家認為這是他一展抱負的絕佳時機，但是他不為功名利祿所動，毅然決然地回到田地裡，做一個普通的農民。雖然辛辛納圖斯是生活在西元前500年左右的人，但是他的名字和事蹟卻永遠流傳下來。

也許你聽過美國俄亥俄州的辛辛那提市，這座城市用辛辛納圖斯的名字來命名，就是要紀念這位不平凡的古羅馬人。

【藏寶箱裡的日記】——塔克文

塔克文是一個驕橫殘忍的人，他登上羅馬王位的道路充滿血腥。在塔克文之前統治羅馬的人，是他的岳父塞爾維烏斯・圖利烏斯。塞爾維烏斯的女兒，即塔克文的妻子，也是一個貪婪殘暴的人。夫妻二人為了登上羅馬王位，密謀殺死塞爾維烏斯。

塔克文登上王位以後，大興土木，為自己修建豪華的宮殿，控制羅馬的一切。塔克文十分好戰，他長年對外征戰，到處攻擊。最後，羅馬人再也無法忍受這個肆意屠殺和專制驕橫的塔克文。

有一次，羅馬一位尊貴的婦女被塔克文的兒子當眾侮辱。這件事情就像炸藥的引線一樣，點燃羅馬人的怒火，羅馬人決定把塔克文逐出羅馬。

羅馬人在城內起義的時候，塔克文正在城外的軍營，於是他立刻帶著軍隊回城，鎮壓羅馬人的反抗。但是，軍隊也不滿塔克文的暴行，士兵們不願意聽從塔克文的指揮。就這樣，塔克文被孤立了。眼見自己再也無法在羅馬待下去，塔克文只能逃走。

羅馬人就是這樣將塔克文趕出羅馬。

第 20 章：當希臘人遇上波斯人

我們總是說世界就是一個大賽場，各個國家之間總是在進行競賽。但是，這些競賽並不是我們經常所說的運動會之類的比賽，它們在很多時候，是關係到國家存亡的生死較量。在很久以前，就有一場這樣的競賽在希臘和波斯之間展開。

在之前有關巴比倫的歷史中，我談到一位名叫居魯士的國王。居魯士是波斯國王，正是他征服昌盛一時的巴比倫。此後，他沒有放下自己的戰爭寶劍，而是繼續向外征戰。在他的擴張腳步的帶領下，波斯人開拓的帝國版圖越來越大。

居魯士死後，他的兒子岡比西斯登上王位。如果居魯士可以看到岡比西斯的作為，他一定會為兒子的統治感到失望。因為岡比西斯不僅沒有繼承父親的軍事才華，而且還比父親殘暴許多。只是，他死得很早。沒有國王，波斯的大臣們就投靠當時的巴爾迪亞王子。可是，事情的發展就像一部戲劇一樣，這個巴爾迪亞王子竟然是一個叫做高墨達的拜火教僧侶假扮的。真王子在哪裡？沒有人知道。

雖然貴族們得知真相，但是他們卻沒有辦法直接將假王子趕下台，於是他們找到其他辦法——將高墨達是假王子的消息散播出去。這樣一來，知道真相的人越來越多，高墨達眼看自己再也無法裝下去，只好倉皇地逃走。但是，貴族歐塔涅斯和大流士等人沒有放過他。他們把高墨達抓住，並且殺死他。

高墨達死後，波斯又陷入混亂。波斯人必須選出一個新的國王，但是貴族們誰也不服誰，因此他們又展開鬥爭。最終，大流士在這場王權爭鬥中，成為最後的贏家。他從貴族中脫穎而出，當上國王。

西元前500年左右，大流士當上國王之後，急於平息國內的叛亂。他花費一年時間，進行18次戰役，終於平定叛亂。大流士為了彰顯功績，就到處巡遊。他來到埃克巴坦那附近，一個名叫貝希斯敦的小村莊旁，在那裡的懸崖峭壁上，留下《貝希斯敦銘文》，還在那裡刻上自己的浮雕。浮雕的下半部，用古波斯語、埃蘭語、阿卡德語三種楔形文字寫著銘文：

「我，大流士，偉大的王，萬邦之王，波斯之王，諸省之王，希斯塔斯佩斯之子，阿爾薩米斯之孫，阿契美尼德……按照阿胡拉・馬茲達的意旨，我是國王。」

大流士與居魯士一樣，都有擴張領土的野心。有一次，大流士無聊之時，隨手翻閱地圖。正當他為如此多的國家都在自己的統治之下而興奮時，忽然發現：希臘這塊彈丸之地，竟然還不屬於他。一時之間，他的興奮被遺憾所取代。

大流士告訴自己：「我一定要讓希臘也成為我的屬國，我要讓我的波斯帝國無限強大。」當然，大流士有意出征希臘不只是因為這個原因，還因為不斷給他們製造麻煩的希臘人也讓他痛恨至極，希臘人曾經不止一次地幫助波斯的屬國反抗大流士。為此，大流士發誓要讓希臘人為這一切付出代價，希臘一定會納入波斯龐大的版圖之中。於是，大流士召來自己的女婿，讓他帶兵出征希臘。

波斯與希臘之間隔著茫茫的大海，所以要到達希臘，波斯的軍隊必須穿過大海。於是，大流士的女婿帶著一隊士兵，乘著戰艦向希臘進發。你或許玩過戰艦的模型，但是那個時候的戰艦跟你玩的模型長得完全不同。當時的戰艦是一艘用帆或槳推動的木船。船越大，槳就會越多；槳越多，就必須有更多划槳手。因此，一艘用很多槳來推進的大船，必須要有很多划槳手，至少要有三排人，上面一排，船兩邊各一排，這種戰船叫做三排槳戰船。

一艘三排槳戰船

大海的脾氣比尼羅河壞多了，難以預測的天氣給波斯的軍隊帶來巨大的麻煩。這支不幸的軍隊還沒有到達希臘，就遇到一場突如其來的暴風雨。他們的戰艦在暴風雨面前，脆弱得就像酥脆的餅乾，一下子就瓦解了。無奈之下，大流士的女婿只好沮喪地回到波斯。

這樣的結果就像一根針刺進大流士的心裡，他對女婿大發雷霆。他實在是太過生氣，最後竟然開始咒罵掌管天氣的天神。那個時候的人們還無法解釋諸多自然現象，他們理所當然地認為，是神靈在掌管天氣的變化。

這次看起來顯得有些可笑的失敗，讓大流士決定親自帶隊出兵希臘。在此之前，大流士為了顯示自己的強大，就派信使去希臘各個城邦，要求希臘各個城邦都要給自己獻上一些泥土和水，表示願意將土地奉獻給他。同時大流士表示，希臘各個城邦願意這樣做，就可以避免無謂的戰爭。

迫於大流士的威脅，希臘很多城邦都按照大流士的意思，紛紛送去泥土和水。但是有兩個城邦卻拒絕大流士的要求，這兩個城邦就是希臘最著名的城邦——雅典和斯巴達。知道他們是怎樣回應大流士的信使嗎？

他們把大流士的信使扔進井裡，告訴他們在井裡可以隨便取水，泥土也是，要多少就拿多少。就這樣，兩個實力並不強大的城邦聯合起來。他們同時號召鄰國，為保護他們共同的家園一起對抗波斯。

西元前490年，大流士動員波斯帝國的大量兵力向雅典開進。他決定先佔領雅典，再攻取斯巴達。

大流士的軍隊也是乘船去雅典。他到底帶了多少人？我們來算一算：這一次，大流士總共帶了600艘船。如果他的每艘船上大約可以坐200多名士兵，他帶了大約有120000名士兵。

這120000名士兵比上次幸運，他們沒有遇到狂風暴雨。士兵們划著船，越過海洋，安全抵達希臘海岸。在一個叫做馬拉松平原的地方，波斯軍隊駐紮下來。這裡距離雅典大概42公里，我希望你可以記住這個數字，42公里，它非常重要。至於它為什麼重要，我會慢慢告訴你。

波斯軍隊兵臨城下，雅典需要斯巴達的幫助。但是你知道，古時候沒有電話或電報，也沒有火車或飛機，想要向斯巴達求助，只有一個辦法，就是派人去斯巴達送信。

於是，人們想到雅典著名的長跑運動員菲迪皮德斯，去斯巴達送信的差事就交給他。菲迪皮德斯接到任務以後，立即起程。如果你在地圖上看，雅典與斯巴達之間的距離只有不到一個指頭那麼長，但是地圖上很短的距離在現實中卻有241公里，菲迪皮德斯要跑到雅典，必須穿過馬拉松平原。

菲迪皮德斯不分晝夜地奔跑，幾乎沒有停下來休息。他無法停下來喝一口水，也無法坐下來吃一頓飯。他似乎就像一台永遠不會停下來的跑步機器一樣，一直奔跑。短短一天的時間，他就成功到達斯巴達，將信交給斯巴達的國王。

但是斯巴達人的回信卻讓雅典人徹底失望。斯巴達人在當時迷信一種說法，他們認為，如果沒有到滿月就發兵打仗，將會遭逢厄運。很不幸，這個時候還不到滿月，於是斯巴達人拒絕救助雅典。

斯巴達人打仗在意月亮是否圓滿，但是大流士不管這些，雅典人無法再等下去。雅典人確信，不到月圓之夜，波斯人就會大舉進犯，一定不能讓波斯軍隊靠近雅典，因此所有雅典士兵都從雅典城出發，到42公里以外的馬拉松平原迎敵。

雅典的米太亞德將軍率領軍隊準備與波斯決一死戰，但是所有士兵加起來只有1萬人而已。雖然當時與雅典鄰近的一個城邦也派出1000多名士兵來支援雅典，但是即使如此，他們的人數還是太少。如果交戰，相當於一個雅典士兵要跟10個波斯士兵戰鬥。

但是，實力強大的波斯在戰爭中並沒有多少優勢可言。雖然波斯軍隊的人數多於希臘，但是波斯人卻比不上希臘人健壯。還記得我說過，希臘人都愛好戶外運動嗎？由於長期良好的生活習慣，希臘人大多擁有非常強健的身體，他們的身體素質可以和賽場上的運動員相比。而且，希臘人都是訓練有素的士兵，英勇善戰。在這樣的希臘人面前，人數眾多的波斯軍隊敗得一塌糊塗。

但是，希臘人能以少勝多，不僅是因為他們的身體好，更重要的是，他們是為了保衛自己的家園而戰。

有這樣一個寓言，說的是獵犬追野兔的故事。獵犬一直在追逐野兔，但是卻讓野兔跑掉了。因為沒有抓住野兔，獵犬受到嘲笑。對此，獵犬給出的回答是：「我是為了晚餐而跑，野兔卻是為了保命而逃！」

如果我們把為家園而戰的希臘軍隊比作野兔，波斯軍隊就是獵犬。波斯的戰士們大多數都是傭兵和奴隸，他們辛苦地越洋過海並不是為自己戰鬥，而是去侵略別人，戰爭的輸贏對他們而言沒有太大意義。

取得勝利之後，為了將喜訊帶回雅典，前幾天剛為送信的事情在雅典與斯巴達之間跑了一個來回的菲迪皮德斯又出發了。這一次，他為了盡快地將喜訊傳達給自己的同胞們，再一次不吃不喝，一口氣跑回雅典。

最後，他抵達雅典。他累極了，在通報喜訊的時候，只能斷斷續續，上氣不接下氣地將勝利的消息告訴人們。就在他說完之後，這位擅長長跑的英雄永遠地倒下了。這就是發生在馬拉松平原上的故事。

現在，我們在奧林匹克運動會上經常看到的馬拉松項目，就是為了紀念這次著名的長跑。你們知道在馬拉松比賽中，參賽的運動員要跑多長的距離嗎？還記得我說過的那個十分重要的數字嗎？是的，42公里，他們要與菲迪皮德斯一樣，跑完42公里。

這場發生在西元前490年的馬拉松戰役，是歷史上一次著名的以少勝多的戰役。無比強大的波斯軍隊，竟然敗在一個城邦國家的手裡。戰敗以後的波斯人，沮喪地返回自己國家，結束這次入侵。

也許波斯人自己也會困惑，一支偉大國王率領以及傭兵和奴隸組成的龐大軍隊，為什麼會被一個自治國家的少數人打敗？這次的戰役，意義不是只有以少勝多那麼簡單。

戰爭已經過去，卻不是希臘人最後一次迎戰波斯人。

【藏寶箱裡的日記】——馬拉松比賽

馬拉松比賽是世界上最長的跑步項目。在國際比賽中，有全程馬拉松、半程馬拉松、四分之一馬拉松三種。

42公里是一段不短的距離，因此參加馬拉松比賽對所有選手來說，都是對體能極限的挑戰。在國際馬拉松比賽的規定中，所有參賽選手的健康情況都必須通過比賽醫療機構的認可。所以，並不是所有想要參加馬拉松比賽的人都可以參加。

我們經常在馬拉松比賽中看到，選手們一邊跑，一邊從路旁的小桌上拿水來喝。有時候，也有專門的工作人員為選手們遞水。其實，這些小桌設置或是遞水工作人員，都有嚴格的規定。而且，關於「水」的規定，也是馬拉松比賽的所有規定中最嚴格的一項。

在馬拉松比賽中，除了起點和終點有供水站以外，運動員在比賽過程中，還可以從每隔5公里所設的飲料站獲得水和其他飲料。有一些運動員會自己準備飲用水，比賽組織委員會也會根據運動員所提出的具體要求來設置飲料站。

除了飲用水和飲料以外，運動員還可以在比賽過程中得到濕海綿。長時間地奔跑會使體溫大大升高，這個時候運動員就可以從所獲得的濕海綿中，擠出水來冷卻頭部。

除了專門設置的飲料站以外，運動員從其他地方取得飲料都會被視為犯規。而且，運動員在比賽過程中，不能隨便離開規定的比賽路線，否則會被取消比賽資格。

如果有一個人告訴你，他在2000年的某一次馬拉松比賽中打破世界紀錄，他一定是在說謊。因為在2004年以前，馬拉松比賽並沒有設立世界紀錄，只有世界最好成績。直到2004年1月1日開始，國際田徑總會為了鼓勵運動員比賽，才決定設立馬拉松比賽的世界紀錄。

西元前490年

第 21 章：「宙斯變成波斯人！」

波斯的大敗而歸，令大流士惱羞成怒，他一想到強大的波斯帝國竟然對一個小小的城邦國家束手無策，就忍不住怒從中來，他發誓一定要徹底消滅這群頑固的希臘人。這一次，大流士總結教訓，訓練士兵，建造堅不可摧的海軍和陸軍，準備從海上和陸地上一齊向希臘發動進攻。大流士花費幾年時間儲備物資，訓練軍隊，準備實現他的宏偉抱負。然而，大流士的誓願最後並沒有實現。因為在他的第二次遠征開始之前，他就帶著遺憾離開人世。

大流士的死亡，並沒有給入侵希臘的行動畫上句號，他的志願被他的兒子薛西斯繼承。薛西斯是一個野心勃勃的人，他想要擊敗希臘人的信念比起他的父親有過之而無不及。

當然，希臘人也沒有掉以輕心，他們已經料到波斯人會捲土重來，所以他們一直做著戰鬥的準備。此時的雅典，有兩個重要的人物——特米斯托克利和阿里斯提德。對於即將到來的戰爭，特米斯托克利和阿里斯提德持有不同的觀點。

特米斯托克利主張，雅典要建立自己的艦隊來對抗擁有大量戰艦的波斯人。但是阿里斯提德並不贊同這個提議，他認為這項舉措沒有任何意義。平時，阿里斯提德一直都是睿智和公正的代表，人們都叫他「公正的阿里斯提德」。但是在建造戰艦這件事情上，雅典人堅定地站在特米斯托克利這邊。同時，雅典人決定，將阿里斯提德流放。

還記得我們之前說過，雅典人要流放一個人的時候，要進行哪一項程序？是的，就是陶片放逐制。現在，雅典人等待陶片流放投票日的到來。他們要透過陶片投票將阿里斯提德趕出雅典。

到了陶片流放投票這一天，阿里斯提德遇到一位不認識字也不認識他的人，這個人請求阿里斯提德幫他在陶片上寫下「阿里斯提德」。阿里斯提德聽了之後，並沒有向他表明自己的身分，只是問他：「阿里斯提德做錯什麼事情，你為什麼要把他驅逐出境？」

「哦，不是的，他做的都很對。」這個人回答，但是他又長歎一聲：「因為人們總是說他公正，我聽膩了。」阿里斯提德聽到這樣的回答時，非常震驚，但是他卻無可奈何。一向公正的阿里斯提德沒有辦法作弊，所以他按照那個人的請求，在陶片上寫下自己的名字。

最終，阿里斯提德被流放了。流放對阿里斯提德來說，或許並不公平，但是對雅典來說，流放阿里斯提德卻不是什麼壞事，因為這樣一來，特米斯托克利就可以實現自己的主張，建造戰艦。事實證明，特米斯托克利的主張非常正確。

在特米斯托克利的督促下，一隊三排槳戰船建成了。上一次波斯人入侵的時候，希臘只有雅典和斯巴達兩個城邦在作戰，但是這一次，雅典聯合希臘所有的城邦。大家達成共識，只要戰爭爆發，就聯合起來抗敵。由於斯巴達是著名的戰士之城，所以戰爭時的聯軍領袖就由斯巴達人擔任。

距離馬拉松戰役已經過去10年。西元前480年，強大的波斯帝國再次發兵，出征希臘。這一次，波斯集結帝國各地的軍隊，組建一支號稱有200萬人的強大軍隊向雅典開進。

數百萬人是何等壯觀的軍隊，他們的作戰能力一定不會弱。但是，如此規模的隊伍要怎樣運往希臘？就算是最大的三排槳戰船，也只能裝下幾百人而已。你可以算一算，要運送這些士兵到希臘，必須用多少艘戰艦？太多了！於是，薛西斯又做出一個大膽卻也是不得已的決定：全軍步行走到希臘。雖然路途艱辛而漫長，但是只有這樣才可以避開大海，到達希臘。

浩浩蕩蕩的波斯大軍就這樣出發了。在行軍途中，波斯軍隊遇到一條寬闊海峽。我可以在地圖上幫你指出這條海峽，它現在還在那裡，就在歐洲加里波利半島和小亞細亞大陸之間。當時，這條海峽叫做赫勒斯滂；現在，我們把它叫做達達尼爾海峽。

達達尼爾海峽有1600公尺寬，當時的人們根本沒有辦法建造一條這樣長的橋樑溝通海峽兩岸，所以要渡過達達尼爾海峽，就只能用船。薛西斯的軍隊渡過海峽用的也是船，只是他們的用法和別人不太一樣。原來，薛西斯下令讓士兵們把船拴在一起連成排，然後在船上鋪上寬闊的木板，這樣一來，軍隊就可以渡過海峽。

然而，就在「船橋」剛建起來的時候，陰晴不定的海面上吹來一陣狂風，接著大雨滂沱。無論人類的創造力有多麼大，在強大的自然力面前，也顯得弱小。在狂風暴雨中，薛西斯的船橋被徹底摧毀。這場風浪使得薛西斯異常憤怒，他氣得舉起鞭子，對著達達尼爾海峽用力地抽打，就像在抽打一個犯錯的奴隸一樣。鞭打海面以後，薛西斯下令再一次造橋。

薛西斯在寶座上觀看「薩拉米斯海戰」

這一次，海面上風平浪靜。於是，龐大的波斯帝國軍隊分成兩列，踏上船橋。這支軍隊花費7天7夜的時間，終於全部渡過海峽。當地的希臘人看到這樣的情景，不禁驚呼：「我的宙斯啊，為什麼你變成波斯人的模樣，並且把名字改成薛西斯，率領全人類來滅亡希臘？」

薛西斯的船艦也一直緊跟著隊伍，最後所有的士兵和戰艦一起到達希臘的北部高原。他們從希臘北部向下俯衝，大隊人馬直插希臘腹地，勢不可擋。

【藏寶箱裡的日記】——斯巴達300勇士

其實，波斯人要到達雅典並不是一件容易的事情，他們必須經過一條狹窄的通道。這不是一條普通的通道：通道的一頭是湍急的河水，另一頭是陡峭的岩壁，人們將這裡稱作溫泉關。

當波斯軍隊向希臘開進時，希臘人挑選一支由精兵強將組成的隊

雅克・路易・大衛《列奧尼達在溫泉關》

伍，由最勇猛的將軍率領最好的300名戰士率先抵達溫泉關，斯巴達的國王列奧尼達被推選為這支精銳部隊的領袖。溫泉關的地形易守難攻，希臘人認為可以利用這裡的地形優勢，以一擋十，對付人數眾多的波斯人。這個決定非常明智。

兩天過去了，波斯人依然無法突破溫泉關。這條要道被列奧尼達牢牢守著，龐大的波斯軍隊沒有任何辦法。但是，一個當地的農民無法忍受薛西斯獎賞的誘惑，將一條通往希臘的秘密通道告訴薛西斯。於是，薛西斯帶領大軍繞過溫泉關，對列奧尼達和他的軍隊發起前後夾擊。最終，三百名斯巴達人之中，只有一個人活著回到希臘。

第四篇：智者的故事

——馬其頓時代

第 22 章：希臘的「黃金」

之前我們說過，人類歷史上有石器時代和鐵器時代。當時我們說，因為那個時候人們使用的工具大多用石頭和鐵製作，所以這些時代被稱作石器時代和鐵器時代。但是你千萬要注意，我們在說到黃金時代的時候，並不代表在某個時期人們使用的物品都是黃金做成的。如果真的是那樣，世界上就沒有窮困的人。

當我們說到黃金時代的時候，是指一個國家或地區處於和平富裕時期。如果你還是不明白，聽完我以下說的故事，或許就可以理解。

希臘戰勝強大的波斯帝國之後，雅典人的臉上洋溢幸福而自豪的笑容。他們充滿鬥志，打算重新建設國家。在波斯人被雅典人打敗的50年裡，也就是西元前490年到西元前440年，是希臘歷史上最興盛的時代，甚至也是歐洲中世紀以前的歷史中最鼎盛的時期。

雅典城被薛西斯的軍隊焚毀，看起來是一件可怕的事情，但是很多毀滅也是一個重新開始的機會。因此，薛西斯把雅典焚毀，正好給雅典人重建城市的契機。雅典人把波斯人趕出家園以後，很快就開始重建工作。勤勞勇敢的雅典人，不久就建造一座比以前更美麗和更繁華的城市。

此時的雅典領袖是伯利克里——一個有智慧的演說家。雖然他不是國王也不是統治者，但是他受到群眾的愛戴。只要是伯利克里認為好的，雅典人都會照做。所以，在他的推動下，雅典的文化繁榮而興盛。

伯利克里就像一個能力超群的籃球隊隊長，把他的團隊建設得很好。在伯利克里時期，雅典誕生許多出色的人。有些人成為受人尊敬的藝術家，有些人成為備受愛戴的作家，還有一些人成為哲學家。

藝術家們和建築師們一起，建造美麗的房屋、劇院、神廟。他們還創造精美的雕像，因此當時希臘城市四周和大型建築物上，都可以看見男神或女神的塑像。哲學家的工作也很重要，他們是智者，有淵博的知識，教會人們如何變得善良。

古希臘喜劇面具和悲劇面具

作家們豐富人們的文化生活，他們創作大量優美的詩歌和戲劇。當時的戲劇和現在的不同，那個時候的戲劇都是關於神的故事。當時的劇院也與現在的不同，希臘在小山旁邊建造劇院，這些劇院幾乎都是露天的，它們有巨大的看台，正對著舞台。

在這些劇院裡，你幾乎找不到任何布景，演員們藉由各種表情的面具來表達情緒。現在的劇院在演出時，往往有樂隊伴奏，在當時沒有，所有演出都是由一群歌手用和聲來烘托演出氣氛。

在這些優秀的人之中，有一位是伯利克里的朋友——「歷史之父」希羅多德。正是他用希臘文字記下世界最久遠的歷史，當然也包括古埃及和國外一些地方的歷史，例如：非洲的庫施。唯一的不足是：希羅多德所記錄的歷史內容，只局限在希臘與波斯之間的戰爭軼事。

還記得我們曾經說過智慧女神雅典娜嗎？當時，我們說到有一座城市用她的名字來命名，這座城市就是雅典。現在我們來說說雅典。人們認為，雅典娜一直在守護雅典，於是人們就在阿克羅波利斯山的山頂上，也就是現在的雅典衛城，建造一座專屬於雅典娜的神廟——帕德嫩神廟。「帕德嫩」在希臘語中的意思是「少女」，人們也經常用少女來稱呼雅典娜。

人們把帕德嫩神廟建造得異常美麗，只是經過這麼長時間，它已經嚴重損毀。如果你現在到那裡，只能看見一座殘破不堪的建築。但是幸好，這裡還保留一些珍貴的東西。透過它們，我們可以知道古希臘人喜歡把他們的建築蓋成什麼模樣。這些保存下來的珍貴東西，是柱子。

希臘人在建築中經常使用各種各樣的圓柱，帕德嫩神廟也有用到。那裡的圓柱設計，採用充滿陽剛之氣的多利克柱式風格。這類圓柱的柱頭像羅列幾層碟子上，加上一個方形的蓋子。

帕德嫩神廟

希臘人還經常使用愛奧尼亞式圓柱風格。這種圓柱纖細秀美，柱身有24條凹槽，柱頭有一對向下的渦卷裝飾。相對於多利克式圓柱，愛奧尼亞圓柱又被稱為女性柱。

第三種圓柱的風格是科林斯式，科林斯式圓柱的柱頭比前兩種圓柱都要高，而且在它上面有更多華麗的裝飾。

我曾經對幾個男孩說過這幾種圓柱，並且讓他們去周圍找找看，看誰發現的圓柱最多。結果第二天，一個男孩跟我說，他看到兩根愛奧尼亞式圓柱，一個孩子說找到10根多利克式圓柱，但是有一個孩子竟然說他看到科林斯式圓柱有138根。

於是，我驚奇地問他：「你是在哪裡發現那麼多的圓柱？」

他說：「我上學的路上都是科林斯式圓柱，就是那些路燈啊，我可是費勁地數了一路。」

帕德嫩神廟的正中間，曾經有一座菲迪亞斯親手雕刻而成的雅典娜雕像，整座雕像由黃金和象牙製成，它是世界上最美麗的雕像之一。但是，這座黃金和象牙製成的雕像成為盜賊的目標，他們把罪惡的雙手伸向這件偉大的藝術品。盜賊把這座雕像拆分成塊，從神廟中運走。不知道這座雕像現在變成什麼模樣。

由於帕德嫩神廟的雅典娜雕像和其他雕刻品精美絕倫，它們的創造者菲迪亞斯聲名遠揚，有許多人請他為眾神之父宙斯製作雕像。菲迪亞斯果然是一位出色的雕刻家，他做成的宙斯雕像甚至比雅典娜的雕像還要精緻，幾乎沒有任何瑕疵。這座近於完美的宙斯雕像，被稱作世界七大奇蹟之一。做成以後的宙斯雕像被放在奧林匹亞山上，也就是奧林匹克運動會舉辦的地方。

雕刻宙斯神像的菲迪亞斯，是歷史上最偉大的雕刻家之一，但是他犯下一個錯誤，這個錯誤改變他的後半生。究竟是什麼巨大的錯誤？原來，

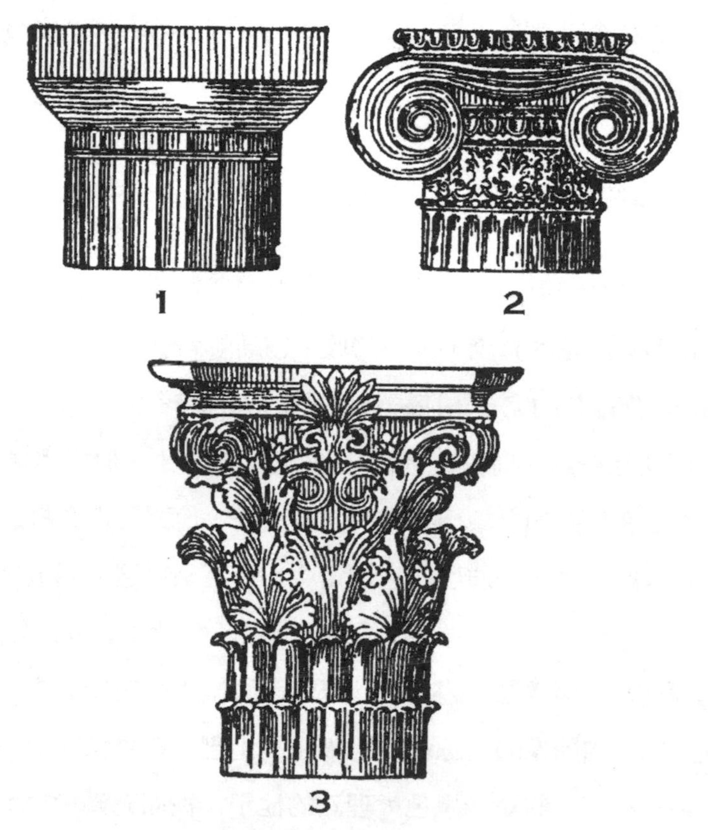

1. 多利克式 2. 愛奧尼亞式 3. 科林斯式

菲迪亞斯在雅典娜雕像的盾牌上，刻上自己和朋友的頭像。也許他的做法在我們現在看來並不太過分，但是古希臘人與我們不同，這件事情在他們眼中，無異於褻瀆神靈。

當這件事情被希臘人發現之後，菲迪亞斯被關進監獄，一代雕刻大師就這樣在監獄裡度過他的後半生。

在那個時代，許多國家每隔一段時間就會爆發一種可怕的傳染病。當時，人們把傳染病稱作瘟疫。受到當時的醫療條件和醫學程度所限，人們沒有能力治癒染病病人，因此瘟疫如果爆發，就會有成千上萬的人死去。當希臘爆發瘟疫的時候，伯利克里不顧傳染，親自去護理病患，全心全意照顧這些病人，最終自己也染上瘟疫死去。伯利克里的死，為希臘的黃金時代畫上一個並不完美的句號。為了紀念這位偉大的人物，也有人把希臘這個時期稱作伯利克里時代。

【藏寶箱裡的日記】——宙斯神像

在希臘雅典衛城東南面，伊利索斯河畔翠谷環繞。這裡的林間小徑幽雅曲折，道路旁邊花木繁茂，美不勝收。宙斯神殿就位於這個景致優美的地方，菲迪亞斯雕刻的完美宙斯神像就被安放在神殿中。

菲迪亞斯花費八年時間，才完成這座宙斯神像。他用木頭做成神像的支架，然後在外面加上象牙製的肌肉。接著，他還用黃金打造宙斯的衣飾。就連神像的寶座，菲迪亞斯也用黃金和寶石來打造。頭戴橄欖枝皇冠的宙斯，就坐在寶座上。在他身後，站著典雅三女神和季節三女神。

菲迪亞斯為這座雕像費盡心力。為了讓神殿中的宙斯看起來更光亮，他對神廟大門射向雕像的光線都進行細密的規劃。在神像前面，菲迪亞斯還專門建造一座巨大的鑲滿黑色大理石的池子，裡面充滿橄欖油。這座池子的作用，是利用橄欖油反射光線。這樣一來，宙斯看起來就會更加容光煥發。

西元前450年

第 23 章：兩個相互嫉妒的城市

伯利克里把雅典帶進輝煌的黃金時代，但是這個黃金時代只持續50年，一場戰爭就終結一切。可以戰勝強大的波斯帝國的雅典，這次是被哪個國家的軍隊打敗？如果我告訴你，打敗雅典的不是其他人，正是他們的希臘同胞，你會不會覺得吃驚？如果我再告訴你，與雅典鬥爭的人曾經是跟它一起並肩戰鬥的朋友，你可能會覺得更不可思議。但是你也應該猜到了，打敗雅典的正是斯巴達人。

斯巴達戰士個個都勇猛，但是雅典的士兵也毫不遜色，他們在薩拉米斯海灣擊退波斯人，從此多出一支海上戰隊。這支戰隊的實力強大，作為沿海國家，雅典很需要這樣一支海上戰隊。但是，雅典人也因此招來斯巴達人的嫉妒。

其實，斯巴達深居內陸，並不需要海上艦隊。可是斯巴達人卻覺得，雅典擁有如此強大的艦隊以後，一定會比自己更強大。一向強勢的斯巴達人，不能容忍這樣的事情發生。就像你的兄弟得到一塊美味的起司蛋糕，雖然你並不餓，但是你心裡還是覺得，他擁有這個蛋糕，顯然比你更受寵。所以你生氣了，決定要教訓他一下。此時，斯巴達人的心態就是這樣。因此，生氣的斯巴達人找出各種各樣的藉口，聯合周圍的城邦，鼓動他們對雅典宣戰。

斯巴達位於希臘一個叫做伯羅奔尼撒半島的地方，這個名字並不好記，所以你多讀幾遍：伯羅奔尼撒，伯羅奔尼撒。這樣一來，它就可以牢牢印在你的頭腦裡。除了斯巴達以外，伯羅奔尼撒半島上還有其他幾個城邦國家。這些國家和斯巴達一起，與雅典在伯羅奔尼撒半島上進行戰鬥。整個伯羅奔尼撒半島都陷入戰爭，於是人們把這場戰爭命名為伯羅奔尼撒戰爭。

結果，這場戰爭和這個半島的名字一樣複雜，一打就打了27年。

有一句諺語說：「當希臘人遇到希臘人，絕對有一場大戰。」意思就是，實力相當的兩方，很難分出勝負。就像雅典和斯巴達，他們都是優秀的戰士，因此戰鬥的結果很難預測。就像兩支實力相當的足球隊，不看到最後，誰也不知道哪一方會獲勝。

在這場漫長的戰鬥中，伯羅奔尼撒的土地幾乎被鮮血染紅。雅典和斯巴達的損失都很大，兩個城邦國家被戰爭拖得疲憊不堪，從此走向衰弱。

在戰爭期間，雅典出現一位智慧而高尚的人——蘇格拉底。在雅典城裡，他向人們講述自己的人生感悟，告訴人們應該做什麼，不應該做什麼。他不是簡單地向人們講述真理，而是向別人提出問題，啟迪人們自己去找尋答案。在他的啟發下，人們獲得自己想要的答案。這種透過詢問來對他人進行教育的方法，稱為「蘇格拉底問答法」。

蘇格拉底很受歡迎，或許你會認為，受歡迎的人長得都不錯，但是事實並不是這樣。蘇格拉底的聲望與他的模樣一點關係也沒有。不信你看，他的鼻子又短又扁，還沒有頭髮，是一個長相醜陋的人。雅典人向來喜歡漂亮的人，這樣一位外貌並不出眾的哲學家，可以得到人們的讚賞與尊重，實在不容易。可見，蘇格拉底並不是用外貌來打動雅典人，而是依靠他的智慧與偉大人格來折服眾人。

蘇格拉底有一個妻子，叫做贊西佩。她的脾氣很差，也喜歡發牢騷。由於蘇格拉底在外面向人們傳播真理，不去工作賺錢，贊西佩就認為蘇格拉底好吃懶做，終日只在外面浪費時間，浪費生命。

有一天，贊西佩又對蘇格拉底大發牢騷，聲音大得就像打雷一樣。蘇格拉底為了躲避她的罵聲，決定出門繞繞。結果剛出家門，妻子就從樓上向下潑一桶水，不偏不倚正澆在蘇格拉底的身上。此時，幽默的蘇格拉底自言自語道：「響雷之後，必有暴雨。」

希臘人信仰眾神，但是蘇格拉底卻不相信希臘的神靈。可是他從來沒有跟別人說起這個想法，因為希臘人不允許任何人褻瀆神靈，就連蘇格拉底也不可以。還記得那個偉大的雕刻家菲迪亞斯嗎？他就是因為把自己的頭像刻在雅典娜女神雕像的盾牌上被關進監獄。如果蘇格拉底告訴年輕人不要信仰神靈，他一定會被處死。所以，蘇格拉底一直小心謹慎地保守這個秘密。

但是，他擔心的事情終於還是發生了。他對神靈的不敬，最終還是惹惱希臘人。希臘人很難寬恕他的行為，於是就給他一杯毒堇汁，判他死刑。蘇格拉底的門徒不忍心看見自己的老師受到這樣的處罰，於是拼命勸說蘇格拉底，希望他拒絕喝下毒藥。但是，蘇格拉底並不想這麼做，他嚴肅而認真地拒絕門徒的建議。這位一生都在追求真理的偉大哲學家，從容地喝下毒藥。他的門徒圍繞他，看著他安靜地告別這個世界。蘇格拉底去世的時候70歲。雖然蘇格拉底生活的年代距離我們十分遙遠，但是他所信奉和宣導的事物，至今仍然激勵一代又一代的人。

蘇格拉底有一個信念：「良知」存在於每個人心裡，關於什麼是對的，什麼是錯的，我們不需要從書本或別人那裡獲得，良知會隨時告訴我們。對於死亡，蘇格拉底堅信：在人死後，還會有另一個世界存在，死亡的是肉體，人的靈魂不會死去。正是因為蘇格拉底一直堅持的信念，他才可以不畏懼死亡，平靜地離開這個世界。

【藏寶箱裡的日記】——伯羅奔尼撒半島

伯羅奔尼撒，這個奇怪的名字究竟是怎麼得來的？其實，伯羅奔尼撒半島的名字來源很簡單，它是英雄帕羅普斯與希臘文「nisos」（島嶼）一詞的結合。

在這裡，擁有風光秀美的海灘以及豐富的歷史古蹟，最早的奧林匹克體育館和阿伽門農的邁錫尼城都在這裡。邁錫尼是希臘神話裡的傳說之城，是率領希臘人用木馬計打敗特洛伊人的將領阿伽門農的故鄉。

但是一直以來，人們只能在荷馬講述的傳說中見到這座千年古城。這座古城是不是真的存在？終於在十九世紀末期，德國考古學家海因里希・施里曼在發掘邁錫尼和梯林斯的過程中，發現這座曾經輝煌一時的古城。現在，它在伯羅奔尼撒半島上，與其他歷史遺跡一起，為我們無聲講述那些遠古的故事。

第 24 章：誰是希臘最聰明的人？

我們小時候可能會有這樣的經歷：當你和夥伴們玩耍的時候，會遇到一個陌生的小男孩獨自蹲在角落裡，默默地看你們玩。當你們正在興頭上時，他突然說要加入，而且他還有一些新遊戲要教給你們。雖然你不想讓他加入，但他還是參與你們的遊戲。最後，這個新加入的人竟然成為你們的領袖。

相同的事情發生在希臘北部一個名叫菲利普的人身上。菲利普是小國馬其頓的國王，他很有野心，並且能征善戰。雖然菲利普想當希臘的國王，但是除非萬不得已，否則他不想和希臘人作戰。菲利普想要透過和平的方式，讓希臘人自願請他當國王。這些年以來，他就像那個蹲在角落裡默默看別人玩的男孩一樣，他在一邊看著別人。只是別人進行的不是遊戲，而是戰爭。

機會終於來了，斯巴達和雅典在伯羅奔尼撒戰爭以後開始衰落。菲利普趁機參與進來，想藉由這個機會成為希臘的國王。為了更好地實現自己的目標，菲利普利用希臘人對波斯人的仇恨，想出一個計謀。

菲利普對希臘人說：「雖然你們英勇的祖先將波斯人趕出希臘，但是很遺憾，你們的祖先並沒有征服他們，波斯人並不知道你們的厲害。你們應該為曾經死去的英雄報仇，讓波斯人為他們犯過的罪行付出代價。只有鮮血，才可以洗刷他們的罪行。」然後，他又補充道：「如果你們決定要這麼做，我會竭盡全力幫助你們。」菲利普的計謀很成功，幾乎所有的希臘人都相信他的話，除了狄摩西尼。

就跟我們小時候經常說自己長大以後要做醫生或老師一樣，狄摩西尼小時候也有一個願望，他決定讓自己成為一名偉大的演說家，或是叫做雄辯家。

但是狄摩西尼的願望看起來很難實現，因為他的嗓音又輕又柔，人們根本聽不清楚他在說什麼。不僅如此，他還有嚴重的口吃，說起話來結結巴巴，不要說演講，就是讓他讀一首短短的詩他都結巴得厲害，所以他經常遭到別人的嘲笑。大家都說：「狄摩西尼要成為演說家？實在是太可笑了。」

可是，狄摩西尼並沒有放棄。他到了海邊，撿起一塊鵝卵石放進嘴裡，然後他想像自己正在對一群憤怒的民眾演講。他把呼嘯的海浪聲當作民眾的叫嚷聲，為了讓自己的聲音不被淹沒，他努力提高說話的聲音。狄摩西尼不斷地練習，一天又一天過去，他已經不知道自己在海邊練習多久。最後，皇天不負苦心人，他成功了。

當菲利普實施自己當希臘國王的陰謀時，狄摩西尼已經成為一個偉大的演說家。為了反對菲利普，他發表12篇演說，痛斥菲利普。希臘人每次聽到狄摩西尼的演講，都十分激動，他們義憤填膺，高聲反對菲利普。

巴黎羅浮宮的狄摩西尼胸像

狄摩西尼的演說很有影響力，直到今天，我們還是把這種激烈痛斥和抨擊他人的演說叫做「菲利普演說」。只可惜，狄摩西尼的影響力實在有限。雖然狄摩西尼做了自己可以做的一切，卻還是無法阻止菲利普。菲利普最後得償所願，成為希臘的國王。

菲利普曾經保證要帶領希臘人征服波

斯，可是他還沒有著手準備就被人殺死。菲利普死的時候，他的兒子只有20歲。這個年輕人很自然地繼承父親的王位，成為馬其頓和希臘的新國王。

這位年輕的國王名叫亞歷山大，他小時候曾經主動請求父親給自己機會去馴服一匹野馬。他的父親覺得，兒子的請求不可思議，因為不要說是他，就是很多年長的人也無法馴服那匹暴躁的野馬。但是，他還是願意讓亞歷山大去試試。

其實，亞歷山大敢於挑戰那匹野馬，是因為他注意到其他人沒有發現的細節——那匹野馬很害怕自己的影子，就像人怕黑一樣。既然知道這麼重要的事情，只要解決野馬害怕影子的難題就可以。於是，亞歷山大牽著野馬迎向太陽，然後騎上它飛跑起來。亞歷山大的表現，讓在場的所有人都驚呆了。

亞歷山大的父親為自己的兒子擁有如此過人的智慧感到無比欣慰。他為了獎勵兒子，就把這匹馬作為禮物送給亞歷山大。亞歷山大非常喜愛這匹馬，給它取名叫做布西法爾。在這匹馬死後，亞歷山大特地為它修建一座紀念碑，還用它的名字為一些城市命名，可見他對這匹馬是多麼喜歡。

很多人都認為亞歷山大是一個優秀的人，他的才智跟他的老師亞里斯多德的教育有密切的關係。亞里斯多德寫過很多書，他的書涉及天文、動物、心理、政治等領域，是名副其實的哲學家、科學家、教育家。現在，你還可以讀到這位兩千多年以前的智者所寫的書。

亞里斯多德可能是最偉大的老師之一，他是希臘的三位智者之一，其他兩位分別是蘇格拉底和柏拉圖。柏拉圖是亞里斯多德的老師，蘇格拉底是柏拉圖的老師，可見「名師出高徒」還是有些道理。

【藏寶箱裡的日記】——柏拉圖與亞里斯多德

柏拉圖生活在西元前427年到西元前347年之間，他是古希臘甚至是西方最偉大的哲學家之一。其實，柏拉圖本來不是叫做柏拉圖，他本來叫做阿里斯托勒斯。但是，因為他身體強壯，從小就有寬闊的肩膀與厚實的胸膛，所以他的體育老師就叫他「寬闊」。寬闊在希臘語中，就是「柏拉圖」。從此，大家都叫阿里斯托勒斯「柏拉圖」。

柏拉圖曾經開設一家學園，這家學園位於一座體育館的旁邊，體育館名叫阿卡德米（Academy）。英語中的「學院」——academy一詞，就是源於這裡。

柏拉圖在這裡教書40年，這段期間，他收了一位優秀的弟子——亞里斯多德。亞里斯多德學習很勤奮，他在老師的教導下，成為一名優秀的學者。邏輯學、物理學、生物學、教育學、心理學、政治學、經濟學、美學、博物學，都是他擅長的領域。

第 25 章：世界的主人——亞歷山大

你有沒有想過自己20歲那年會在哪裡，做些什麼？可能那個時候你正在上大學，可是20歲的亞歷山大已經成為馬其頓和希臘的國王。這位傑出的年輕人覺得他的王國太小，他要統治整個世界。於是，他踏上征服世界的道路。

亞歷山大第一個要征服的就是在150年以前曾經侵略希臘和馬其頓的波斯，他要讓這個昔日的侵略者為他們當初的侵略付出代價。亞歷山大親自率領一支軍隊出擊，在他的領導下，軍隊勢如破竹。很快的，部隊就穿過達達尼爾海峽到達亞洲，擊潰前來應戰的波斯人。

面對勝利，亞歷山大並沒有驕傲和自滿，他下令乘勝追擊。然後，亞歷山大和他率領的軍隊到達一個名叫佛里吉亞的地方。在那裡，亞歷山大聽到一個傳說——在佛里吉亞的廟宇裡有一個神奇的結，叫做「戈爾迪之結」。據說，誰可以打開繩子上那個奇怪的結，誰就可以征服波斯。

亞歷山大聽到這個傳說以後，就來到繫著繩結的神廟。他把那個奇怪的結拿起來看，發現它根本不可能被解開，於是他果斷地舉起寶劍，一劍揮下，繩結被亞歷山大砍成兩段。亞歷山大乾脆俐落的行為，在現在被稱為「快刀斬亂麻」，意思是：不被細節糾纏，乾脆俐落地解決問題。亞歷山大在斬斷戈爾迪之結以後，繼續他的征戰。他的部隊有如神助一般，所向披靡。最後，他征服龐大的波斯帝國。

亞歷山大從他的老師亞里斯多德身上，學會治理國家的方式。他征服波斯以後，就在那裡推廣希臘語，推行繪畫和建築的技巧，以及亞里斯多德和其他希臘哲學先賢說過的名言警句，他甚至還將希臘全民競技運動會帶入波斯。

征服波斯並沒有讓亞歷山大覺得滿足，他很快就將目光投向埃及。似乎再也沒有什麼可以阻擋亞歷山大的征伐腳步，他的軍隊勢如破竹，很快就攻佔埃及。為了慶祝這次勝利，亞歷山大在尼羅河入口建造一座城鎮，並且用自己的名字為這座新城鎮命名，就是後來著名的海港城市亞歷山卓。在亞歷山大統治期間，亞歷山卓城的海港逐漸成為世界上最大和最重要的海港之一。

在亞歷山卓城的港口處，有一座名叫法洛斯的小島。亞歷山大命人在島上修建一座高大的法洛斯燈塔，這座燈塔有30多層。30多層的高塔在現在看來也許並不算出色，但是我們必須考慮當時人們的建造條件並不像現在這樣發達，建造一座這樣的高塔實在是一件宏大的工程。

法洛斯燈塔在當時，就像現在美國的帝國大廈一樣，高高聳立。每當燈塔上的燈亮起的時候，光芒穿越重重迷霧，幾十公里以外的人都可以看見。人們考慮到法洛斯燈塔的高大和在當時技術條件下修建的艱難度，因此把它列入世界七大奇蹟之一。

「世界七大奇蹟」法洛斯燈塔

亞歷山大對陌生的土地和陌生的民族，總是擁有強烈的征服欲望。他不斷地向東方前進，征服一個又一個國家。走遠一點，再走遠一點，亞歷山大和他的部隊已經距離馬其頓和希臘越來越遠。

亞歷山大從來不在任何一個地方久居，在他看來，整個世界都是自己的故鄉。很快的，10年過去，亞歷山大帶著他的部隊到達印度。這個時候，亞歷山大已經30歲，但是他還想繼續前進，可是他突然發現，這個世界上已經沒有更多的國家可以征服。亞歷山大覺得有些失落，他為此竟然痛哭起來。而且，那些跟隨亞歷山大東征西討的戰士已經開始思念家鄉。他們與把世界當作故鄉的亞歷山大不同，他們渴望回到希臘，回到自己的家裡。他們害怕此時如果還不歸鄉，大概再也見不到自己的親人與朋友。

於是，亞歷山大帶著思鄉的將士，踏上回歸希臘的旅程。此時，在大多數希臘人看來，他們所能知道的所有地方已經被亞歷山大征服。當然，除了義大利，那個時候的義大利只是一些無關緊要的小城鎮而已。因此希臘人認為亞歷山大是世界的統治者，所以他們把亞歷山大稱為「亞歷山大大帝」。

踏上歸途的亞歷山大，最終沒有回到希臘。西元前323年，他路過巴比倫。在這座曾經榮耀一時的城市裡，亞歷山大舉行一場盛大的宴會，慶祝自己所取得的輝煌業績。可是，就在他高興地享受宴會的歡樂氣氛時，他卻突然死去。這一年，他只有33歲。

縱觀亞歷山大的一生，他的征戰使自己領導的希臘和馬其頓成為當時世界上最強盛的國家。無論是遼闊的疆土，還是所向披靡的軍隊，亞歷山大都足以令歷史上的許多國王黯然失色。亞歷山大不僅是一位開明的帝王，更是一位偉大的探險家和軍事家，締造前人無法想像的輝煌功績。

亞歷山大曾經迎娶一位名叫羅克珊娜的波斯女子。雖然她為亞歷山大生下一個兒子，但是這個孩子卻在亞歷山大死後才出生。因此，亞歷山大締造的帝國沒有繼承人。

於是，人們遵照亞歷山大的遺言，在他的將領之中舉行比武，從中選出最強大的人，作為下一任統治者。

比武的結果產生四個獲勝者，一個帝國不可能由四個國王來領導。於是，他們決定把完整的帝國分為四份，每個人統治其中之一。由於這四個人並不像亞歷山大大帝那樣英明神武，因此除了當時統治埃及的托勒密一世將埃及治理得井然有序以外，其他地方的統治者都因為不會管理國家，而使他們的國家土崩瓦解。由亞歷山大大帝建造的帝國就像一塊岩石裂成幾份，然後被風化成細沙，風一吹，呼地一下就消散了。

【藏寶箱裡的日記】——亞歷山大圖書館

除了著名的海港及燈塔，亞歷山卓城還擁有當時規模最大的圖書館。在亞歷山卓的圖書館裡，書都是用木棍捲起來的卷軸，卷軸上的每一個字都是由作者或是抄錄的人一筆一筆寫上。

亞歷山大圖書館的建造者是托勒密一世，托勒密生活在西元前367年至西元前283年，是亞歷山大大帝的部將。在亞歷山大的帝國分裂以後，他當上埃及的法老，把都城定在亞歷山卓港，並且在該地修建圖書館。

亞歷山大圖書館大約建於西元前259年。埃及的歷代國王都以收集全世界的圖書，實現世界知識總匯為目的。據說，當時每一艘進入亞歷山卓港口的船隻都要被搜查一遍，只要其中發現圖書，就一律收入亞歷山大圖書館。很快的，這座圖書館擁有大量珍貴的藏書：西元前9世紀古希臘著名詩人荷馬的全部詩稿，古希臘數學家歐幾里得的許多作品真跡原件，古希臘三大悲劇作家的手稿真跡，古希臘哲學科學家亞里斯多德的著作手跡……據說，圖書館藏最多的時候，有各類手稿50萬卷。

卷軸和筆墨

第五篇：打造「永恆之城」的英雄

——羅馬帝國時期

第 26 章：輪流做皇帝

在以上的故事中，我們已經提到很多國家，現在讓我們先來整理順序，就從尼尼微開始：

尼尼微曾經是世界霸主，
接著巴比倫接替它，
然後波斯從巴比倫的手中接過世界霸主的位置，
再來是希臘。

看起來，世界霸主就像一個足球聯賽的冠軍，當某個球隊獲得冠軍，在接下來的幾年裡，它會一直保持這個榮譽。但是它不會一直保持，或許在下一次的聯賽中，就會被一支新成長起來的優秀球隊打敗，冠軍就成為那支球隊所擁有。

當初，亞歷山大大帝的帝國是世界霸主，在這個帝國四分五裂以後，又有誰可以成為下一個世界霸主？

在亞歷山大大帝征服世界的過程中，西方有一個小國家一直沒有得到亞歷山大大帝的青睞。當時，這個小國家只是一個小城鎮，它就是羅馬。當時的羅馬沒有受到戰爭的侵擾，因此它擁有很好的發展機會。這個曾經只有幾條狹窄街道和小木屋的城鎮，逐漸變成不僅可以保護自己還可以對外發動戰爭的國家。

幾經征戰，羅馬成為新霸主。自此之後，羅馬人站在靴子形狀的領土上，開始眺望遠方。這塊靴子形狀的領土，就是後來的義大利。

當你打開世界地圖的時候不難發現，在義大利靴子形狀的領土旁有一個小島，它就像是靴子旁邊的一個足球。這個小島叫做西西里島，它成為羅馬人放眼世界的跳板。西西里島正對著北非城市迦太基，羅馬和迦太基是難解難分的仇敵，隔海對視，因為他們都希望可以透過佔領對方，進而放眼世界。

迦太基最早由腓尼基人建立，它發展得比羅馬更快，是一個富有而強大的沿海城市。迦太基人擁有高超的造船術，他們建造許多船隻，與其他地中海沿岸的城市進行貿易往來。迦太基人也種植大量的果樹和橄欖樹，飼養許多牛羊，這裡的富人甚至擁有佔地廣大的莊園。這個由腓尼基人建立的城市，已經控制整個地中海西端。

當羅馬逐漸發展起來的時候，迦太基人感覺到羅馬人帶來的威脅，他們不願意自己的旁邊住著一個強大的鄰居。

另一方面，羅馬人嫉妒迦太基人的富有，同時羅馬人也渴望可以與其他沿海地區進行貿易往來，進一步壯大自己的實力，增強自己在世界上的影響力。羅馬人就像一個急於證明自己能力的摔跤手，期盼可以有機會與對面的迦太基人爭奪更好的發展機會。

但是，羅馬的造船技術和航海技術都不成熟，迦太基卻擁有許多經驗豐富的水手，他們的造船技術也比羅馬人先進許多。這樣一來，羅馬只有被動挨打的份，似乎天平只傾向其中一方。但是，事情總有出人意料的地方。

一次偶然的機會，羅馬人在海灘上發現一艘迦太基的戰船殘骸。很快的，聰明的羅馬人根據殘骸的構成，嘗試仿造迦太基的船隻。他們就這樣摸索造船的方法，很快就造出可以與迦太基對抗的船隻。

雖然羅馬人已經擁有船隻，但是他們還缺少另一樣東西，他們對航海一竅不通。所以，雖然他們的船隻很先進，但是他們在戰爭中依然無法打敗對手，只能看著迦太基人大展拳腳打敗自己的同胞。

為此，羅馬人只好思考其他的方式。很快的，他們想到一種新的戰術。羅馬人發明一種名叫「烏鴉」的巨型鐵鉤，在戰鬥時，用烏鴉鉤住對方的戰船，逐漸拉近和敵人的距離。當兩艘船靠近時，羅馬戰士就衝到對方的甲板。擅長陸地廝殺的羅馬戰士輕易就可以擊敗對手，羅馬人就這樣贏得戰爭的勝利。羅馬人稱這次戰爭為布匿戰爭，布匿是羅馬人對迦太基人祖先腓尼基人的稱呼。

羅馬人的新戰術讓他們首戰告捷，但是很快的，迦太基人瞭解羅馬人的戰術，「烏鴉」也無法再突顯奇效。因此，在之後的多次戰爭中，雙方各有輸贏，勢均力敵。但是，迦太基人還是在布匿戰爭中被羅馬人擊敗。

羅馬人和迦太基人的戰爭，在歐洲的歷史上並不是大規模的戰爭。兩個國家就像兩個爭取做孩子王的孩子在打架，只是沒有孩子的父母來教訓他們，將他們各自帶回家。

【藏寶箱裡的日記】——迦太基的大浴場

迦太基是腓尼基人建立起來的城市，在腓尼基語中，「迦太基」意為「新的城市」。羅馬人征服迦太基以後，就在原來的城市裡修建許多具有強烈羅馬風格的建築。

現在，如果你到迦太基古城遺跡參觀，一定不要錯過古羅馬人在那裡修建的公共浴場。這個修建於西元142年的公共浴場是古羅馬的第四大浴場，裡面的設施與現代浴場相比，也是毫不遜色。

當然，這個浴場現在只剩下殘破的柱石與斷牆，但是我們可以像電腦繪圖一樣，根據這些遺跡，在頭腦中恢復浴場當年的模樣。在浴場裡，應該有兩邊對稱排列的浴室。在浴室裡，有更衣室、冷水室、溫水室，應該還有蒸汽浴室、按摩室、健身房。

那個時候沒有自來水，所以當時浴場的用水是遠處的山泉，人們修建一條60公里長的引水渡槽把山泉引來。現在，你還可以在迦太基的遺址裡見到幾段殘留的渡槽。

西元前100年

第 27 章：羅馬人的防守反擊

被羅馬人打敗的迦太基人並沒有因為一次戰爭的失敗就俯首稱臣，他們在等待時機，向羅馬討回公道。迦太基人心想，既然與羅馬人面對面打仗失敗，不如從後面對羅馬進行偷襲，來個出其不意。因此，迦太基人計畫繞道西班牙，從義大利的北部攻打羅馬。

但是這個計畫想要真正實施並不容易，因為義大利北部的阿爾卑斯山脈自古以來都是羅馬人眼中最堅實的城牆。阿爾卑斯山海拔很高，長年覆蓋厚厚的冰雪，到處是危險的懸崖峭壁。因此，羅馬人認為，沒有任何軍隊可以穿越這座天然屏障。可是事實證明羅馬人錯了，他們有生以來竟然可以見到如此的神蹟——迦太基的將軍漢尼拔率領軍隊翻過阿爾卑斯山，從天而降。

漢尼拔將非洲的象群帶到這裡給部隊開路，笨拙龐大的大象就像是現在的坦克一樣，幫他們掃平路障。漢尼拔大軍一路披荊斬棘，從北向南往羅馬直奔而來。似乎沒有什麼可以阻擋迦太基人發洩他們心中的怒火，漢尼拔和他的軍隊佔據一個又一個的城鎮，眼看整個義大利就要淪陷。

在比賽中有這樣一句話，最好的防守就是進攻。抱持這樣的想法，已經無力阻止漢尼拔軍隊的羅馬人，乾脆去攻擊沒有將領駐守的迦太基。

羅馬人的進攻進行得很有計畫，他們先派人到西班牙切斷漢尼拔的歸路，防止他回到迦太基，然後再派遣部隊渡海登陸非洲，攻擊迦太基。執行這一連串計畫的將領，在當時是一位並不十分有名的少年——西庇阿。

很快的，羅馬人的奇襲取得成效，迦太基人怎麼也想不到，羅馬人竟然會在這個時候放棄自己的家園而來攻打自己。遠在義大利的漢尼拔收到迦太基被襲擊的消息，顧不得已經佔領的義大利領土，帶著將士急速行軍，準備施展救援。可是一切都太晚了，當他們行至迦太基附近的札馬時，遇到西庇阿率領的軍隊。激戰過後，迦太基人再次被擊敗。就這樣，第二次布匿戰爭結束了。這次大敗迦太基人的札馬戰爭，發生在西元前202年。

吸取上次勝利以後被反擊的教訓，羅馬人決定斬草除根，不能再給迦太基人捲土重來的機會。於是，在他們休整幾年以後，就發動攻打迦太基的戰爭，這次戰爭是第三次布匿戰爭。在這次戰爭中，帶領羅馬人的將領叫做尤里烏斯・凱撒。在他的帶領下，羅馬士兵士氣高漲。接連經歷戰爭失敗的迦太基人無力保衛自己的家園，迦太基淪陷了。

後來，尤里烏斯・凱撒重建迦太基，把它改名為突尼斯。再後來，突尼斯的周圍出現許多羅馬人居住的城市，他們將城市連接起來，形成特有的羅馬建築群。這些建築也被很好地保存下來，如果你願意，可以來這裡欣賞參觀，瞭解當初的羅馬人如何生活。

【藏寶箱裡的日記】——漢尼拔

在西元前218年的春天，漢尼拔帶領三萬多名步兵和八千騎兵，以及37隻戰象，經過幾個月的行軍，到達阿爾卑斯山脈邊緣。雖然我們知道，漢尼拔成功地翻越阿爾卑斯山，但是他也犧牲將近一半的士兵。

在翻過阿爾卑斯山準備向義大利出擊時，漢尼拔做出一次精彩的演說，鼓舞他的士兵。他在演講中說：「你們必須獲勝，否則就是死亡。命運使你們不得不投身於戰鬥。」這篇演說後來成為戰前演說中的成功典範。

第 28 章：羅馬不是一天建成

佔領迦太基的羅馬人並沒有滿足於自己取得的成就，他們開始不斷地向外擴張。很快的，羅馬統治西班牙和北非地區。到了西元前1年，羅馬正式坐上世界霸主的交椅，成為除了埃及以外地中海周圍所有國家的統治者。

成為統治者的羅馬人從希臘人的手中學到如何創造美麗的東西。但是，與希臘人相比，羅馬人比較務實，他們創造許多實用的事物，例如：為了可以有一種快捷便利的方式向帝國的地區派遣使者和軍隊，羅馬人開始著手修路。

他們用大石頭做地基，在上面鋪上小石子，再用平整大塊的石頭鋪成路面。很快的，地區與地區之間修建彼此互通的平整大道。在此之前，通常的道路都坑坑窪窪。如果到了雨季，道路會變成泥塘，根本無法行走。現在，無數平整的石頭大道通往羅馬的各個地方。人們可以透過它們，方便地到達帝國的各個地方，以至於有人說：「條條大路通羅馬。」

注重實際的羅馬人在解決道路問題以後，又開始解決水源問題。

在那個時候，人們獲得飲用水的方式並不像我們現在這樣方便。他們需要從附近的井裡或是泉水邊，將水打回來用。可是，那裡的水源經常被污染。人們如果喝了受到污染的水，就會引發瘟疫。

於是，羅馬人開始尋找遠離城市的湖泊，以防止喝到被污染的水。現在的城市飲用水的來源也距離我們住的地方很遠，因此我們用自來水系統把這些水引到家裡。這樣一來，我們一打開水龍頭，清潔的用水就會嘩嘩地流出來。

當時，羅馬人也有自來水系統，他們用巨大的運水管道將遠處湖泊裡的水引到城市裡。但是，他們的管道並不是用鋼鐵或是磚陶做成的圓管，而是用石頭和混凝土修成的「引水渠」。當引水渠需要跨越河谷時，人們還要修建高架橋托住引水渠。

修建引水渠是一項浩大費時的工程，但是當它完成時，就為羅馬城市的居民提供乾淨的水源。直到現在，它仍然像一個盡職的工人，為城市服務。如果你到那裡，還可以看到引水渠正在將清潔的用水源源不斷地引入城市。

飲用水的問題解決了，羅馬人又想到如何處理廢水和生活垃圾的問題。

當時，人們生活產生的廢水和垃圾並沒有得到適當的處理。垃圾被直接倒在街上，城市的面貌髒亂不堪，一點兒也不衛生。這樣的城市是瘟疫的溫床，人們的健康完全沒有保障。為此，羅馬人建造龐大的下水道系

羅馬的高架石渠

統，將用過的污水排放到城外。現在每個大城市都有排放污水的下水道系統，現在你知道，羅馬人是世界上最早開始大規模建造下水道的人。

但是，雖然人們解決城市街道的污水問題，但是排出的污水依然流向河流。這些污水會污染水源，人們飲用這些水就會生病。現在我們都知道這個道理，但是當時的羅馬人不知道。

除了道路和用水問題，羅馬人也在法律上有所建樹。他們制定許多公正合理的法律，現在我們有些法律也以當時的法律為範本。羅馬的法律中，有這樣一條規定：羅馬帝國的所有城鎮，都要向羅馬城進貢或是繳稅。這些從各地收繳的巨額財富，全部被用作羅馬城的建設。

憑藉巨額資金的支撐，羅馬城被建設為繁華的城市。那裡，統治者的宮殿金碧輝煌，供奉神靈的廟宇高大華麗。所有的建築物都用美麗精緻的雕塑裝飾，那裡甚至還修建富麗堂皇的公共浴室和供人們娛樂的「競技場」。

競技場有些像現在的露天體育場，羅馬人在那裡舉行各種比賽，有角鬥士之間的殊死搏鬥，有人類與野獸的對打，還有雙輪車比賽。雙輪車就是有兩個輪子的馬車，通常這樣的馬車由兩匹馬或四匹馬拉著，駕駛的人站在狹窄的車廂上驅動馬匹前行。觀眾們不僅觀看他們的競賽，還可以投注在比賽選手身上，如果他押對人，可能一下子成為百萬富翁。

但是，在所有的比賽中，羅馬人最喜歡的是角鬥士的搏鬥，這些角鬥士大多是羅馬人在戰場上抓獲的戰俘。為了活命，戰俘被迫在競技場上與他們的同胞或是野獸進行搏鬥。

這些搏鬥很殘酷，因為比賽必須以其中一方的死亡作為結束。死亡在這裡，成為角鬥士取悅觀眾的工具。羅馬人覺得觀看這樣的搏鬥比其他的娛樂有趣許多。越是血腥的搏鬥場面，越可以讓觀眾興奮，觀眾的喜好也決定角鬥士能否活命。

在角鬥場上，獲勝的一方在殺死戰敗者之前，要等待觀眾的要求。有時候，那些在搏鬥過程中有優異表現的角鬥士被打敗，但是他因為自己的英勇表現而贏得觀眾的喜愛，此時觀眾們會向上豎起自己的拇指，表示觀眾們並不希望看到戰敗者被殺死，戰敗者就可以逃過一劫。但是，如果觀眾們的拇指向下，等待戰敗者的就是死亡。

羅馬人的戰俘除了進行角鬥以外，還會被帶回羅馬當作奴隸。傳說，當時羅馬奴隸的數目是羅馬城人口的兩倍多，幾乎每個羅馬公民都有至少兩個奴隸為他服務。羅馬公民也因為自己的富有而高人一等，其他城鎮的人看到羅馬公民都爭相巴結，害怕得罪某個羅馬公民而丟掉性命。

羅馬城變得越來越富有，可是羅馬帝國的財富都由富人控制，而且他們隨著羅馬城的發展變得越來越富有，但是窮人卻越來越窮，他們甚至無法充饑。有些人看到這樣的社會現狀為窮人抱不平，希望可以改善窮人的生活狀況。

在這樣做的人之中，有在布匿戰爭中打敗漢尼拔的將領西庇阿的後人，西庇阿的女兒科妮莉亞有兩個兒子。據說，曾經有一位富有的羅馬女人來科妮莉亞家炫耀自己的珠寶。炫耀之後，這位富有的女人詢問科妮莉亞有什麼珍寶。家境並不算富有的科妮莉亞只是微笑著叫來自己的兒子，將兩個孩子緊緊地摟在懷裡，驕傲地說：「這就是我一生的珍寶。」兩個孩子長大以後被人稱作格拉古兄弟，他們二人立志改善窮人的生活，扭轉不公平的社會現狀。格拉古兄弟做了許多好事，想盡辦法降低食物的價格，還為窮人添置土地，希望窮人可以自給自足。

可是格拉古兄弟的做法觸怒富人，他們的行為侵犯富人的利益。最後，他們被憤怒的富人聯合殺死，他們的反抗並沒有產生太大的影響。

【藏寶箱裡的日記】——羅馬的建築

在古羅馬強盛起來以後，古羅馬人修建許多建築。但是與古希臘的建築師相比，古羅馬人缺乏一些藝術細胞。他們的建築嚴肅而冷峻，中規中矩。

羅馬圓形競技場是古羅馬建築的象徵。圓形競技場實際上是橢圓形，觀眾席上的座位按照階梯狀排列。競技場從外面看總共有四層，一至三層都是拱洞，支撐第一層拱洞的柱子是多立克式柱子，第二層是愛奧尼亞式柱子，第三層是科林斯式柱子，第四層是混合性柱子，這些柱子都半露在牆體之外。

現在，羅馬圓形競技場仍然保存良好，容納的觀眾數量和現在的體育場差不多，但是它現在已經成為文物不再使用。羅馬曾經建造一座更大的圓形競技場，叫做馬克西穆斯，裡面可以坐下25萬人，相當於當時一座大城市的總人口。只可惜，這座競技場已經沒有了，我們看不到它的模樣，那裡現在都是住宅。

第 29 章：誰是最高貴的羅馬人？

尤里烏斯・凱撒出生在西元前100年，如果凱撒聽到我這麼說，一定不會同意，他會堅持認為自己出生在653年。這又是為什麼？

因為凱撒是羅馬人，羅馬人將羅馬城建成的那一年當作第一年。凱撒出生在羅馬城建成以後653年，也就是羅馬紀年的653年。通用的西元紀年是以耶穌基督誕生的那一年為西元1年，但是在凱撒出生的時候，耶穌基督還沒有出生，也沒有西元紀年存在，所以凱撒使用的是羅馬人自己紀年的方式，因此他會說：「我出生在653年。」我們說他出生在西元前100年，用的是西元紀年。

那個時候，羅馬帝國是當時的世界霸主，每年都有許多裝載金銀財寶的船隻通過地中海前往羅馬城。這些巨額的財富吸引大批的海盜，他們埋伏在暗中，伺機打劫船隻。成年以後的凱撒受命出海剿滅這些海上盜賊，但是他卻吃了敗仗，還成為海盜的俘虜。當時，海盜曾經寫信給羅馬，索要大筆贖金，否則他們就殺了凱撒。

凱撒的性命此時掌握在海盜們的手裡，他心裡很清楚，就算羅馬付出贖金，海盜也不一定會放過他。但是，勇敢的凱撒完全不害怕，他在海盜面前立下誓言，只要他可以活著回到羅馬，一定會率領艦隊回來報仇。他會牢牢記住這些人的面孔，到那個時候，他絕對不會放過任何一個。

海盜們把凱撒憤怒的話語拋到腦後，他們看到金燦燦的黃金就依照承諾放凱撒回去，他們都不相信這個手下敗將會有什麼作為。

回到羅馬以後，凱撒全心鑽研如何打敗海盜，立志要剿滅這群亡命之徒。幾年以後，凱撒真的率領艦隊殺回來，將曾經抓過自己的海盜丟進監獄，最後依照羅馬的慣例將他們釘死在十字架上。凱撒與海盜對戰的英勇表現，贏得統治者的信任。

當時，在遠離羅馬帝國的地方有兩個羅馬的附屬國——西班牙和西班牙北部的高盧（也就是現在的法國）想要脫離羅馬，那裡的人民經常反抗羅馬的統治。這個時候，凱撒被任命為大將軍去平息叛亂。

凱撒打了勝仗，凱旋而歸。他用自己的母語拉丁文，記錄這次征戰的過程。如果你要學習拉丁文，你的老師首先要你看的就是凱撒的這本書——《高盧戰記》。

西元前55年，凱撒又一次出征。這一次，他要遠渡到大不列顛島，也就是現在的英國。在那裡，他打了一場又一場勝仗，征服那裡的大部分地區。西元前54年，他第二次遠征大不列顛，再次成為勝利者。從此以後，凱撒成為羅馬帝國中最不可忽視的驍勇將軍，成為羅馬人們心中的英雄。

凱撒不僅是一個很會打仗的人，同時也是一個有智慧的管理者。在征服羅馬帝國西部的大部分地區以後，他運用自己的智慧，將這些地區管理得井然有序。他的領導才能，使得人們對他的愛戴又加深一些。

凱撒的名聲在羅馬越來越響亮，於是有些人開始嫉妒他。在這些人之中，有一個人叫做龐培，他與凱撒一樣立下顯赫戰功。

在凱撒年輕的時候，曾經與龐培是知心好友。在凱撒率軍西征時，龐培在帶領另一批士兵，向東擴展羅馬帝國的版圖。在兩個同樣優秀的人之間，總是會產生嫉妒，你看斯巴達和雅典是這樣，羅馬和迦太基是這樣，現在龐培開始嫉妒凱撒，因為他為羅馬帝國做出的貢獻全部被凱撒的光環掩蓋。這位凱撒昔日的好友，在嫉妒心的引誘下，決定對自己的朋友下手。

當時，凱撒正在西征的路上。有一天，他突然收到羅馬元老院的命令，讓他立刻回到羅馬交出兵權。之所以會有這樣的命令，是因為心存嫉妒的龐培，趁著凱撒出征還沒有回來的時候，說服元老院的議員讓凱撒交出兵權。

凱撒會怎麼做？交出兵權？反叛出國？他認真地考慮很久，最後他下定決心要回到羅馬。但是，他不是為了回去交出兵權，而是為了要把羅馬奪過來，自己來掌管。

於是，凱撒回到自己的領地，帶兵渡過盧比孔河，直逼羅馬，打算自立為王。盧比孔河是凱撒領地和羅馬城之間的分界線，羅馬法律禁止任何人帶兵渡河。直到今天，義大利人還是用「盧比孔河」來表示與危險分隔的界限，用「渡過盧比孔河」來形容採取雷霆手段面對困難的行為。

龐培聽說凱撒要佔領羅馬的時候嚇壞了，急忙收拾行李連夜逃到希臘。在龐培逃到希臘幾天以後，就得知凱撒成為羅馬之主的消息。膽顫心驚的龐培為自己的言行付出沉重的代價，凱撒攻克羅馬以後的第一件事情就是派兵追擊龐培。龐培被打得落花流水，凱撒掃除障礙，成為名副其實的羅馬帝國領袖。

凱撒成為羅馬帝國的主人以後，環顧羅馬帝國的版圖，在整個地中海只有埃及還不屬於羅馬。因此，他大手一揮，羅馬帝國的鐵騎就開進埃及，把這裡變成羅馬帝國的一部分。

當時，埃及的統治者是一位名叫克萊奧帕特拉的女皇。聽說她美麗無比，傾國傾城。就連意志堅定的凱撒，都對這個女皇著迷。克萊奧帕特拉為了可以繼續做女王，用盡一切手段迷惑凱撒，讓凱撒忘記一切。

正在埃及的凱撒聽說帝國東部有國家企圖擺脫羅馬的統治，於是他就轉戰到那裡。作戰經驗豐富的凱撒，很快就鎮壓人民的起義，然後他用最簡潔的言語描述勝利的消息，並且將信送回羅馬。他的描述只有三個拉丁文字：「Veni，vidi，vici。」意思為：「我來，我見，我征服。」雖然對信使而言，傳遞一封3000字與傳遞一封3個字的信沒有什麼差別，但是這短短的三個字卻成為凱撒的經典名言。

勝利以後回到羅馬的凱撒，實際上已經是羅馬帝國的領袖，人們想要擁立他稱王。看著眾人，凱撒並沒有被沖昏頭。他知道，羅馬人只是在表面上這樣說，但是他們內心對國王卻無比憎惡。自從西元前509年塔克文被逐出國境以後，國王對羅馬人來說是獨裁的象徵。

事實證明凱撒的想法很正確，因為羅馬人實際上正在密謀要暗殺他，以阻止他稱王。只是凱撒或許想不到，在這些密謀的人之中，不僅有他的政敵，還有他的好友布魯圖斯。

那一天，凱撒像平常一樣到元老院。就在凱撒要踏入元老院的時候，那些事先埋伏的密謀者們一擁而上，將凱撒團團圍住。他們每個人都舉著刀，向凱撒刺去。毫無準備的凱撒身上只有一支用來書寫的鐵筆，他根本無法保護自己。當布魯圖斯衝向凱撒的時候，凱撒心痛欲絕，他對著昔日的好友大聲呼喊：「你，布魯圖斯，竟然還有你。」之後，凱撒就倒在地上，再也沒有起來。

拿坡里國立考古博物館的凱撒胸像

凱撒死後，他真正的朋友安東尼在他的屍體旁發表一篇措辭激烈的演說。他的演說激起人們心中的憤怒，他們發誓一定要將那群謀殺犯碎屍萬段。

為了紀念凱撒大帝的功績，人們用凱撒的名字（Julius）命名七月（July）。後來，偉大的劇作家莎士比亞撰寫一部名為《尤里烏斯・凱撒》的戲劇。但是在莎士比亞的戲劇中，安東尼口中「羅馬人之中最高貴的那個人」指的並不是凱撒，而是刺殺他的布魯圖斯，至於原因是什麼，你可以去看看莎士比亞的《尤里烏斯・凱撒》。

再後來，在命名一個國家的統治者時，人們想起凱撒的名字。德國和俄國的統治者發音都源於他的名字，意思是獨裁者或是皇帝。

【藏寶箱裡的日記】——十二月份英文由來

一月January：每年的第一個月是除舊迎新的時候，於是人們選擇羅馬神話中的守護神雅努斯（lanus）的名字來命名。原來，雅努斯長著兩張臉，一張用來回顧過去，一張用來眺望未來。

二月February：英語二月February，就是由拉丁文Februar-ius（即菲勃盧姆節）演變而來。

三月March：英語三月March，來自希臘神話中的戰神名字瑪爾斯。

四月April：四月的羅馬春暖花開。這個花開的日子，在拉丁文中用「April」表示。

五月May：英語五月May，來自羅馬女神瑪雅。

六月June：來自羅馬神話中的司管生育和保護婦女的神——朱諾的名字Junius。

七月July：七月的英文名，來自凱撒的拉丁文名字Julius。

八月August：英語八月August，來自羅馬的另一位偉大皇帝屋大維的尊號奧古斯都——Augustus的稱號。

九月September和十月October：在凱撒改革曆法之前，九月曾經是羅馬的舊曆法中的七月，十月是舊曆法中的八月。當時，人們用拉丁文

Septem表示7，拉丁文Octo表示8。這個用法沿用很多年，雖然後來曆法改革，但是人們一直保存舊稱呼，十一月和十二月的名字也是源自舊曆法。

十一月November：原來在舊曆法中是九月，Novem即拉丁文9的意思。

十二月December：十二月在舊曆法中是第十個月，Decem在拉丁文中是10的意思。

第 30 章：八月皇帝——奧古斯都

一年的十二個月中，七月用凱撒的名字命名，它之後的八月也是用歷史上一個有名的帝王命名，那就是奧古斯都大帝。

凱撒遇刺身亡以後，羅馬帝國被分成三個部分。後來，羅馬帝國的東部包括埃及在內的部分，由凱撒的好友安東尼統治，羅馬帝國的西部是凱撒的義子屋大維的領地。安東尼統治埃及以後不久，也被克萊奧帕特拉迷惑，迎娶這個豔麗的女人為妻。

和平只維繫很短的時間，屋大維和安東尼都開始算計對方，希望可以吞併對方的領地，成為羅馬帝國的主人。最後，屋大維取得戰爭的勝利，安東尼由於無法承受戰敗的事實而自盡。成為寡婦的克萊奧帕特拉並沒有安分下來，企圖故技重施迷惑屋大維，可是屋大維並不像凱撒和安東尼一樣多情。他的全部身心都在如何成為世界的統治者上，任何企圖阻撓他的人，他都會毫不留情的拋棄。

淪為階下囚的克萊奧帕特拉得知自己的命運以後，無法接受這樣的恥辱。於是，她拿了一條產自埃及的毒蛇，並且讓它咬自己一口。就這樣，美豔的女皇中毒身亡。她的屍體被留在她統治一生的埃及，屋大維成為羅馬所有屬地的統治者。

西元前7年，屋大維回到羅馬城，人們稱他為羅馬的「皇帝」。緊接著，屋大維把自己的名字改為「奧古斯都・凱撒」。在拉丁文中，這個名字代表「皇帝陛下」。請記住，皇帝與國王是不一樣的稱呼。國王的權利比皇帝小，他只是一個國家的統治者，但是皇帝卻統治許多國家。

西元前509年被趕走的塔克文是羅馬的最後一個「國王」，屋大維則是羅馬的第一個「皇帝」，他是羅馬帝國的唯一領袖。屋大維成為皇帝的時候也很年輕，只有36歲。

年輕的屋大維把羅馬建設為一座美麗的城市，他經常自誇，他得到的羅馬是磚城，留下的卻是大理石的城池。原來，在他統治羅馬之前，羅馬城的建築都用磚來製造，到了屋大維統治時，他拆毀這些建築，並且用堅固的大理石建築代替。

在羅馬城所有華麗精美的建築中，最著名的就是萬神殿。遠遠看去，萬神殿像是一個倒扣的碗，它擁有由磚和灰泥砌成的巨大圓屋頂。在屋頂的正中有一個圓形的孔，這個孔叫做「眼睛」。這隻「眼睛」是萬神廟唯一的「窗戶」，無論晴天或雨天透過它，你都可以將神殿的內部看得一清二楚。

除了萬神殿，羅馬城建造許多用來慶祝重大勝利的凱旋門，每當遠征的英雄勝利歸來時，他和他帶領的隊伍都要經過這樣的巨大拱門，進行凱旋的遊行。

在羅馬，廟宇與法院和其他公共建築物的中間，有一塊被稱作廣場的方形公共場地。廣場就像一個大市集，經常聚集來這裡購買物品的人。

在許多美麗宏偉的建築映襯下，羅馬城顯得生機勃勃。它似乎會永遠這樣繁榮下去，因此人們給它一個響亮的名字「永恆之城」。

在這些羅馬的美麗建築中，我們必須提到兩座著名的競技場，雖然它們現在一個已經破敗，而一個不見蹤影，但是它們曾經是永恆之城裡的偉大建築。

兩座競技場中的其中一座是羅馬鬥獸場，它和現在羅馬最大的體育館一樣，可以容納8萬多名觀眾，這裡就是角鬥士進行殘酷競賽的地方。現在，這裡已經被歲月摧殘得殘破不堪。如果你到遺跡去參觀，可以看到曾經關野獸和角鬥士用的矮小屋子，以及當年古羅馬皇帝坐過的椅子，甚至還可以看到當年被殺死的角鬥士和野獸留下的血跡。

另一座競技場叫做馬克西穆斯，它是一個巨大的半圓形露天競技場，可以容納20萬人。這不是一個小數目，一些城鎮的人口也只有20萬。但是後來，隨著城市的發展，馬克西穆斯被拆毀。在它的地基上，人們蓋起新的房子和大型建築。

屋大維在位的時候，羅馬的文學發展也到達鼎盛時期。在這個時期，湧現大批著名作家，他們寫出許多經典的作品。這個文學發展高峰期，被稱為奧古斯都時代。

在這些優秀的作家中，有兩位拉丁詩人——維吉爾和賀拉斯。維吉爾聞名於世的作品是《伊尼德》，又叫做《埃涅阿斯紀》。它描述特洛伊人

羅馬廣場

埃涅阿斯在特洛伊城淪陷以後到處逃亡，最後定居義大利的故事。還記得我們說到羅馬城是如何建立起來的嗎？這個埃涅阿斯就是羅馬城的兩位開創者者羅穆路斯和雷穆斯的祖先。

賀拉斯寫下許多描繪牧羊人愛情以及田園鄉村生活的短篇詩歌，他創造的短篇詩歌形式被稱為頌歌。他的短詩在當時非常受到歡迎，以至於現在的義大利人仍然喜歡用賀拉斯為自己的兒子命名。

如果一個人的功績很偉大，人們通常會用他的名字給城市命名，奧古斯都得到的待遇比這個高級許多。

奧古斯都在位的時候，將羅馬建設為一個燦爛強大的龐大帝國。在他死後，人們為了紀念他，修建許多廟宇，並且像供奉神一樣供奉他。他就像神明一樣，給羅馬人民帶來美好生活，並且像我們在開頭說的，人們將他的名字「奧古斯都」（Augustus）用來命名八月（August）。

羅馬萬神殿

【藏寶箱裡的日記】——萬神殿

古羅馬的「萬神殿」，被米開朗基羅讚歎為「天使的設計」。萬神殿的英文Pantheon中的pan指「全部」，theon是神的意思，所以萬神殿供奉的是羅馬全部的神。

萬神殿有兩個部分，主體前部是一個由科林斯式柱子組成的柱廊，穿過柱廊，就來到萬神廟的主體——一棟環形大樓，它巨大的圓頂，就像一個倒扣的大碗。萬神殿的環形牆壁厚約20英尺，圓頂的頂部上有一個圓形窗戶，它是整棟建築裡唯一一扇窗戶。窗戶上雖然沒有安裝玻璃，但是因為它距離地面非常高，所以即使有傾盆大雨，神廟的地面仍然會保持乾燥。如果你聽說萬神殿在法國，不在羅馬城，可能會很吃驚。事實上，古羅馬的版圖包括現在的法國，萬神殿在法國就不稀奇了。

第六篇：歐洲不只住著羅馬人

——西元紀年的開始

第 31 章：充滿智慧的耶穌

如果你要問猶太人：「這個世界上最偉大的猶太人是誰？」你覺得他們會怎樣回答？偉大的科學家愛因斯坦？文學家海涅？不，他們雖然偉大，但是在猶太人心中，他們不是「最偉大」的那一個。在猶太人心中，世界上最偉大的猶太人是耶穌。

在奧古斯都羅馬帝國東部，有一個叫做伯利恆的小地方，耶穌就在那裡出生。耶穌在青少年時期，還是一個不諳世事的年輕人。他每天在自己父親的木匠店工作，過著簡單而寧靜的日子。在耶穌三十多歲以後，他開始到處傳教佈道。他所傳播的信仰，就是我們現在所知道的基督教。

很快的，耶穌宣傳的理論在人群中，尤其是受到羅馬人剝削的猶太人中得到普及。對羅馬人恨之入骨的猶太人相信，耶穌會把他們從羅馬人的手中解救出來。他們全心傾聽耶穌的宣講，相信他教導的一切。當聽從耶穌教導的人越來越多時，其他教士開始擔心耶穌遲早有一天會取代他們的地位。於是，他們開始排擠耶穌，並且想盡辦法要殺死耶穌。

但是在當時，教會的影響力並不是很大，只有耶穌所屬地的長官同意處死耶穌，教士們才可以達成所願。於是，教士們就在長官彼拉多面前誣陷耶穌，謊報他要稱王。彼拉多聽信讒言，將耶穌釘死在十字架上。

當時，有十二個同伴跟隨耶穌一起傳教。他們在耶穌死後並沒有放棄自己的信仰，而是繼續到處遊歷，向人們傳播耶穌的教導。後來，人們將信仰耶穌的人稱為基督徒或是基督的門徒。「基督」這種說法，我們也經常聽到，它是希臘語，意思是「彌賽亞」，即成為神的人。

如果你還記得我們之前說過的羅馬歷史，你也應該記得，羅馬帝國的大多數人信仰眾多神明，例如：太陽神、月神、農業神……但是，耶穌和其他的基督徒只信仰一個神，所以他們連羅馬的皇帝都不禮拜。這樣一來，引來其他人的猜疑，認為基督徒要開創一個新的世界和帝國。於是，他們開始到處拘捕基督徒，從此以後基督徒只能秘密集會。

在這樣高壓的環境下，基督徒滿懷對耶穌教導的信任，並且以能為基督教的傳播犧牲自己而自豪。自此以後，他們變得大膽起來，公開地傳教佈道。

在耶穌死後大約100年的時間裡，很多基督徒因為他們的信仰而被殺害。這些為耶穌而犧牲的人被稱作「殉道者」，歷史上第一位殉道者是在西元33年被人用石頭打死的司提反。但是殉道者的死並沒有嚇倒耶穌的信徒，他們反而對耶穌宣揚的精神更為篤信。就連當時幫助處死司提反的羅馬人之中，也有人改變心意，開始全心全意地信奉基督教，掃羅就是這樣一個人。

掃羅曾經和其他羅馬人一樣認定基督徒是國家的敵人，他也曾經想盡辦法消滅基督徒。可是，後來他卻變成基督教最虔誠的教徒。掃羅成為使徒以後，人們稱他為保羅。後來，保羅被捕入獄。但是，由於保羅是羅馬人，只有羅馬的法官才可以審判他，因此他被送入羅馬監獄，最後被斬首示眾。他死後，基督徒們稱他為聖保羅。

彼得也是耶穌的使徒，他也被釘死在十字架上。耶穌曾經對這個衷心追隨他的使徒說：「我將給你天國的鑰匙。」所以彼得對於被釘死沒有感到悲傷，反而因為可以和自己信奉的主一樣釘死在十字架上而感到榮耀。

很多年以後，在彼得被處死的地方，世界上最大的教堂——聖彼得大教堂落成了。

在此之後大約500年，人們開始用耶穌誕生的時間紀年。人們把耶穌誕生之前稱為西元前，耶穌誕生的那一年稱為西元元年，耶穌誕生之後稱為西元。可是，當人們開始紀年以後才發現，自己將時間弄錯了。原來，耶穌出生在西元元年的4年前，也就是西元前4年。但是，當人們發現這個錯誤時，已經來不及更正。

【藏寶箱裡的日記】——西元紀年

如果我們看英文書籍的時候會發現，有些年份之前會加上「AD」兩個字母。這兩個字母是拉丁文Anno Domini的簡寫，意思是「主的年代」。因此，如果你在年份前面看到這兩個字母，就表示這是西元XX年。相對的，人們用「BC」——Before Christ表示西元前，意即耶穌之前的年代。

西元紀年也叫做公元紀年，通用於世界上的絕大多數國家。我們曾經說過，人們把耶穌出生那年記為西元元年，這是由羅馬僧侶狄奧尼修斯在西元525年認定。

西元前4年

第 32 章：沒有人喜歡的皇帝

聖彼得和聖保羅去世的時候，羅馬的統治者是羅馬歷史上最神秘的皇帝之一——尼祿。尼祿是羅馬歷史上最殘暴邪惡的統治者之一，他總共統治羅馬長達十三年零七個月。在統治早期，他還是一位仁慈的皇帝，可是到了西元59年，不知道是什麼原因，他突然變得異常殘暴。

我們讀著古代人們記錄下來的關於尼祿的一切，發現他荒誕殘暴，沉溺於淫樂。有一份用拉丁文撰寫的編年史，上面用簡潔的語言總結尼祿在統治期間做過的事情。他殺死自己的母親，侮辱自己的妹妹，處死自己的老師著名哲學家塞內卡，還殺死聖彼得和聖保羅。除此之外，他還燒毀羅馬的十二個街區。

殘暴的尼祿自詡為詩人，他認為自己做的詩歌無人能敵。他還認為自己善於歌唱，但是即使這兩樣他都做得糟糕極了，也沒有人敢說出來，因為誰嘲笑他，他就會把誰處死。

尼祿似乎特別喜歡看著別人受到折磨，他還特別喜歡看著別人被野獸撕成碎片。每當他看到這樣的場景，都會興奮得歡呼起來。

尼祿對基督徒深惡痛絕，只要聽到誰是基督徒，尼祿就會狠狠地折磨他。他曾經就像瘋子一樣，讓基督徒站在宮殿花園的四周，在他們身上淋滿焦油和瀝青，然後用火點燃，看著那些基督徒被活活燒死。

尼祿還有一個奇怪的癖好，就是火燒羅馬城。他曾經讓人在羅馬城放火，然後一個人坐在高塔上，看著火中的羅馬城彈琴慶祝。這場大火燒了一週，火勢蔓延半個羅馬城，然後他把縱火的責任嫁禍給基督徒。

尼祿曾經為自己建造一座巨大奢華的皇宮。在皇宮的正門，他還放置一座自己的雕像，這座青銅雕像高達15公尺。在宮殿的內部，更是裝飾大量的黃金和珍珠母，因此這座宮殿得名「金宮」。後來，金宮和雕像被毀，在放置尼祿雕像的位置上，人們修建一座巨大的鬥獸場。

尼祿的殘暴和荒誕，終於引發人民的反抗。面對起義的人民，尼祿為了保住自己的尊嚴選擇自殺。可是，他卻是一個沒有勇氣的懦夫，他不敢將劍刺進自己的胸膛。最後，他的奴隸實在是忍無可忍，於是推他一下，幫助他把劍刺進胸膛。就這樣，羅馬人推翻這個殘暴不仁的統治者。

尼祿死後的兩年，也就是西元70年，原本被羅馬統治的猶太人決定反抗羅馬的統治。耶路撒冷的猶太人宣布不再服從羅馬的命令，也不再向羅馬進貢。於是，當時的羅馬皇帝立刻派他的兒子提圖斯帶領士兵鎮壓這次叛亂。

很顯然，猶太人無法戰勝羅馬的騎兵。提圖斯帶著軍隊攻克耶路撒冷城，屠殺城裡的猶太人，還把城中的所羅門神廟洗劫一空。最後，他把所羅門神廟夷為平地。

大獲全勝的提圖斯凱旋歸來。為了慶祝他的勝利，羅馬人在廣場修建一道凱旋門，將提圖斯帶著戰利品從所羅門神廟中離開的情形刻在門上。在提圖斯獲得的許多戰利品中，最有名的就是黃金做的七臂燭台。經過耶路撒冷戰役以後，人們重建耶路撒冷城，但是倖存下來的猶太人在此以後就遠離故土，流散到世界各地。

在提圖斯統治的時代裡，還有一件事情值得一提，那就是義大利境內的維蘇威火山突然爆發，將山腳下的龐貝城淹沒在火山灰之中。

維蘇威火山是義大利非常有名的火山，它不時地發出轟鳴，噴發出火焰，噴發的時候還伴隨石頭和熱氣飛濺出來。從火山口噴溢出的被融化的石塊叫做火山岩。還記得火神武爾坎嗎？據說，他的煉爐就在這個火山的中心，所以這裡才會不時地噴發出灰塵、火焰、灰燼。當然，這只是神話。

雖然居住在火山附近十分危險，可是火山噴發出的物質含有農田需要的肥沃養料，所以即使家園不斷被毀，人們還是喜歡居住在火山周圍，龐貝就是維蘇威火山下的一座小城鎮。

西元79年那天的噴發，來得實在太突然。大量的火山灰彷彿一瞬間就吞沒亮光，白天變成黑夜，滾燙的岩漿從火山口噴湧而出，熾熱的火焰彷彿來自地獄。龐貝城的居民們驚慌失措，他們奪門而出，朝向遠方逃去。但是來不及了，他們還沒有跑出幾步，火山爆發所噴出的氣體就已經殺死他們。人們倒下了，大量的岩漿流過來，數不盡的火山灰落下來。就這樣，龐貝城的人與他們的城市一起，被埋在岩漿與火山灰下。

維蘇威火山噴發，龐貝城就在火山腳下

就這樣，大約兩千年過去，人們已經遺忘那裡曾經還有一座城池。後來，又有人來到這裡定居，他們在這裡建造新的城市。有一天，一個居民在挖井的時候發現一隻手骨。他被驚呆了，於是就通知其他人。人們聚集過來，不斷地向下挖。在挖掘的過程中，人們發現許多骸骨和建築碎片。逐漸地，龐貝城彷彿沉睡兩千年的公主一樣，揭開它的面紗。

現在，人們可以去龐貝城的遺址，感受西元79年的時候人們的生活。當時的一切都被完好地保留下來，華美的建築和街道甚至屋子裡的傢俱也沒有損毀。更令人稱奇的是，有一間房屋，桌子上的蛋糕、吃了一半的麵包、準備做菜的肉，甚至廚房的柴火灰都被完好地保存下來。在柴火灰中，人們發現蠶豆和豌豆以及一個沒有打破的雞蛋，也許這是世界上現存最古老的雞蛋。

除此之外，人們還可以看到當時羅馬人修建的店鋪、神廟、公共浴室、劇院、市場。在龐貝，家家戶戶的地板都用彩色石塊拼湊而成，這些不同顏色的石塊被擺成各式各樣的圖案，這種裝飾手法到現在還是被廣泛應用。你一定也經常見到，它叫做馬賽克。

【藏寶箱裡的日記】——火山

世界上的火山分為休眠火山與活火山兩種。休眠火山不會噴發，活火山卻經常活動。維蘇威火山是一座活火山，它就像一個巨大的煙囪。當它爆發的時候，火山口白天會冒出濃煙和蒸氣，到了晚上會冒出火光。慶幸的是，這座活火山之後都沒有給人類帶來什麼損害。火焰噴發得非常強烈的時候，會有很多石塊和灰塵衝到天空中，這些石塊和灰塵會在空中飄浮很久，有時候也會飄到附近的國家。落日因為有火山灰才會那麼美麗，這是一個很神奇的現象。

第 33 章：哲學家皇帝與他的壞兒子

尼祿死後的一百多年，羅馬人迎來他們最偉大的皇帝之一——馬可‧奧里略，他被羅馬人認為是世界上最高貴和最偉大的人之一。

其實，羅馬人並不是忠實的神靈信奉者，就連自己供奉的朱庇特與朱諾和其他神靈，對於羅馬人來說，也不是那麼可信。對於羅馬人來說，供奉神靈只是為了防止倒楣的一種安慰品。羅馬人相信誰？羅馬人十分聽從哲學家或是智者的教導，他們會盡量遵從智者或是哲學家制定的規則。

大約在西元前300年，希臘哲學家芝諾提出一種名叫「斯多噶主義」的哲學。它啟迪人們的智慧，教導人們保持良好的品性，承受苦難。經歷一個世紀的傳播，這種哲學思想流傳到羅馬，得到羅馬人的歡迎。尼祿的老師塞內卡也是一位斯多噶主義者，他生前寫下許多關於斯多噶主義的書籍。

又過了一百年，羅馬出現一位偉大的斯多噶主義者，他就是馬可‧奧里略。馬可‧奧里略曾經度過一段十分艱苦的生活，他穿著哲學家那樣的粗袍子，學著哲學家那樣生活。後來，他把自己的思想記錄下來，隨時提醒自己如何去思考和行動。人們發現，他的思想與斯多噶主義者一樣，所以他被稱為自發的斯多噶主義者。

馬可‧奧里略行事很有原則，他隨時提醒自己要以身作則，履行自己的職責，照顧窮人。他甚至還試圖去除角鬥士表演中那些殘酷和野蠻的部分。在他遵循的所有準則中，有一條是「寬恕你的敵人」。雖然他不是基督徒，但是他的為人處世比後來的一些基督徒皇帝要高尚許多。

後來，他的想法和文字被整理成冊，出版發行，這就是十分有名的《沉思錄》。這本書流傳至今，被成千上萬的人們誦讀。

雖然馬可·奧里略是一個高尚善良的人，被許多人當作思想上的導師，但是他卻沒有教好自己的孩子。他的兒子康茂德只顧享樂，把父親教給他的高尚法則全部拋到腦後。

「哲學家皇帝」馬可·奧里略

雖然康茂德不是一個合格的皇帝，但他卻是一個名副其實的運動健將。為了炫耀自己的運動天賦和上天賜予的英俊外貌和結實肌肉，他專門做一個自己的雕像，讓人們像供奉神一樣供奉。在運動和玩樂的時候，他完全不顧及自己身為皇帝的威嚴，如果有人挑出他的過錯或批評他，他就會下令將對方殺死。

康茂德完全不像父親馬可·奧里略那樣，把高尚的興趣當作樂趣。對他來說，快樂就是盡情享樂，他的殘暴讓自己過著野性浪蕩的生活。雖然很多人對他不滿，可是卻沒有人可以成功地刺殺他，所有的計畫都失敗了。但是最後，康茂德卻在摔跤場上比賽的時候被一個摔跤手勒死，正好應驗「死於安樂」這句話。

人們對康茂德的「快樂」並不認同，但是一位也奉行快樂主義的智者，卻吸引無數追隨者。這位智者名叫伊比鳩魯，追隨他的人被稱為伊比鳩魯主義者。在伊比鳩魯主義者看來，所有會導致別人或是自身痛苦的快樂都不能稱為快樂，可以讓自己身心愉悅、獲得安寧的快樂，才是真正的快樂。

伊比鳩魯教導人們，世界上最高的善就是「正確」的快樂。什麼叫做最高的善？就是誠實、善良、公正、勤儉、友好、明智、勇敢、謙虛、鎮靜。如果康茂德奉行的快樂和伊比鳩魯主義者一樣，或許他就可以與他的父親齊名，成為世界上善良偉大的統治者。

【藏寶箱裡的日記】——伊比鳩魯

伊比鳩魯是薩摩斯人，根據伊比鳩魯的說法，他14歲就開始學習哲學。這位天才哲學家寫下三百多卷書，例如：《論自然》、《準則學》、《論生活》……但是，你現在都看不到這些書，這些寶貴的思想並沒有被保存下來。我們現在可以看到的只有他的三封信，《格言集》和《學說要點》的一部分。

伊比鳩魯曾經建立一所學園，這座學園裡有男有女，有貴族也有奴隸。雖然各自的身分地位有差別，但是在這裡，人們一直和睦相處，學園裡充滿友愛。由於這所學園設在一座花園裡，所以後來的人們把伊比鳩魯創立的哲學學派稱為「花園學派」。

第 34 章：野蠻的鄰居

我們知道，羅馬人驍勇善戰，他們的帝國繁榮而強大。無論是誰，當他在講述世界史的時候，都無法忽視羅馬的地位。但是，當你看到這麼多的國家歷史之後，你就可以明白，許多強大的國家最終都被人征服，尼尼微、巴比倫、波斯都是這樣，羅馬也不例外。

強盛的羅馬帝國在國力達到巔峰之後，開始逐漸地走向衰敗，美麗的羅馬城慢慢地失去光彩，最終被其他的民族征服。羅馬衰敗的序曲，由日爾曼人奏響。

如果一個日爾曼人和一個羅馬人站在一起，黑髮黑眼的那個是羅馬人，金髮碧眼的那個是日爾曼人。

日爾曼人大多不住在城市裡，他們在人煙稀少的地方生活。日爾曼人用木材與樹枝搭建房子，這些房子遠遠看去，有些像巨大的菜籃。他們的生活簡單，女人負責種菜和飼養牲畜，男人負責狩獵與作戰和打造鐵器。鐵器在那個時候是非常重要的工具，日爾曼人的劍和長矛以及各種生產工具都是用鐵製成。

日爾曼人有自己的神靈，他們信奉的主神叫做奧丁。你知道「星期三」的英文怎麼讀嗎？「Wednesday」。據說，這就是以奧丁的名字「Woden」來命名。在日爾曼人的傳說中，奧丁是戰神，他無所不能，他居住的地方叫做瓦爾哈拉，那是一座天上的宮殿。這位奧丁神擁有豐富的冒險經歷，他的冒險經歷是日爾曼的孩子們最喜歡聽的故事。

對日爾曼人來說，索爾也是一位重要的神。索爾手持一把鐵錘，是雷電之神。日爾曼人相信，這位英勇的神明曾經拿著他的鐵錘，戰勝遠方寒冷地帶的巨人。

蒂烏和弗蕾亞也是在日爾曼文化中地位顯赫的神，我們現在用的星期二和星期五的說法就是來自於他們的名字，星期四則是從雷神索爾的名字而來。

日爾曼的神都是勇猛善戰，勇敢善戰也是日爾曼民族的特點。在日爾曼人的觀念中，一個勇敢的戰士無論犯下什麼過錯，例如：說謊、偷竊，甚至殺人，都可以被原諒。為了顯示自己的勇敢，日爾曼人會將自己獵物的一部分帶在自己的身上，例如：公牛的頭和角，狼、熊、狐狸的頭。日爾曼人深信，這樣做會讓自己看起來顯得凶狠可怕，同時讓他們的敵人感到恐懼。日爾曼人只認同最勇敢和最強壯的人成為首領，但是首領的位置不能由首領的兒子來繼承。

日爾曼人生活的地方在羅馬帝國的北部邊界附近，與羅馬人是鄰居。但是在羅馬人眼裡，他們這個鄰居只是一個野蠻人。當時，羅馬人認為，世界上除了自己以外，全部是凶猛好鬥的野蠻人，日爾曼人在羅馬人眼裡就是這樣的人。此外，羅馬人也覺得，這個野蠻的鄰居實在很喜歡惹麻煩。

如果你的鄰居總是翻過圍牆到你的院子裡，你一定很心煩。長時間以來，日爾曼人總是越過邊界進入羅馬，他們簡直成為羅馬人的噩夢。羅馬人經常跟他們打仗，把這些人趕回去。偉大的尤里烏斯・凱撒和馬可・奧里略，都曾經跟他們交戰過。

日爾曼武士

到了羅馬帝國末期，大約在西元400年左右，日爾曼人日益強大，他們入侵羅馬的北部地方，面對這些剽悍的日爾曼人，日漸衰弱的羅馬人感到十分無奈，他們知道自己再也保不住北部地方，再也無法把日爾曼人驅逐出去。

現在，請你打開地圖，地圖將幫助我們更好地瞭解日爾曼人在羅馬帝國的佔領路線。

先找到不列顛地區，當時那裡也是羅馬的領地。那個時候，有兩個日爾曼的部族進入不列顛，在那裡生活的羅馬人知道自己無法和日爾曼人對抗，於是放棄那裡的土地回到羅馬。

這兩支進入不列顛地區的日爾曼人，就是盎格魯人和撒克遜人。因為盎格魯人和撒克遜人的到來，這個地方被世人稱為盎格魯人的土地，簡單地說，就是「盎格蘭」，也就是後來的「英格蘭」，英格蘭人被稱為盎格魯—撒克遜人。

還有一支叫做汪達爾的日爾曼部落進入高盧地區。還記得這裡嗎？那是凱撒曾經征戰的地方，也就是現在的法國。當你找到法國以後，我們要接著向南，找到西班牙。在到達法國以後，汪達爾人繼續南下來到西班牙。我們跟著汪達爾人繼續往南，他們乘船越過地中海來到北非。這群汪達爾人無論到哪裡，都是燒殺搶掠和大肆破壞。直到現在，我們仍然把破壞公物的人叫做「汪達爾人」。

現在，讓我們回到高盧地區。這裡剛被汪達爾人洗劫過，就來另一支日爾曼人的部落——法蘭克人。法蘭西現在之所以叫做法蘭西，就是因為法蘭克人在這裡建國，並且將國名定為法蘭西。

日爾曼人並不是唯一入侵羅馬的民族，在現在的義大利北部，居住著哥德人。哥德人的領袖亞拉里克帶領哥德人，翻山越嶺進入義大利。在他們成功地洗劫並且摧毀那裡之後，入侵羅馬城，搶走所有值錢的東西。面對這一切，昔日英勇的羅馬人此刻已經變成任人欺負的弱者，他們毫無辦法。

但是，羅馬人還不知道，毀滅才剛開始，更糟糕的事情還在後面。

【藏寶箱裡的日記】——日爾曼部落

我在之前講述許多日爾曼部落，其實日爾曼部落不只這些。如果我們把日爾曼人用一棵樹來表示，你可以看到這棵樹上有三根大樹枝——北日爾曼人、西日爾曼人、東日爾曼人。

北日爾曼人住在斯堪地那維亞半島上，他們是丹麥人、瑞典人、挪威人、冰島人的祖先。

在屬於西日爾曼人的這根樹枝上，你可以看到有很多分叉：第一個分叉是易北河日爾曼人，他們是巴伐利亞人的祖先；再來是北海日爾曼人，盎格魯－撒克遜人的祖先就在這個分叉；在最後一個分叉上的是萊茵河－威悉河日爾曼人

日爾曼人大樹上的最後一根樹枝屬於東日爾曼人，我們所說的汪達爾人就是東日爾曼人之中的一支。除了汪達爾人，東日爾曼人之中還有波羅的海的哥德人和勃艮第人。

西元400年

第 35 章：修道士的善行

什麼是「善」？如果好心的鄰居幫你救回困在樹上的貓，你會覺得他是一個善良的人；如果計程車司機送回遺落在他車上的貴重東西，你也會覺得他是一個善良的人。其實，關於「善」，不同的人有不同的理解。

如果你問雅典人，他們會說，所有美麗的事物都是善。

但是，斯多噶主義者或許會反駁雅典人的看法，他們會說，盡職盡責和忍受苦難才是善。

如果伊比鳩魯主義者聽到斯多噶主義者的話，或許會覺得他們太膚淺，因為在伊比鳩魯主義者看來，善是適宜的快樂。

但是在殉道者眼中，只有為耶穌基督忍受苦難以及為他犧牲才稱得上是善。

自從殉道出現之後，基督徒找到可以表現善的途徑，他們想要更加突顯自己的善行，於是當時出現大量的殉道者。這些殉道者之中的一些人，來到杳無人煙的地方，他們遠離塵囂，獨自過著離群索居的生活，以此來彰顯他們的善。

聖西蒙・史泰萊特就是這樣一個殉道者，他為自己修建一個很小的房間。這個房間的奇特之處在於，它建在一個15多公尺高的柱子上，在裡面只能坐著，無法躺下。聖西蒙・史泰萊特一直在小房間裡生活，無論是天寒地凍，還是烈日炎炎，無論是傾盆大雨，還是大雪紛飛，他都沒有下來過。

就這樣，聖西蒙・史泰萊特在那裡度過無數個春夏秋冬。他獨自一人待在上面，只有在為他送食物時，他的朋友們才會搭梯子到他那裡。聖西蒙・史泰萊特就是透過這種高高在上和遠離人群的生活，以表達他的善和對神聖生活的追求。

後來，殉道者們不再像原來那樣獨自生活，他們聚集在一起，過著他們眼中的神聖生活。修道院院長，也就是修道士們的領袖，和女修道院院長，即修女們的領袖，為修道士和修女制定規範，約束修道士和修女的行為。如果其中有人犯錯，他們將會受到處罰。品行優秀的修道士被稱為聖人，品行優秀的修女被稱為聖女。

修道士和修女居住的修道院，通常都建造在貧瘠潮濕的土地上。這是因為，這樣的土地不利於農作物生長，衛生條件很差，也很危險，沒有人要這樣的土地，所以就給修道士。修道士們並不在意這些，他們來到這些地方，辛勤地勞動，在上面建造房屋，種植適宜在這裡生長的莊稼。一段時間以後，這片原本荒涼的土地就充滿生機，綻放生命的光彩。

修道院中的修道士和修女的生活很清苦，他們居住的房間像牢房一樣簡陋。吃飯時，他們在修道院食堂中圍坐在桌子旁邊，吃一些粗茶淡飯。

修道士和修女們的主要工作是唱讚美詩，他們要在日出和日落的時候分別唱一次讚美詩，其他時候也要詠唱四次，有時候半夜醒來的時候，他們也會唱讚美詩來祈禱。

除了詠唱讚美詩篇以外，修道士和修女們還有很多的工作，例如：擦地板、整理花園、種田、餵養牲畜。他們自給自足，依靠自己的雙手創造生活。他們認真對待每一個工作，無論他們曾經是貧困還是富有。

修道士和修女們另一項十分重要的工作就是抄寫書籍。當時，書籍十分珍貴，只有貴族才可以看到，因為那個時候活字印刷術還沒有發明，所以所有的書籍都是手抄的，承擔這個工作的就是那些會讀書寫字的修道士和修女們。

修道士們經常抄寫一些拉丁文和希臘文的古書。為了提高效率，經常有一個修道士慢慢地朗讀，其他幾個修道士再把聽到的內容抄寫下來。這樣一來，可以增加抄本的數量。

修道士們的手抄書非常奇特，因為它們不是寫在紙上，而是寫在用小牛皮或羊皮做的牛皮紙或羊皮紙上。這也是為什麼那些修道士的手抄本結實耐用，可以長久保存。

現在，我們可以在一些博物館和圖書館裡看到這些手抄本。它們製作得非常精美，上面繪有精緻的手繪畫，點綴花朵、藤蔓、小鳥等圖案，色彩豔麗，美妙絕倫。如果沒有這些珍貴的手抄本，我們將會失去很多珍貴的古書。為此，我們要感謝修道士和修女們的工作。

正在抄書的修女

那個時候的修道士們都是受過良好教育的人，他們有知識有見識，願意無償地把自己知道的一切知識都告訴世人。有時候，也會有旅人來到修道院裡，尋找住宿的地方。修道士們也歡迎他們來，所以修道院經常會成為旅人的臨時旅館，無論這些旅人是貧窮還是富有。

修道士們還有寫日記的習慣，這是一個好習慣，因為透過他們的日記，現在的人們才可以瞭解過去，知道在什麼時候發生什麼重大事件。這些修道士的古老日記，我們稱為編年記。

此外，修道士和修女經常接濟窮人和幫助有困難的人。那個時候的人們生病了，首先想到的就是到修道院去尋求醫治和照顧。這個時候，修道院就像是醫院。在修道院得到照顧和治療的人們在康復之後，會送給修道院很多貴重的禮物來表達感謝，這也就是為什麼修道士和修女雖然完全沒有自己的財產，但是修道院卻可以變得越來越富有的原因。

【藏寶箱裡的日記】——本篤會

大約在西元500年的時候，義大利有一個叫做本尼迪克特的修道士提出，作為一個信奉神的人，想要過著神聖的生活，一定要努力地工作，那是神規定的神聖生活中非常重要的一個環節。而且他認為，修道士要放棄所有的金錢，不能擁有自己的財產。為此，本尼迪克特組建一個被稱為本篤修道會的教會，並且制定三條規定，這三條規定至今仍然被一些教會所使用，它們是：

第一，作為修道士要遵守約定，不能擁有自己的財物。

第二，身為上帝的僕人，終生不得結婚。

第三，修道院院長是代表替身來管理修道士的人，對於他的命令要嚴格服從。

至今仍然有很多人是本篤修道會的成員，他們嚴格按照這三點要求生活。

西元500年

第 36 章：羅馬碎了

如果你問一個日爾曼人他害怕誰，他可能會說：「匈奴人！」

匈奴人生活在遙遠的東部森林，羅馬人和日爾曼人都不瞭解那裡。無論是羅馬人還是日爾曼人，都十分害怕匈奴人。在他們眼裡，這些從神秘的東方森林來的民族，凶猛可怕、殘忍凶暴。

正是為了迴避匈奴人，日爾曼人才會不斷地向羅馬帝國的領地侵略，他們的目的只是想要距離匈奴人越遠越好。

有一位匈奴首領叫做阿提拉，他曾經十分驕傲地說，只要是匈奴的馬蹄所到達的地方，一定會寸草不生。阿提拉曾經率領他的軍隊，把征服的土地都變成廢墟。他們從遙遠的東方一直不斷地向外擴張，就要打到巴黎。

面對凶悍的敵人，羅馬人與日爾曼人決定組成聯合軍隊，共同阻擋匈奴人前進的腳步。於是，匈奴人和羅馬與日爾曼聯軍在距離巴黎不遠的沙隆展開激烈的戰鬥，這就是歷史上十分著名的「沙隆之戰」。

這場戰爭打得十分慘烈，戰場上血流成河，到處都是戰士們的屍體，日爾曼人為了這場戰鬥，付出極其慘烈的代價，但是他們最終擊敗匈奴人。這一年是西元451年。日爾曼人與羅馬人的勝利非常重要，如果不是他們打敗匈奴人，匈奴人或許真的會征服全世界。

阿提拉帶領的匈奴人雖然在「沙隆之戰」中戰敗，但是匈奴人並沒有放棄這場戰爭，他們選擇繼續攻打。就這樣，匈奴大軍調轉方向，浩浩蕩蕩地向義大利攻過去。當羅馬帝國還強盛的時候，羅馬人就對匈奴人充滿畏懼，更何況這個日益衰敗的羅馬帝國？所以，一聽說匈奴人來了，羅馬人放棄抵抗。就這樣，匈奴大軍一路暢通地到達羅馬。

當時，人們相信羅馬帝國就此滅亡，但是奇蹟發生了。只是這個奇蹟發生的具體情況沒有人知道，我們現在只知道，當羅馬軍隊放棄抵抗的時候，當時的羅馬教皇利奧一世帶著他的紅衣主教們，穿著華麗的長袍與外套，不帶盔甲不拿武器，就像羔羊走向豺狼一樣走向阿提拉。

人們並不知道利奧一世教皇和阿提拉說些什麼，也許是阿提拉被利奧一世教皇說的教義所感化，也許只是阿提拉突然覺得無趣，無論如何，阿提拉不僅沒有傷害教皇，還帶領軍隊回到自己的家鄉。

阿提拉走了，羅馬人可以鬆一口氣。但是，劫後餘生的羅馬人來不及歡呼，汪達爾人又到了。原來，遠在非洲的汪達爾人覺得羅馬在經歷這麼多的戰亂之後一定元氣大傷，這正是進攻羅馬的最好機會，所以汪達爾人迅速地從非洲渡海而來。正如他們所想，那個時候的羅馬已經元氣大傷，再也無力抵抗。就這樣，這個被稱為「永恆之城」的羅馬，被汪達爾人洗劫一空。

到此為止，曾經雄踞一方的羅馬帝國終於徹底被打垮。羅馬帝國最後一位皇帝的名字和羅馬的第一任國王相同——羅穆路斯・奧古斯都，這個響亮的名字象徵羅馬帝國的興盛，現在又代表羅馬帝國的敗落。

羅馬帝國變得四分五裂，他就像一個泥娃娃掉到地上，摔成碎片。無論用什麼辦法，都沒有辦法把它黏好。羅馬帝國的西部地區被不同的日爾曼部族統治，君士坦丁堡以東的地區又繼續存在一千年左右，只是這個留存下來的羅馬帝國再也沒有昔日的輝煌，無法再像往日那樣繁榮。

羅馬帝國的滅亡，代表日爾曼民族開始成為歐洲人口的主體。他們分散到原本的羅馬帝國的各個地方，學習羅馬人的文化，包括他們的語言和宗教。

條條大道通羅馬的時代就此結束。因為羅馬不再是統一的國家，所以不同國家的人們不再像原來那樣頻繁地交流和溝通。這樣一來，不同地區人們的生活習慣和語言習慣慢慢地變得不同，例如：原本說著共同語言的人，發音開始變得不同，後來人們開始用不同的詞語來表達相同的意思。時間一長，就形成新的語言，例如：西班牙語、義大利語、法語。原來在羅馬帝國使用的古老拉丁文，現在也很少有人使用。居住在不列顛的盎格魯—撒克遜人原本有自己的語言，他們一直保持自己的傳統和語言，這就是我們都知道的英語。

盎格魯—撒克遜人原本不信仰基督教，他們有自己的宗教，這種情況直到羅馬帝國滅亡100年以後才被打破。事情是這樣的：

盎格魯—撒克遜人是日爾曼人的分支，所以他們也是金髮碧眼，英俊非凡。當時，有些盎格魯—撒克遜人被當作奴隸帶到羅馬的市場上。羅馬教皇看到這些英俊的奴隸以後，忍不住好奇，就問身邊的人，這些英俊的人是哪裡來的。

隨行的人告訴他，這些是盎格魯人。

因為在英文中盎格魯和天使的讀法非常相似，再加上盎格魯人俊美的面容，所以教皇聽到以後感歎地說：「這些盎格魯人如此英俊，應該是『天使』才對，希望他們可以成為基督徒。」

後來，一些羅馬的傳教士被派往英格蘭，他們把基督教傳給英國人，最後英國人也成為基督徒。

【藏寶箱裡的日記】——東羅馬帝國

在西元395年，羅馬帝國分裂為東西兩個部分，東羅馬帝國又繼續存在一千多年。現在，我們更喜歡將東羅馬帝國稱為「拜占庭帝國」，這個名字與一座城市有關。

古希臘有一座靠海的移民城市名叫拜占庭。後來，羅馬帝國皇帝君士坦丁大帝將拜占庭進行擴建，然後將羅馬首都遷到這裡。君士坦丁把這座城市的名字改為「君士坦丁堡」，別稱「新羅馬」。

西元476年，西羅馬帝國終於被日爾曼人摧毀，於是拜占庭帝國成為唯一的羅馬人帝國。雖然這裡的人們一直認為自己是純正的羅馬人，但是他們的語言和文化已經更多地加入希臘元素。

大約一千年以後，1453年5月，土耳其人攻佔君士坦丁堡，拜占庭帝國滅亡。

第 37 章：三個國王站一排

羅馬帝國雖然倒下去，但是以君士坦丁堡為都城的東部地區仍然在羅馬人的統治之下，這就是東羅馬帝國。統治這個帝國的是一個叫做查士丁尼的人，他是一名十分英明的君主，他做出很多英明的決定，美麗的聖索菲亞大教堂就是在他的命令下修建而成。當然，他的貢獻不僅是修建一座教堂這樣簡單，他最重要的貢獻之一是：糾正羅馬帝國時期一直存在的法律和規則繁多混雜的情況。

法律混雜是一件相當令人煩惱的事情，因為當一條法律要求人們要這樣做的時候，另一條法律卻告訴人們不能這樣做，所以人們根本不知道究竟怎麼辦才對。查士丁尼為他的人民制定一套法規，他的法律規範、系統、完善、公正、條理分明，有一些直到現在仍然還在使用。

查士丁尼還做出一件十分重要的事情：

那個時候，偶爾會有一些旅行者從遙遠的東方來到歐洲。查士丁尼從他們的口中，聽到一個十分神奇的故事。

這是一個與毛毛蟲有關的故事。在遙遠的東方有一個神秘的國度，那裡有一種神奇的毛毛蟲，它們可以用很長很細很精緻的線將自己纏繞起來，纏成一個繭。然後，人們把繭收集起來，再把它重新解開，清洗整理以後，用它織成光滑柔軟的布料。你們可以猜到這種毛毛蟲是什麼嗎？是的，就是蠶，那種線就是蠶絲，那種美麗的布料就是絲綢。現在，你大概也可以猜到，那個東方的神秘國度就是中國。

當歐洲人最初看到那些美麗的布料時，完全不知道它們是怎樣織成的。精美絕倫的布料，彷彿出自仙女或精靈的巧手。人們甚至認為，那一定是來自天堂的禮物。查士丁尼知道蠶的秘密以後就知道，原來這樣的布料他們也可以製作。於是，查士丁尼派人把蠶帶回歐洲，讓他的國民也學習用蠶絲紡織布料，所以歐洲才有華美的絲綢衣服，查士丁尼也成為歐洲絲綢製造的創始人。

在查士丁尼努力改善民眾的生活時，法國國王克洛維的身上也發生一些變化。還記得日爾曼人之中的一支——法蘭克人嗎？克洛維是這支日爾曼人的後裔，正是他把巴黎定為法國的都城。

克洛維非常寵愛他的妻子克洛蒂爾德。克洛蒂爾德不喜歡戰爭，當她聽說基督教不提倡戰爭時，就成為一名基督徒。之後，她一直勸說克洛維，並且告訴他：人民很熱衷於殘酷戰爭，是一件錯誤的事情，她希望自己的丈夫可以改變這種狀況，並且和她一起成為基督徒。

克洛維原本和大多數日爾曼人一樣信奉奧丁和索爾，當時他正在準備打一場仗，讓作為基督徒的妻子十分不滿。但是，他為了不讓妻子更難過，就對她說：「如果我可以打贏這場戰爭，就做基督徒。」

最後，這場戰爭以克洛維的勝利告終，他認為這是受到耶穌的庇佑，於是他遵守諾言，接受洗禮成為一名基督徒，和他一起接受洗禮的，還有他的士兵們。

同一個時期，統治英格蘭盎格魯—撒克遜人的國王是一名叫做亞瑟的人，他的傳奇多得數不勝數，但是很多記述亞瑟王事蹟的故事和詩歌都是神話，就像特洛伊戰爭的英雄故事一樣。

雖然許多關於亞瑟的故事大多是虛構的，但是它們卻鮮活生動、十分有趣。相傳，亞瑟原本並不是國王，只是一個普通的青年。但是，他後來因為一把寶劍而成為英國國王。

這把寶劍叫做艾克斯蓋萊勒，它被稱為王者之劍。據說，只有真正的國王才可以把它從石頭裡拔出來。很多貴族為了當國王都努力地嘗試去拔劍，但是王者之劍卻彷彿生根一樣，無論是誰用什麼辦法，都無法把它拔出來。最後，亞瑟來到王者之劍面前。這位年輕的男孩，竟然不費吹灰之力，就將寶劍拔出來。於是，年輕的亞瑟就成為英格蘭的國王。

當上國王的亞瑟，選出一些和他志同道合的貴族同伴一起治理國家。為了表示對同伴的尊重，亞瑟王和他們坐在一個圓桌前討論國事，這是為了表示這裡人人平等，沒有高低貴賤之分。這些貴族就是在亞瑟王的傳說中活躍的圓桌騎士。如果你對他們的故事感興趣，我建議你閱讀英國詩人丁尼生寫的長詩《國王敘事詩》，這首詩就是在講述亞瑟王和他的圓桌騎士的故事。

【藏寶箱裡的日記】——亞瑟王

亞瑟王或許是英格蘭最具傳奇色彩的國王，相信有很多人都聽過他與他的圓桌騎士近乎神話一樣的傳奇故事。但是，亞瑟王似乎總是活在傳說和民間故事裡，人們不知道他是不是真的存在過。也許他只是某一位小說家創造出來的角色？我們不知道。我們只知道「亞瑟」的名字第一次出現，是在一本名叫《布靈頓人的歷史》的書中。

這本書是在西元800年左右，由威爾斯的修士編寫而成。在這本書裡，描述羅馬帝國崩潰以後，亞瑟帶著他的圓桌騎士統一英格蘭，並且將英格蘭建成歐

西元600年

洲重要國家的故事。

亞瑟王選擇在圓桌上與騎士們聚會商談，是因為圓桌象徵友愛與平等。但是實際上，圓桌上也有爭執，騎士們也會組成派系，相互攻擊。

第七篇：三百年沒有「亮光」的地方

——黑暗的中世紀歐洲

第 38 章：不會寫字的皇帝

有這樣一句話：「歐洲曾經在黑暗之中度過300年。」你不要誤會，這句話的意思不是說歐洲有300年見不到太陽，而是說歐洲經過300年愚昧無知、與世隔絕的時代。當時，整個歐洲社會都是處於停滯狀態。如果說只有智慧才可以啟迪人類，當時的歐洲並沒有可以帶他們走出黑暗的智者。

終於，到了西元800年，歐洲的命運被一個人的出現改變。他不是傳播智慧的哲學家，而是一個國王。正是他，憑藉自己的能力和權勢，統一四分五裂的歐洲——一個新的羅馬帝國誕生了。但是，這個國王並不是羅馬人，而是一個法國人。因為法國人是日爾曼部落的一個分支，所以我們可以說，因為羅馬帝國崩潰而四分五裂的歐洲，最終由日爾曼人再次統一。

這位法國國王的祖父，世人稱為「鐵錘查理」。鐵錘查理曾經帶領法國軍隊在圖爾擊退敵人，他的孫子——就是我們這個故事中的主角，也叫做查理。他的法語名字叫做查理曼，這個名字在法語中是「查理大帝」的意思，查理曼繼承祖父的榮耀。

起初，查理曼只是法國的國王，但是小小的法國裝不下他的野心。於是，他像其他所有創造偉大功績的國王一樣，發動許多征服戰爭。查理曼在位14年，總共發動50多場戰爭。他的戰車為他奪下許多國家和地區，最終大半個歐洲都在他的控制之下，其中包括西班牙和德國的一些地方。

在德國有一個名叫亞琛的城市，查理曼很喜歡這裡，因為這裡有許多溫泉。它們可以讓查理曼全身放鬆地泡著舒服的熱水澡，而且他高超的游泳技術也可以在這裡得到充分的發揮。所以查理曼就將他的都城建在亞琛。

當時，義大利北部有些部落經常與義大利的管理者教皇發生摩擦。教皇覺得非常無奈，於是就把查理曼找來。教皇問查理曼：「你願意南下征服這些部落嗎？」

查理曼怎麼可能不願意？對他來說，這是一件千載難逢的好事。查理曼立刻就答應教皇。接著，他發兵南下，輕易就把那些不安分的部落解決了。教皇看到查理曼的慷慨援助，感激萬分，他決定要回報查理曼對他的幫助。為此，他準備一件神秘的禮物。

那是西元800年的耶誕節，查理曼來到羅馬的聖彼得大教堂，聖彼得大教堂是聖彼得受難的地方。當時，來自世界各地的基督徒都會來到這座大教堂祈禱。羅馬城也因為這些教徒的到來，顯得非常熱鬧。

那一天，查理曼正在大教堂裡祈禱。突然，教皇出現在祭壇前。他的手裡舉著一頂耀眼的王冠，向查理曼走來。當他走到查理曼身前，就將這頂王冠戴在他的頭上。

如果你認為教皇只是送給查理曼一頂漂亮的王冠，那就錯了。在當時，教皇掌握無上的權力，他的權力大到可以任命國王和皇帝。所以，當教皇把王冠戴到查理曼的頭上時，這樣就表示，教皇任命查理曼為皇帝。就這樣，查理曼成為他所統治的所有國家的皇帝，教皇酬謝查理曼援助的「禮物」相當貴重。

查理曼雖然當上皇帝，但是他卻是一個不識字的皇帝，或許他當時認識的字沒有比你多。但是，那個時代的人們大多沒有機會接受教育，不會讀書寫字是很普遍的現象。但是，既然當上皇帝，查理曼就必須要讓自己變得更出色。更何況，他對知識有強烈的渴望，他想要瞭解自己不知道的一切。所以，他現在需要一個老師。

可是，誰可以當他的老師？查理曼想了很久，也沒有想到他的國家裡有誰才智過人可以教導他，但是在英格蘭或許有。

英格蘭有一個教士，叫做阿爾昆。據說，他的智慧超過所有北歐人。於是，查理曼將阿爾昆從英格蘭請到他的國家。阿爾昆就像一座燈塔，用他淵博的知識引導人們走向智慧。他向查理曼和他的子民傳授基督教文學、拉丁語、希臘語，挽救在歐洲綿延數年的戰火中倖存下來的拉丁語和希臘語。

學習這些知識對查理曼來說是一件輕易的事情，閱讀對他而言非常簡單，但是說到寫字，查理曼卻很煩惱。不知道你在學習寫字的時候是不是也遇到和查理曼一樣的難題，我不知道你有什麼方法解決這個難題，但是查理曼為了學會寫字，就把寫字本放在枕頭下。他每天一睡醒，就從枕頭下拿出寫字本，練習寫字。查理曼是一個勤奮的好學生，可是最後他還是只會寫自己的名字，其他的字一個也不會。

查理曼開始學習的時候，已經是一個成年人。如果你和他同班，他會是你們班上年紀最大的學生。但是，他一生都沒有停下學習的腳步。查理曼為了不讓所有的法國孩子都像他這樣錯過重要的早年學習，頒布一道命令，規定每個修道院都要開辦一所學校。當然，他自己的宮殿裡也建有一座學校。

當你在家的時候，父母或許會讓你學習做一些簡單的家務，例如：掃地、做飯、整理房間。你有時候會覺得不耐煩，總是想要逃避？看看查理曼的女兒們是怎麼做的：

查理曼是尊貴的皇帝，他的女兒們都是高貴的公主。但是，查理曼的公主們卻要像普通人家的女人們一樣，織布、縫紉、做衣服、煮飯。因為查理曼說，想要養活自己，只有依靠工作才可以。你看，連公主都要做事，學習基本的生活技能是一件十分重要的事情。

我們曾經看到有些國王一頓飯會擺上許多美味食物，即使他們根本吃不完，他們也會用最昂貴的絲綢給自己做衣裳，但是查理曼不這樣做。這個統治龐大土地的皇帝十分節儉，吃的是粗茶淡飯不說，就連穿的衣服也是十分樸素。

不會寫字的查里曼大帝

有一次，他為了讓那些大臣們知道每天穿著綾羅絲綢是一件多麼幼稚可笑的事情，故意在暴風雨來臨的時刻帶他們去打獵。在森林裡，暴風雨來了，大臣們華美的衣服被雨水打濕，被荊棘劃破，絲綢長袍上沾滿泥土，狼狽至極。

雖然查理曼吃穿都很儉樸，但是他和其他喜歡建造華麗宮殿的皇帝一樣，也喜歡把自己的宮殿建造得富麗堂皇。

查理曼的宮殿外面有美麗的花園環繞四周，那裡長年開著嬌豔的鮮花，宮殿內部有專門的游泳池和劇院，可以讓查理曼閒暇時消遣。由於熱愛學習，在宮殿裡建造一座圖書館對於查理曼來說，當然也必不可少。查理曼宮殿裡的傢俱也是華麗精緻，甚至桌椅都是用金銀來打造。

查理曼去世之後，羅馬帝國再一次四分五裂，沒有人可以將它統一起來。

在查理曼生活的年代，遙遠的巴格達有一個哈里發，名叫哈倫。哈倫是偉大的領袖，因為他處事公正，所以人們稱他為「指引正道者」，意思是：他是一個「公正的人」。

哈倫曾經送給查理曼很多珍貴的禮物，其中包括鐘錶和大象。或許你會說：「鐘錶？多麼平常啊！」可是你不要忘記，發明鐘錶的是阿拉伯人，但是當時的歐洲，人們還是依據日晷和沙漏來判斷時間，所以當時很多歐洲人都沒有看過鐘錶。可想而知，這個鐘錶讓法國人覺得非常新奇。至於大象，它也是震驚法國，因為他們從來沒有看過這麼大的動物。

哈倫經常打扮成普通人的模樣，走到平民之中。他為什麼要這樣做？因為他發現，當他穿著普通，把自己打扮成平民的模樣時，人們與他聊天的時候會顯得更輕鬆，自己也可以聽到一些很中肯的意見或建議。所以，哈倫經常喬裝來到大街上和市場上，盡可能和人們聊天。透過這樣的方法，他瞭解到人民的具體需要，然後他根據這些意見來改革國家的管理方式。

【藏寶箱裡的日記】——神斷法

查理曼是一個熱愛知識的明智皇帝，但是他在一件事情上卻有些迷信：他相信「神斷法」。

這是一種源於尼布甲尼撒時代的判決方法。相傳，在尼布甲尼撒的時代，如果一個人沒有犯罪，即使從熾熱的熔爐中走過，也會毫髮無傷。

在查理曼時期，人們用「神斷法」來判斷一個人是否偷竊和殺人，或是犯下其他的罪行，而不是透過法庭來判決。

當人們無法確定一個人是不是有罪時，就會讓犯罪嫌疑人把手臂放進滾燙的水裡，或是讓他赤腳從滾燙的鐵塊或煤炭上走過。人們認為，如果這個人沒有犯罪，他一定不會受傷，或是即使受傷也會很快痊癒。當然，這種判決方法在現在看來非常荒謬，而且完全不公平。但是在那個時代，人們卻相信這是非常公正的判決方法，查理曼也不例外，他對神斷法堅信不疑。

如今，判斷一個人是否有罪，不會再用這樣殘酷不公平的手段，但是當某個人遭受各種身心磨難時，我們會說：「他在經歷神斷法。」

第 39 章：甦醒的英國人

接著我們要來說說英國。現在的英國是一個聯合國家，在世界上佔據重要的地位。每天的電視新聞裡，一定會有一些關於英國的消息。但是，在很久很久以前，英格蘭只是一個微不足道的小島。誰會想到，這個不起眼的島國，最後竟然可以成為世界霸主？

以下我們要說的故事，發生在查理曼大帝去世以後大約100年左右，也就是西元900年。那個時候，英格蘭的國王名叫阿爾弗雷德。

阿爾弗雷德小時候很喜歡書本。那個時候，大部分的書都是由修道士一筆一畫抄寫而成。他們用鮮豔美麗的顏色，將字母和書中的圖畫描繪得異常美麗。這些漂亮的書深深吸引阿爾弗雷德。但是，阿爾弗雷德雖然喜歡書，但是他卻不喜歡讀書，因此他總是無心學習。當你根本不喜歡一件事情的時候，例如：數學，想要讓你學會它，就像吃藥一樣痛苦。

有一天，阿爾弗雷德的母親拿著一本漂亮的書來到孩子們面前。這本書非常好看，裡面的字線與圖畫都用金色描繪而成，阿爾弗雷德看到以後非常喜歡。這個時候，母親對孩子們說：「我想要把這本書送給你們，但是我只有一本，所以如果有誰可以先讀懂它，我就送給誰。」

阿爾弗雷德聽到以後，立刻精神百倍。在他看來，這就是一場比賽，只有自己勝利才可以得到書。於是，他開始努力學習。這是阿爾弗雷德第一次認真地學習，他的專注與努力很快就有效果。他用最短的時間，就領悟書的內容，因此贏得這本書。

我們之前說過，英格蘭人是日爾曼人之中的一個分支。他們有一支同胞，就是丹麥人。可是英格蘭人與他們的丹麥同胞關係並不融洽。

英國被北海、英吉利海峽、凱爾特海、愛爾蘭海、大西洋環繞，是一個海中央的國家。丹麥人經常從自己的國家越洋過來，登上英格蘭的海岸，掠奪城鎮上的財物，只要是可以帶走的值錢東西，他們都會搶走，帶回丹麥。這很像翻過農夫籬笆牆的壞孩子，他們跑到別人的田裡，偷走別人的果實。這些丹麥人越來越猖狂，他們偷走英國人的東西之後並不急著逃走，反而住上幾天，在城鎮裡大吃大喝。英國人把這些乘船來搶劫的丹麥人稱為海盜。

為了對付這些海盜，英格蘭的軍隊出兵征討。可是，他們不僅無法成功地教訓這些為所欲為的海盜，反而成為海盜的手下敗將。看起來，如果英格蘭人再不力圖振作，丹麥人或許會一鼓作氣征服英格蘭，成為英格蘭新的統治者。

在阿爾弗雷德成年以後，他曾經有一次親自帶著士兵迎戰丹麥。但是，國王的親自指揮並沒有給英國士兵增加多少好運，他們再一次敗在丹麥人手中。不僅如此，阿爾弗雷德的軍隊全軍覆沒。除了阿爾弗雷德自己，與他一起戰鬥的士兵沒有一個逃出來。

失敗的國王拖著疲憊的身體，一個人孤獨地向前走去。這個時候，他看到一個牧羊人的小屋，又餓又渴的阿爾弗雷德想要從牧羊人那裡要些東西吃。阿爾弗雷德推開牧羊人的小屋，他看到女主人正在烤蛋糕，香味瀰漫在空氣裡，使得阿爾弗雷德口水直流。於是，他開口請求女主人，分給他一些食物。

女主人看著衣裳襤褸的阿爾弗雷德，並沒有認出那是高貴的國王，於是開口說：「我現在要去擠牛奶，如果你可以幫我看火，我就把烤好的蛋糕送給你。」這是一個合理的交易，阿爾弗雷德答應了。

可是，阿爾弗雷德在爐火旁坐下之後，就開始思考如何與丹麥人作戰。他想得太認真，認真得忘記饑餓，也忘記爐火上的蛋糕。結果當然可想而知，蛋糕烤焦了。牧羊人的妻子回來以後，非常生氣。她大聲地責備阿爾弗雷德，然後毫不留情地將他趕走。就這樣，英國國王被趕出屋子。

為了可以打贏丹麥人，阿爾弗雷德思考很久。最後他認為，只有依靠水戰，才可以徹底打敗丹麥人。於是，他開始建造屬於自己的戰船。一段時間之後，他擁有一支強大的艦隊。這支艦隊裡的戰艦，比丹麥人的更好更大。

只是戰艦太大了，當它們在淺水航行的時候，水的浮力根本沒有辦法托起戰艦的巨大重量。因此，它們在淺水中的時候，就像一隻笨拙的大象一般行動遲緩，不小心還有擱淺的危險。丹麥人的小船在淺水中，卻可以靈活自如地活動，但是一到深水區，丹麥人的小船立刻失去威風。深水穩穩地托舉阿爾弗雷德的巨大戰艦，它們表現出極大的優勢，發揮巨大的威力。它們的威力究竟有多大？我這樣跟你們說吧！這支海軍是英格蘭歷史上的第一支海軍。在以後的很長時間內，英格蘭的海軍都是海上世界的霸主。

在與丹麥人相持多年之後，英國人與丹麥人的衝突始終沒有得到解決。阿爾弗雷德認為，既然武力無法解決問題，就與丹麥人定下協議，雙方共同遵守，或許是解決問題的最好方法。於是，阿爾弗雷德向丹麥人承諾，英格蘭會給他們撥出一塊土地居住，前提是丹麥人願意老實地過日子，從此不偷也不搶。

這樣的提議顯然不錯，丹麥人接受阿爾弗雷德提出的協議。從此以後，丹麥人就在阿爾弗雷德給他們的土地上平靜地生活。後來，丹麥人逐漸融入英國社會，丹麥的女人嫁給英國的男人，英國也有女人嫁到丹麥，最終英格蘭人和丹麥人變成同一個民族。現在，人們再也不知道，哪些人的祖先是丹麥人，哪些人的祖先是英格蘭人。

阿爾弗雷德是一個公正嚴厲、賞罰分明的國王。他在統治期間，制定非常嚴格的律法，對犯罪的人進行十分嚴厲的懲罰。正是因為這些嚴厲律法的施行，當時英格蘭的治安很好。與此同時，阿爾弗雷德也非常注重教育。他仿效查理曼大帝，在宮廷內建立學校，讓孩子和不識字的成年人在這裡接受教育。

阿爾弗雷德在位期間，做的事情不只這些，他發明一些實用的東西，用來計時的蠟燭鐘就是他的發明。之前曾經說過，一百年以前，人們看到哈倫送給查理曼大帝的鐘錶時，都感到非常驚訝，因為當時歐洲並不像現在一樣，幾乎每個人家裡都有鐘錶。阿拉伯人的鐘錶令歐洲人吃驚，阿爾弗雷德創造性的發明也受到英格蘭人民的廣泛追捧。

阿爾弗雷德發現蠟燭在燃燒的時候速度基本相同，為什麼不依據蠟燭燃燒的長度來計算時間？於是，他仔細地觀察蠟燭的燃燒，蠟燭每燃燒一小時，他就在上面做記號，這樣一來，就變成「蠟燭鐘」。在玻璃比較缺少的年代，為了避免蠟燭被風吹滅，阿爾弗雷德想出一個很巧妙的方法，就是把蠟燭放在一個由牛角片做成的小盒子裡。這樣一來，既可以透光，也不會被風吹滅。

和現在這些尖端的發明與高科技比起來，阿爾弗雷德的這些發明實在算不上什麼。可是，在那個時候卻很傑出，因為當時的英國人和歐洲其他的日爾曼部落，在文明程度上與阿拉伯的先進技術相比，頂多算是一個剛接受啟蒙的孩子。

【藏寶箱裡的日記】——童話大師安徒生

丹麥除了海盜以外，還有童話。你一定已經想到——童話大師安徒生。

1805年4月2日，丹麥菲英島奧登斯的貧民區裡出生一個男孩。他受到父親和民間口頭文學影響，很小就喜歡文學。但是，他後來愛上舞台，曾經想要成為一名演員。

這個男孩14歲的時候，來到首都哥本哈根。1822年，這個男孩將一部叫做《阿芙索爾》的劇本給幾位評論家送過去，這是他自己寫的劇本。雖然它很不成熟，韻律不齊，語法錯誤，而且他的這個舉動顯得很冒失。但是，正是這個冒失的舉動，讓全世界認識這個男孩的才華。

於是，皇家藝術劇院決定將他送進史蘭格塞文法學校和赫爾辛格學校免費就讀。5年以後，男孩升入哥本哈根大學，但是畢業以後他卻始終沒有找工作，一直依靠撰寫童話賺取稿費維持生活。

他一生堅持不懈地進行創作，總共寫下168篇童話和故事，他的作品被譯成150多種語言和文字，他的童話作品充滿詩意美和幽默，將許多美麗夢想送進人們心裡。人們記住這位世界童話之王的名字——安徒生。

童話大師安徒生

第 40 章：都是城堡的地方

你一定喜歡這樣的童話結尾：從此，公主和王子在城堡裡過著幸福的生活。童話裡的王子和公主生活在城堡裡，現實中的王子與公主也生活在城堡裡，只是現實裡城堡中發生的故事，或許沒有童話裡的那樣美麗動人。

在羅馬帝國覆滅之後，人們開始在破碎的國家領土上修建城堡。在接下來的幾個世紀裡，人們都在不斷地修建這種高大堅實的建築，一直到十四世紀，這種行為才逐漸停止。那個時候，城堡幾乎已經遍及歐洲的每個角落。人們在那裡居住，城堡就是他們的家。同時，那裡也是抵禦外敵的堅固堡壘。

或許你會問，那個時候的人們為什麼想要修建城堡？他們是如何建造這些宏偉建築？這要從西元476年羅馬帝國的崩潰開始說起。

強盛一時的羅馬帝國變得四分五裂，人們就像看見一塊沒有主人的美味蛋糕，誰都想要分一塊。於是，這片土地上又燃起戰火。人們在不斷地進行戰爭，當一個實力強大的國王或親王戰勝敵人之後，就會得到大量土地與財富。這些人在勝利以後，並沒有忘記犒賞與自己並肩作戰的部下。於是，他們從所獲得的財富中分出一部分給部下作為獎勵。這個時候，土地成為最好的獎品。

國王或親王將征服的土地分給部下，這樣一來，得到土地的人們就成為這個地區的領主。有時候，這些領主又會將這些土地分成幾份，分給自己的屬下。我們有一個專有名詞來形容這種土地分配制度——封建制度。

這是歷史上很重要的一種制度，所以我希望你可以把這個詞語牢牢記在心裡。

我們把得到土地的人們稱為領主或貴族，誰分給他們土地，領主或貴族就必須對誰效忠。他們每年都要來到國王和親王或是其他貴族那裡，跪在他們面前，鄭重宣誓：他們將會忠於自己的領主，隨時準備為領主效命，這就是著名的「宣誓效忠」。

現在，領主或貴族擁有自己的土地，但是總有其他領主或貴族想要從他們手裡把領土奪過去，所以領主或貴族要想辦法保護自己的土地，於是城堡就這樣被修建起來。

如果你要到一座城堡，一定要準備一雙品質不錯的鞋子，因為城堡通常都建在山頂上，你要花費很長的時間才可以到達那裡。人們之所以選擇山頂而不是平坦的地方來建造他們的城堡，是因為這樣的地方易守難攻，城堡裡的人可以更好地進行防禦。

在城堡外面，通常有一條河，它也對城堡產生很好的保護作用。這條河叫做護城河，如果敵人想要通過護城河，城堡裡的人就會用石頭砸他們，或是用瀝青潑他們。但是實際上，敵人很難通過護城河，雖然在護城河上有一座吊橋可以通往城堡的入口，但是只要敵人來了，這座吊橋就會收起來。即使有時候人們來不及收起吊橋，也不用擔心，在城

城堡、吊橋、護城河、騎士

堡的入口處有一道堅固的鐵閘門，戰爭到來的時候它就會被關閉，這樣一來，敵人就無法進入城堡。

或許你會問，難道除了這個入口之外，就沒有其他入口嗎？敵人會不會從這些入口進入城堡？當然不會。首先，這些城堡用堅硬的石頭建造。那些厚實的城牆通常有3公尺厚，外面的人幾乎不可能在這些厚實的城牆上開洞。此外，城堡的牆上也沒有窗戶，只有一些又細又長的縫，敵人根本無法從這裡鑽進去。城堡裡的戰士們可以從縫裡向敵人射箭，敵人想要把箭射進這樣的細縫裡實在很困難。

要攻打這樣的城堡，真的很不容易，但是想要奪取土地的人不會這樣輕易放棄，仍然有很多人為了土地和財富，樂此不疲地攻打城堡。為了把箭射進高大的城牆，他們會修建帶有輪子的高大箭樓向城堡裡射箭。為了避開護城河來到城牆下，他們會在城堡下方修築地道。為了搗毀城堡堅實的城牆，他們會給自己配置堅硬的破城槌。為了打擊城堡內部的士兵，他們還會用投石器將石頭扔進城牆內。為什麼不用大炮？因為那個時候大炮還沒有發明。

除了防禦的功能以外，城堡還是人們生活的地方。在沒有敵人進攻的時候，城堡裡的男人們會到城堡外的土地上耕種，土地上產出的糧食是城堡日常的食物來源。而且，通常人們會將一部分糧食儲備起來，如果戰爭爆發，人們就會帶著自己的糧食、牲畜、財產，躲到堅固的城堡中，等待戰爭結束。這樣一來，即使戰爭進行一年半載也沒有關係，因為他們有足夠的糧食。所以，為了可以在戰爭開始的時候，容納足夠多的居民、糧食、牲畜，城堡通常都會被修建得十分巨大。如果你進去就會發現，它簡直就是一座用城牆圍起來的小城鎮。

城堡裡有很多小屋子，這些屋子有些用來住人，有些用來養牲畜，有些被當作廚房和儲存室。有些城堡裡還建有教堂和禮拜堂。城堡裡有一個叫做「要塞」的地方，它是整個城堡裡最大最好最堅固的房子，領主就住在裡面。以下我們就來看看，領土的房間長得什麼模樣。讓我們先到他的大廳去看看。

大廳是要塞裡最主要的地方，人們在這裡吃飯。吃飯的時候，人們用木板搭建又長又寬的桌子，在用餐結束以後再將木板收起。這樣一來，餐廳就會變成客廳，領主可以在這裡會見客人。

當時的人們用餐禮儀很差，在他們的餐桌上看不到任何餐具，人們直接用手抓飯。吃完以後，他們舔著手指，或是把髒手放在衣服上蹭著。一頓飯吃完，地上都是骨頭和食物的殘渣。狗會在人們用餐的時候跑進餐廳，啃食人們隨手扔在地上的東西。有時候，僕人會在晚餐以後給一些想要洗手的人送來水和毛巾，只是不知道他們會不會清洗地板。

晚飯以後，是人們的休閒時光。一家人在飯後聚在一起，聆聽吟遊詩人在星光下唱歌。你們還記得吟遊詩人嗎？我們曾經說過荷馬是非常著名的吟遊詩人。不僅古希臘時期有吟遊詩人，在中世紀也有很多。他們此時依然到處流浪，彈琴唱歌給人說故事，同時賺錢養活自己。

女人在城堡內主要從事一些日常事務，她們負責做飯、紡線、織布，同時還要監督和安排僕人的工作，幫助照看牲畜，非常忙碌。當戰爭爆發男人在外打仗時，種植糧食養家糊口的重任就落到女人身上。很多時候，城堡裡的女人因為戰爭失去丈夫，成為寡婦。此時，她們就要承擔家裡的全部工作。

領主和他的家人十分富有，在城堡裡過著上等人的生活。但是，他們往往都很吝嗇，不願意給平民提供更多的回報。城堡裡的平民生活在領主租給他們的土地上，付給領主大量的賦稅，如果戰爭爆發，他們還要無償為領主打仗。

這些可憐的人辛苦耕種一年，卻要將收穫的大部分糧食奉獻給領主，養活領主和他的家人，他們卻住在破爛的小木屋裡，睡在稻草上，穿著同一套衣服工作和睡覺。

他們是領主的農奴，有些農奴不堪折磨會選擇逃跑，如果他可以躲過追捕一年零一天，他將會獲得自由，但是成功的人很少很少。大多數逃跑的農奴都會被抓回去，他們面對的是極其殘酷的刑法：鞭打和烙鐵或是砍斷雙手。總之，在那個時代，領主掌握自己農奴的生殺大權，他們可以對自己的農奴為所欲為。

【藏寶箱裡的日記】——溫莎城堡

現在，大多數城堡都變成博物館和觀光景點對遊客開放，例如：溫莎城堡。如果你有興趣去那裡參觀，最好先瞭解一些關於它的歷史。

溫莎城堡是英國王室的行宮之一，你必須坐車到倫敦西方32公里的溫莎鎮上才可以看到它。這座城堡的歷史可以追溯到十一世紀，當時的英國國王威廉一世在倫敦郊區建造9座大型城堡，溫莎城堡就是其中最大的一座。西元1110年，英國國王亨利一世在這裡舉行朝覲儀式以後，溫莎城堡正式成為宮廷活動場所。

英國著名的溫莎城堡

城堡分為東西兩大部分，東面是王室成員的住宅，那裡餐廳、畫室、舞廳、覲見廳、客廳一應俱全。如果你從泰晤士河登岸進入溫莎城堡，就會來到西面，這裡有著名的聖喬治教堂。王室會在教堂內廳舉行宗教儀式，而且英國的最高榮銜嘉德騎士勳章的獲得者，每年都要在這裡朝覲國王。

除了聖喬治教堂以外，亞伯特教堂也是十分重要的地方。教堂內設有亞伯特親王紀念塔，亞伯特親王是維多利亞女王的丈夫。其實，亞伯特教堂所在地原本要作為亨利七世的墓地，但是維多利亞女王把這裡建成安放亞伯特親王遺體的墓地。實際上，18世紀以後，英國歷代君主的陵墓都在溫莎城堡裡。

第 41 章：騎士修煉闖關記

我一說到騎士，男孩們或許要興奮起來。我知道，你們之中有很多人曾經幻想當一名英勇的騎士，穿著威武的鎧甲，舉著鋒利的寶劍，與強大的敵人作戰。但是，騎士不是誰都可以當。想要成為一名合格而出色的騎士，必須經歷許多考驗。以下，我就來給你們講述怎樣才可以成為一名合格的騎士。

在中世紀，有一個時代叫做「騎士時代」，也就是我們在上一節裡說到的那個時代。實際上，騎士時代也是紳士與淑女的時代。這些紳士和淑女，其實就是領主和他們的家人。但是，紳士與淑女只是少數人，大多數人都是平民。

當時的平民不像我們現在這樣擁有許多權利，當時平民的權利比我們少很多。當時的平民不上學，不是因為他們不想上學，而是因為平民必須不斷地工作。除此之外，他們什麼也不能做。

但是，如果一個人幸運地出生在領主家庭，情況就會完全不一樣。領主的兒子們要接受嚴格的教育，但是他們每天的學習內容，只是學習如何做一個紳士以及如何成為一個優秀將領，讀書寫字根本不是他們感興趣的事情。

在當時，幾乎所有領主的兒子都有相同的成長經歷：7歲之前，他們跟隨母親生活。到了7歲那年，他們就要做貴族跟班，我們也可以稱他們為侍童。這個時候，他要給城堡裡的女士們做些雜務，例如：送信、跑腿、伺候她們用餐……但是，只做好這些還遠遠不夠。他們在侍奉女士們的同時，還要學習騎馬，學會各種禮儀，以便使自己將來可以成為一個勇敢有禮貌的人。

例如：他們要學習遇到女士的時候，有禮貌地表達自己的友善——當一位紳士遇到一位女士時，要脫下頭盔以示友善。這個動作其實向女士傳達這樣的資訊：「我相信你，在你面前，我不需要保護自己。」現在，男士見到女士之後脫帽行禮的習慣，就是來自這裡。

侍童的生活要一直持續到他們14歲才會結束。到了14歲，他將會成為一名侍從。侍從也要做7年，直到21歲的來臨。侍童要服侍城堡裡的女士，侍從則要服侍城堡裡的紳士們，照料他們的馬匹，跟隨他們到戰場上為他們做後勤——是的，侍從到戰場上並不是為了去打仗，而是為紳士們準備備用馬匹和武器。

當侍從的時期對一個男孩來說十分重要，因為他在這個時期的表現，決定他能不能在21歲的時候參加一個十分重要的儀式。這個儀式很神聖，只有表現優秀的侍從才有資格參加。但是，他們在參加儀式之前，還有一件很重要的事情要做。你一定想不到是什麼事情——洗澡。

貴婦與獵隼

為什麼洗澡如此重要？因為那個時候的人們很少洗澡，

有些人幾年也不洗一次。所以，洗澡對那個時候的人們而言，意義非同一般。

洗過澡的男孩們還需要在教堂裡做一夜的禱告。禱告之後，他要站在眾人面前莊嚴宣誓。他們發誓，終其一生都要勇敢善良、保護弱小、尊重女性……

宣誓完成之後，領主來到他的身前，親自在他的腰間繫上一根白色的皮帶。同時，領主讓人在男孩的靴子上繫上金色的馬刺。接著，男孩要跪下來。此時，領主抽出一把寶劍，用劍背拍打他的肩膀，大聲宣布：這個男孩從今天開始被冊封為騎士。

到此，一個真正的騎士誕生了。

當騎士走上戰場時，頭戴鋼盔，身著盔甲，全副武裝。他們的盔甲用鐵環和鋼板製成，堅硬無比，可以抵擋敵人鋒利的箭和矛。他們的戰袍上通常會有一些標記，例如：盾形紋章。這些標記是怎麼來的？

騎士們在打仗的時候被盔甲裹得密不透風，因此他們通常分不清站在自己前面的究竟是敵人還是戰友。所以，為了把自己人和敵人區分，他們就在盔甲上做標記。現在你如果有機會看見騎士的戰袍，會在上面發現一些獅子、玫瑰、十字架之類的圖案，現在你知道，他們不僅是裝飾物，還是標記。不同的圖案代表不同的軍隊。

不同的國家都會有不同的比賽或是運動，人們在鍛鍊身體的同時，享受比賽帶給人的快樂。就像希臘人有奧林匹亞運動會，羅馬人有戰車和角鬥士比賽，騎士通常會舉辦比武大會。

騎士們的比武，不跑步，不跳高，也不像摔跤手那樣用拳腳解決問題，他們用屬於騎士的方式來比武。

騎士們比武的場地是一個長方形。雙方騎在馬上，手中舉著長矛，身披鎧甲，全副武裝地站在比武場地的兩端。不要擔心，這些長矛的尖端都已經用東西包住，它們不會讓比賽的騎士們受傷。

比賽開始了，雙方騎著馬從賽場的兩端同時開始出發。他們舉著長矛，飛快地向對方衝過去，近了近了，他們的長矛瞄準對手……隨著兩個騎士的長矛相接，比賽進入高潮。觀眾們吹著喇叭，喊著自己支持的騎士的名字，氣氛非常熱鬧。在比賽中，先從馬上跌下來的一方就是輸家，勝利者將與另一輪比賽中的贏家繼續比武。

騎士們一路過關斬將，如果有誰可以戰勝參加比賽的所有人，他就是冠軍。冠軍贏到的獎品很特殊——一位女士親手製作的緞帶。這條緞帶的意義完全不比溫布頓網球公開賽的冠軍獎盃低。

除了比武大會之外，騎士們也非常喜歡打獵。這項運動不是騎士們的專屬，很多女士也很喜歡這項運動！

騎士們在打獵的時候會帶著獵狗，有時候也會帶著受過訓練的獵鷹。獵鷹主要用來捕抓各種鳥類，騎士們先在獵鷹的頭上蒙一塊布，然後將獵鷹拴在他們的手腕上。當空中出現他們中意的鳥類以後，他們拿掉獵鷹的頭套，解開它的鏈子。獵鷹是一種十分凶猛的鳥，它們的速度很快，行動很敏捷。當它把獵物帶回來以後，騎士們會重新把頭套戴到它的頭上。這些獵鷹捕獵的本領不比獵犬差，它們除了可以捕捉到鳥之外，捕捉其他小動物也是手到擒來。但是，對於英勇的騎士們而言，捕鳥顯得有些無趣，他們更喜歡捕獵野豬。因為在他們看來，作為男人，就應該捕獵這種危險的動物。

【藏寶箱裡的日記】——千年不洗的歐洲

我在之前的故事裡說，那個時候歐洲人很少洗澡。這是真的。在中世紀的歐洲，曾經有「千年不洗的歐洲」的稱號，說的就是當時的人們基本上終生不洗澡。在當時，洗澡甚至成為一種醜聞。當人們犯罪以後，為了懺悔，才會洗冷水浴表示懲罰。不洗澡的人反而被視為聖人，不洗澡成為聖潔的象徵。例如：亨利四世的母親一生都沒有進過浴池，但是被冊封為聖女阿涅絲。曾經有一位到耶路撒冷朝聖的女基督徒，18年沒有洗過臉。她一直向人炫耀這一點，因為她覺得可以堅持這麼多年不洗臉，足以證明自己的「純潔」。當時的教會也這樣訓導人們：「對於那些好人，尤其是年輕人，基本上不能允許他們沐浴。」

西元1000年

第 42 章：海盜國王——威廉

最近，我們總是在說一些令人激動的故事：城堡和騎士，接下來還有——海盜。我想，你曾經扮成海盜跟自己的朋友們玩鬧。可是你們知道，曾經有一個海盜當上國王嗎？下次在玩的時候，你可以把我現在說的關於海盜國王的故事說給你的夥伴們聽。

我們先從英國的阿爾弗雷德國王給丹麥人劃出土地讓他們定居說起，你一定還記得這個故事。當丹麥人在阿爾弗雷德給他們的土地上安頓下來以後，逐漸也成為基督徒，不再到處搶劫。但是，他們的同族維京人卻仍然做著跟他們原來一樣的事情。

維京人搗亂的地方在法國海岸，法國國王煩惱不已。後來，他與英國的阿爾弗雷德國王一樣，給維京人劃出一塊土地。我們可以在地圖上找到這塊土地的名字，千百年以來，它一直叫做這個名字，從來沒有改變——諾曼第。

維京人願意在諾曼第安定下來，不再騷擾法國人，但是他們畢竟收下法國國王的土地，所以依照法國人的慣例，維京人的領袖必須去親吻法國國王的腳，以示感謝和敬意。

但是，維京人的首領羅洛是一個勇敢驕傲的人，他覺得要去親吻國王的腳是一件很沒有面子的事情，於是他派一個手下代替他去做這件事情。可是，在行禮的時候，這個不情願的手下把國王的腳抬得太高。法國國王沒有坐穩，連人帶椅重重地向後摔過去。

維京人在諾曼第住下來，並且也成為基督徒。到了西元1066年，羅洛的孫子威廉公爵成為諾曼第的統治者。他的體魄強健，意志堅定。據說，他的射箭技藝非常高超，他射出的箭又遠又準，非常有殺傷力，他用的弓除了他自己，竟然沒有人可以拉開。

維京人高高地抬起國王的腳

威廉執政的手段非常強硬，雖然威廉和他的人民都是基督徒，但是他們並沒有按照基督徒的準則行事。「強權即是公理」是威廉的信念，因為他的祖先是海盜，所以他直到現在仍然像海盜一樣，想要什麼就搶什麼。

威廉並不滿足於只做一個公爵，他眺望英國，那裡與自己的領地之間只有一條海峽，他告訴自己，一定要成為英國國王。威廉給自己奪取王位的想法找到一個理由：當時的英國國王愛德華是他的表兄弟，所以他完全有理由去爭奪王位。於是，他開始尋找機會。

有一天，人們在諾曼第的海岸救起一個遭遇海難的年輕人，並且把他送到威廉那裡。威廉看到這個年輕人以後，高興得笑了，他知道自己的機會來了。原來，這個年輕人是威廉的侄子哈羅德，他是英國未來的國王，威廉決定好好利用這次機會。

於是，威廉對哈羅德說：「如果你想要安全回國，就要保證在你做國王的時候，把英國送給我。」哈羅德無奈之下，答應威廉的條件。為了讓哈羅德遵守這個誓約，威廉讓哈羅德把手放在祭壇上對他發誓。

哈羅德發完誓之後，威廉揭開祭壇的頂板，哈羅德看見祭壇下面放著基督教聖徒的骸骨。此時哈羅德知道，自己無論如何都不能違背自己的誓言，因為在聖徒骸骨前面許下的諾言神聖不可改變。哈羅德是基督徒，他擔心如果違背自己的誓言，會受到上帝的懲罰。

威廉把哈羅德放回英國，他信心滿滿地等著做英格蘭的國王。但是，當哈羅德即將繼承王位的時候，英國人民卻不願意把英國交給貪婪殘暴的威廉。而且哈羅德也說，當時說出那種誓言完全是被逼迫的，所以不能當真。

威廉做英格蘭國王的願望瞬間又成為泡影，憤怒的他大喊著自己受騙了。既然這樣，他決定用武力解決問題，於是他立刻召集軍隊，穿過海峽，要從哈羅德手裡搶到英國。

哈羅德似乎總是遇到相同的問題，在威廉之前，哈羅德有一位兄弟集結軍隊來奪取王位，所以才剛和自己的兄弟打了一仗的哈羅德，又要面對另一位窺視他王位的親戚。

威廉帶著他的軍隊來到對岸，可是當他上岸的時候，一個不小心，頭朝下栽倒在岸邊。所有人都嚇壞了，他們的首領剛到達對方的土地上就摔倒了，難道預示他們將會吞下敗仗嗎？

正當所有人都開始猶豫退縮的時候，反應迅速的威廉成功地將這個凶兆化作吉兆。原來，他在摔倒的一瞬間抓了兩把泥土。然後，他不慌不忙地站起來，高舉著雙手，告訴他的士兵，他的這個跟頭，讓他的手中握滿對方土地上的泥土，表示他可以得到整個英國的土地。

戰爭開始了。

哈羅德帶著他的士兵進行英勇的戰鬥。為了保衛家園，英國人拼盡全力和威廉的部隊進行殊死搏鬥。在英國人的強勢進攻下，威廉的軍隊節節敗退，眼看英國人就要取得保衛家園的勝利。

有一天，英國人發現，敵人的軍隊開始撤退，他們到處潰逃，狼狽不堪。英國人被勝利的喜悅沖昏頭，他們興奮地追打落敗的敵人，就連隊形也顧不上，一路散亂地向前。

突然，敵人就像得到信號，他們掉轉方向，殺了過來。英國人大吃一驚，他們無論如何也沒有想到竟然會發生這樣的事情。英國人慌張地重新調整隊形，但是來不及了，他們的隊形還沒有調整好，就被威廉的軍隊擊敗了，國王哈羅德的眼睛被一箭射穿。這就是英國歷史上最著名的戰役之一——赫斯廷斯戰役。

隨後，威廉的軍隊一直攻到倫敦。1066年耶誕節這一天，威廉終於實現自己多年的願望，坐在英國國王的寶座上，他就是被稱為「征服者威廉」的威廉一世，幫助他實現夢想的這次事件，就是著名的「諾曼征服」。在此之後，英國國王的譜系也被改寫。出身海盜的諾曼第家族，成為英國國王譜系中的新成員。

威廉就像分餡餅一樣，把英國的領土切成若干份分給他的手下。這些得到土地的手下成為英國本土的貴族，他們紛紛在自己的領地建造自己的城堡，並且發誓永遠效忠於威廉一世，並且準備隨時為他而戰。威廉也在倫敦的泰晤士河旁邊，尤里烏斯・凱撒和阿爾弗雷德曾經建造城堡的地方，為自己建造城堡。這座城堡一直屹立到今天，它就是泰晤士河邊有名的「倫敦塔」。

威廉非常精明，他曾經派人詳細調查和收集英國所有土地與人口和財產狀況，並且一一記錄。這些記錄非常詳細，生活在那裡的每個人的姓名，他們擁有多少土地和多少房產，甚至養了幾頭牛或幾隻豬，都被記錄下來。與一些國家每十年進行一次的「人口普查」類似，這份記錄後來被稱為《英國土地志》。如果現在的英國人想要瞭解他們的祖先擁有多少財產，還可以去翻閱這本書。

威廉統治英國的時候，創立一些制度，例如：「宵禁」。這個制度規定人們必須在晚上鐘聲響起時回到家裡，關燈休息。這種制度讓英國夜晚安全許多。

威廉把英國治理得井然有序，但是酷愛打獵的他做出一件事情，讓英國人異常憤怒。當時，倫敦附近並沒有好的狩獵場。於是，威廉把大量的村莊和農田都毀壞，然後種上樹，把那裡變成森林。這個森林現在還在，它叫做「新森林」。雖然它已經有九百多歲，但是人們還是習慣性地稱它為新森林。這個曾經的英國皇室狩獵場，如今已經成為英國國家公園。

西元1066年

雖然威廉是海盜的後代，但是在他的治理下，英國確實日漸強大。生活在這裡的人們從此以後，再也沒有被其他人征服過。

【藏寶箱裡的日記】——維京人

在英語中，「維京人」寫作「Viking」，意思是「來自峽灣的人」。但是，現在歐洲人說起這個詞語的時候，通常指的是海盜。在西元800

年～1066年之間，斯堪地那維亞人在大西洋上進行海外貿易，同時也進行殖民擴張。在歐洲其他地區的人們看來，維京人是吃苦耐勞的商人，但是更多地，他們是強盜。正是他們攻擊歐洲大陸的修道院和村莊，劫掠其他民族的漁船和商船。維京人的探險與開拓，伴隨侵略與掠奪。

第 43 章：耶路撒冷是一個火藥桶

如果一個房間裡同時住了三個人，他們之間不可避免地會發生衝突，但是我相信這些衝突都是一些日常小事。如果有一座城是基督教的聖地，同時也是猶太教和伊斯蘭教的聖地，發生在這裡的衝突就不是小事。

我說的這座城就是耶路撒冷。作為三個宗教的聖地，耶路撒冷是基督教、猶太教、伊斯蘭教徒都想去朝聖的地方。

去耶路撒冷朝聖，是一場毅力的考驗。來自四面八方的人，懷著虔誠的心，踏上這條路。他們一個人，或是結伴同行，靠著自己的雙腿，一步一步接近他們心目中最神聖的地方。朝聖的行程通常會花費幾個月時間，有時候甚至要花費幾年時間。這段漫長的旅程，被稱為「朝聖之旅」，前往聖地朝聖的人，被稱為「朝聖者」。

耶路撒冷曾經有一段時間由土耳其人統治，土耳其人信仰伊斯蘭教。雖然耶路撒冷是基督教也是伊斯蘭教的聖地，但是有一些基督徒卻無法接受由信仰伊斯蘭教的土耳其人來掌管聖地，因此就有一些基督徒想要把土耳其人趕出聖地。也因此，耶路撒冷成為一個火藥味濃烈的城市，戰爭在那裡頻繁地發生。

在那些反對穆斯林掌管耶路撒冷的基督徒中，有一位修道士名叫彼得。他遠離人群，獨自生活。他認為，艱辛的生活可以幫助自己完善的靈魂。其實，有很多修道士跟彼得一樣，為了自己的靈魂而過著離群索居的生活，我們把這樣的修道士稱為「隱修士」。

隱修士彼得也曾經去耶路撒冷朝聖，他從聖地回來之後，就不停地告訴人們，不能把聖地交給土耳其人，不能任由他們糟蹋耶穌墓。彼得是天生的演說家，他的語言打動很多人，許多基督徒紛紛響應他的號召，哭泣著要求和他一起去耶路撒冷把土耳其人趕走。

不久之後，數不清的人加入收復聖地的隊伍。這些人用紅布做成十字的形狀縫在自己的外衣上，以顯示他們是為了十字架而戰。這些胸前縫著十字架的人，被稱為十字軍戰士。

當時，無論男人還是女人，甚至孩子都加入十字軍。這些人之中，有平民也有貴族。這是一個巨大的隊伍，就像混雜行人與騎馬者的洪水一樣，湧向耶路撒冷。他們都知道這次朝聖一定會花費很多時間，甚至可能永遠無法回來，所以其中有些人變賣家產，有些人則將家裡的事務託付給妻子。

原本，這些人約定在1096年的夏天出發前往耶路撒冷，但是他們對於收復聖城的事情太過心急，他們恨不得立刻就可以飛到耶路撒冷，所以等待約定時間的到來對他們而言變成一種煎熬，於是有一批人提前上路。

去耶路撒冷的路並不好走，這些提前上路的人大多不具備地理常識。他們並不知道耶路撒冷有多遠，也不知道在這段漫長的旅程中要吃些什麼，要住在什麼地方。對於路程中有可能遇到的問題，他們都沒有考慮。

這些人只是單純地相信隱修士彼得，相信主會給他們一切，為他們指明方向。於是，他們推舉隱修士彼得和一個被稱為「窮光蛋沃爾特」的基督徒為領袖，高喊：「前進，基督教的戰士們」，開始他們的旅程。

這段沒有準備的漫長旅程走得無比艱辛，他們之中大部分的人死於疾病和饑餓。剩下的人，每到一個城市都會向當地人詢問：「這裡是不是耶路撒冷？」可是誰知道，聖城距離他們還很遠。

統治耶路撒冷的土耳其人知道十字軍到來的消息以後，並沒有坐以待斃。這裡也是他們的聖城，土耳其人保護耶路撒冷的決心與十字軍一樣堅定。於是，土耳其人派出軍隊去阻截那些先行出發的基督徒，這是一場異常慘烈的戰鬥。最終，幾乎所有跟隨隱修士彼得出發的基督徒都死在土耳其軍隊的手下。

1096年，十字軍的大部隊按照預定的時間出發。在將近四年以後，他們來到耶路撒冷城外。這個時候，他們只剩下一小隊人馬。這些人看到耶路撒冷的時候異常欣喜，因為他們長久的願望終於要實現了。他們泣不成聲，跪倒在地，唱著聖歌，不斷地禱告。

然後，十字軍對耶路撒冷展開瘋狂的進攻。最終，他們打敗土耳其軍隊，攻下耶路撒冷。他們進城之後，屠殺城裡的居民，一時之間，聖城血流成河。這次東征結束之後，十字軍戰士之中一位叫做戈弗雷的領袖被推選出來管理耶路撒冷，其他十字軍戰士大多數回到家鄉，但是也有不少人選擇留下來，因為在這裡，他們可以獲得比在家鄉更多的土地和財富。

【藏寶箱裡的日記】——騎士團

在十字軍出現以後，還出現一種被稱為騎士團的組織，人們成立騎士團主要是為了保護聖殿與朝聖者。

歷史上總共有3個騎士團，它們是聖瑪莉亞醫院騎士團、聖約翰騎士團、所羅門貧苦聖殿騎士團。如果這三個騎士團的成員站在你面前，你可以根據他們的衣著來區分他們所屬的騎士團。

穿著白袍，袍上有黑色十字的，是聖瑪莉亞醫院騎士團的成員。這個騎士團是耶路撒冷的條頓人在1090年設立的，所以我們也稱它為條頓騎士團。

聖約翰騎士團的成員穿著與條頓騎士團正好相反，他們穿著黑袍，袍上的十字為白色。這個騎士團主要為了保護朝聖者之中的病人，人們也稱它為耶路撒冷騎士團、醫院騎士團，或是白十字騎士團。

三大騎士團之中，最有名的是所羅門貧苦聖殿騎士團。它有一個更為人熟悉的名字——聖殿騎士團。聖殿騎士團的成員穿著白袍，袍上有象徵殉道的紅色十字。1118年，當時的耶路撒冷國王鮑德溫二世為了保護前往耶路撒冷的朝聖者，而設立聖殿騎士團。

第一次十字軍東征的「安條克之圍」

第 44 章：三個國王歷險記

基督徒剛奪回耶路撒冷，穆斯林就把耶路撒冷從他們手中再奪回去。於是，基督教就發起第二次十字軍東征，第三次十字軍東征，第四次……直到第九次，基督教才熄滅戰火。

在這裡，我要告訴你們的是第三次十字軍東征。大概在第一次東征以後的一百年，也就是接近西元1200年的時候，英國的理查、法國的腓力、德國的腓特烈，聯合發動第三次十字軍東征。但是，這三個人卻沒有完成他們的目標，都在中途退出。究竟是怎麼回事？

第一個退出的國王是德國的腓特烈，他的全名是腓特烈・巴巴羅薩，巴巴羅薩是「紅鬍子」的意思，這個名字不是國王的本名，而是人們給國王取的綽號。在當時，人們都喜歡給國王取一個生動有趣的綽號。

在腓特烈年輕的時候有一個志向，他要讓自己的國家成為一個龐大的國家。這是一個很偉大的抱負，只是腓特烈的智慧或許還不夠，所以他的理想一直沒有實現。大概在腓特烈67歲的時候，他與其他兩個國王聯合起來，發動第三次十字軍東征。在前往耶路撒冷的途中，腓特烈經過小亞細亞的薩列法河。這個不幸的老人在過河的時候，竟然失足落水，淹死了。所以，他並沒有到達聖城。

接下來，我們來講講腓力。腓力是當時法國卡佩王朝的第七任國王，他被人們稱為「高貴王」、「奧古斯都」。現在，我們通常把他叫做「腓力二世」。

腓力二世與一起參加東征的英國國王理查原本並不和睦，他們之間總

英國的理查、法國的腓力、德國的腓特烈

是發生一些糾紛。但是，當他們聽說耶路撒冷又被穆斯林統治的時候，決定先把雙方的衝突放在一旁，一起參加東征，去收復聖城。

後來有一次，腓力二世在達阿卡城與穆斯林軍隊打了快一年的仗，理查才趕到。於是，腓力二世生氣了。他覺得自己實在很難與這樣的夥伴合作，再加上他本來就非常嫉妒理查，因為他比自己在十字軍中更受歡迎。腓力二世一生氣，就帶著自己的部隊回到法國。

就這樣，由三個國王一同發起的東征，現在只剩下英國的理查。如果我當時在那裡，或許會勸理查像腓力二世一樣中途回國，因為這樣可能對他更好，可惜我不在那裡。而且理查自己也覺得，國內各種複雜的政務實在是讓他煩惱，還不如東征，於是他留下來。

理查的綽號是「獅心王」，他的盾形徽章上，有三隻從上到下排列的獅子，與現在英國軍隊盾牌上的部分圖案一樣。從理查的綽號我們就可以知道，他是一個勇敢的國王。他賞罰分明，嫉惡如仇，所以不僅他的人民，有時候就連他的對手也很仰慕他。

「獅心王」理查一世

當時，耶路撒冷的統治者名叫薩拉丁，他十分欽佩勇敢的獅心王，所以他沒有打算與理查作戰。相反的，他還和理查成為朋友。兩個新結識的朋友約定，耶路撒冷的穆斯林一定會尊重耶穌墓和來朝聖的信徒。理查覺得這個安排很不錯，於是他就離開耶路撒冷，踏上回國的路。

可是，理查回家的路走得並不順利，一場危險正在等著他。一個作戰英勇的國王總是會有很多敵人，理查也不例外。他回家的路上危險重重，隨時都會被人攻擊。為了避開無處不在的危險，理查化裝成一名商人。但是，他還是被認出來。一個名叫利奧波德的人抓住理查，並且把理查送給德國國王亨利六世。還記得那個掉進薩列法河淹死的國王紅鬍子腓特烈嗎？亨利六世就是他的兒子。

亨利六世把理查關進監獄，以他當作人質向英國索要一大筆贖金。理查的朋友們得到這個消息都急壞了，雖然他們派出很多人打探理查的下落，可是什麼消息也沒有得到。幸好，理查身邊有一名叫做布隆德爾的樂師。在理查被扣押的這段時間，布隆德爾成為吟遊詩人。他走到哪裡，就把理查最愛的歌曲唱到哪裡，希望理查聽見歌曲可以盡快跟自己聯繫。

這一天，理查透過監獄的窗子，聽見布隆德爾的歌聲，他欣喜若狂，接著布隆德爾的歌聲把歌曲唱下去。就這樣，朋友們知道理查的下落，向亨利六世交付贖金以後，就把理查救出來。

理查回到英國以後，也發生很多有趣的事情。他與著名的大盜羅賓漢曾經發生一段有趣的故事。

諾丁罕的羅賓漢紀念雕像

理查聽說大盜羅賓漢身懷絕技，他經常搶劫旅客，但是沒有人可以制服他，於是理查就想出一個辦法。有一天，理查把自己打扮成一個修道士，故意引誘羅賓漢來搶劫。羅賓漢果然上當，他扣押理查。然後，理查按照當初預想的那樣，抓住羅賓漢。本來理查要嚴加懲治羅賓漢，但是後來他發現羅賓漢並不是可恨的江洋大盜，而是一個俠盜，於是就寬恕他。

我們說完三個國王的歷險，可是十字軍的東征還沒有結束。在理查之後，十字軍又進行幾次東征。最後一次十字軍東征由法國國王路易率領，但是這次十字軍東征還是以失敗告終。雖然路易的東征並沒有成功，但是由於他是一個十分虔誠的基督徒，為基督教做出許多貢獻，因此在他死後，人們追認他為聖徒，稱他為「聖路易」。

十字軍的東征雖然結束，但是籠罩在耶路撒冷上空的戰爭陰雲並沒有散去。長期以來，這座聖城都是炮火的中心。

十字軍的東征並沒有達到原定的目標，但是十字軍卻有其他收穫。讀萬卷書，還要行萬里路。長年的野外跋涉，讓十字軍學到很多的東西。在不斷征戰的這些年之中，他們瞭解各地習俗，學會各種語言，也接觸到其他民族的詩歌、文學、藝術，以及其他地區的歷史。這些出征回來的十字軍們，像老師一樣向家鄉的人講述路上所學到的東西，讓人們瞭解五光十色的世界。

【藏寶箱裡的日記】——兒童十字軍

在所有的十字軍東征中，有一次非常特別，它發生在1212年。參加這次東征的士兵都是孩子。這支由孩子組成的東征隊伍，被稱作「兒童十字軍」或「童子軍」。

這支童子軍由一個12歲的法國男孩司提反率領，向地中海開進。孩子們原本以為海水會像《聖經》裡說的一樣：當以色列人離開埃及的時候，紅海的水就會自動分開，露出一條道路給他們。但是現實很殘酷，地中海的海水並沒有像紅海一樣，給他們

西元1200年

讓路。

正當他們不知道怎麼辦才好的時候，出現一些「好心」的水手，他們說可以用船把孩子們送去耶路撒冷，而且他們不需要回報。有好心人幫忙，童子軍非常高興。童子軍登上水手們的船，開始海上的旅程。與許多向耶路撒冷進發的人一樣，他們的道路並不平順。首先，他們遇到大風暴。這些孩子中的許多人因為風暴而葬身大海，他們年輕的生命就這樣消失在茫茫大海裡，但是活下來的孩子並不幸運。原來，這些「好心」的水手都是海盜，他們把這些孩子當作奴隸賣給奴隸主。

第八篇：探險開始了

——大航海時代的探險熱

第 45 章：波羅兄弟遊中國

現在，拿出你的地球儀，我們要來講述神秘的東方，那裡是太陽升起的地方。

先找到英國，然後我們把地球儀向左轉，你會看到義大利和耶路撒冷。我們繼續轉，越過底格里斯河與幼發拉底河，然後是波斯。穿過波斯，我們到達目的地——中國。

中國的歷史非常悠久，在很早很早以前，人們就在中國定居生活。但是古時候的交通不發達，因此歐洲人一直都不知道，生活在那裡的人們究竟是誰，他們如何生活，那片土地上到底有些什麼。一直到西元十三世紀，這種情況才開始改變。

當時，中國北方的蒙古族人成吉思汗機智頑強，並且驍勇善戰，他擁有一支由英勇的韃靼人組成的精銳部隊。與歷史上所有強大的君王一樣，成吉思汗也想征服世界。他率領英勇的部隊，征服從太平洋一直到歐洲東部的土地。然後，他滿足了。因為這個時候的中國，比羅馬帝國和亞歷山大建立的帝國還要更大。

成吉思汗去世以後，他的兒子們就像他們的父親一樣勇猛。他們重新邁開征服世界的腳步，繼續攻佔更多的領土。到了成吉思汗的孫子忽必烈這一代，事情開始變得不同。在接管龐大的帝國之後，忽必烈沒有像他的父輩們那樣到處攻佔領土，他開始注重國家的治理。

忽必烈把帝國的都城定在一個名叫北平的地方，現在我們把那裡叫做北京。他在北平城裡修建一座宏偉的宮殿，宮殿金碧輝煌，華美壯觀至極，甚至比所羅門王居住的宮殿還要豪華。

在忽必烈統治中國的時候，義大利北部一座名叫威尼斯的城市裡生活著尼古拉・波羅和瑪菲奧・波羅兄弟。

兄弟二人知道，世界上除了義大利之外，還有很多其他的國家。他們的願望是可以到世界各地去看看，見識不同的國家和不同的民族。於是，兄弟二人朝著太陽升起的方向出發了。

他們一直向東走，穿過沙漠，翻過高山，他們看到許多從來沒有見過的人和事。最後，他們來到中國。雖然幾年以來的旅行已經讓他們增長見聞，但是當他們看到忽必烈的巍峨宮殿和美妙絕倫的皇家園林時，依然被驚得說不出話。

當忽必烈聽說有兩個長相奇特的外國人出現在宮殿外面的時候，覺得很好奇，他決定見見這兩個外國人。於是，兄弟二人被帶到忽必烈面前。

兄弟二人很會說故事，他們給忽必烈講述自己的國家，將自己國家的風土人情生動地展現在忽必烈的眼前。忽必烈從來沒有聽過這些事情，因此他對兄弟二人描述的世界產生濃厚的興趣。

波羅兄弟在中國待了很多年，他們很喜歡這個古老的帝國。但是，離開家太久，總是會思念故鄉，於是波羅兄弟回到家鄉威尼斯。

很多年過去了，忽必烈日夜盼著波羅兄弟可以再次到來，向他講述那些奇妙的旅行見聞。終於在1271年，波羅兄弟回來。這次跟著他們一起來的，還有哥哥尼古拉17歲的兒子馬可。

這一次，忽必烈不捨得放他們走，他實在太喜歡聽兄弟二人講述的奇聞趣事。為了讓他們可以留下來，忽必烈給兄弟二人送去許多珠寶，還讓他們幫助自己治理國家。波羅兄弟果真留下來，成為中國舉足輕重的人物。

時間過得很快，轉眼之間20年過去了，波羅兄弟實在太想念自己的國家，他們覺得應該回去看看自己的親人。於是，他們再一次告別對他們依依不捨的國王，踏上回家的路程。可是，波羅兄弟離家太久，當他們經過長途跋涉，衣衫襤褸地出現在家鄉人面前的時候，已經沒有人知道他們是誰。甚至他們的親戚朋友都不敢相信，他們就是20年以前的威尼斯紳士。因為兄弟二人在中國的時間太長，以至於說話和做事都變得像中國人。在威尼斯人眼裡，他們就像外國人一樣。當兄弟二人把他們在中國的經歷告訴人們的時候，人們卻認為他們一定是瘋了才會說出這樣的話，沒有人相信他們的故事。直到兄弟二人拿出忽必烈送給他們的奇珍異寶時，人們才相信，原來真的有一個國家遍地黃金，富饒得可以與羅馬帝國相媲美。

後來，馬可・波羅把父輩們的故事以及他在異國的見聞講給一個人聽，這個人把這些奇聞趣事記錄下來，寫成一本書，叫做《馬可・波羅遊記》。當然，馬可・波羅為了可以讓自己的故事更吸引人，誇大一些事實。所以，如果你在這本書裡看到，竟然有一隻鳥可以馱著大象飛到天空，你不必相信，因為很有可能是馬可・波羅的誇張說法。

【藏寶箱裡的日記】——威尼斯

雖然馬可・波羅將東方描述得如此令人神往，但是他的故鄉威尼斯，也是一座迷人的城市。這座被稱為「水上都市」的古老城市，由118個小島組成。177條水道和401座橋樑將這些小島連成一體，整個城市就像一個巨大的城堡漂浮在水面上。這樣的城市是怎樣建成的？

威尼斯人先將大木樁一個接一個打入水下的泥土中，這些木樁就是地基。然後，人們在上面鋪上木板蓋房子。這些打在水裡的木頭，不僅不會因為水的浸泡而腐爛，反而會越來越堅固，最後硬得就像鐵一樣。

在威尼斯城中，有一條大運河穿城而過，人們把這條運河稱作威尼斯最長的街道。運河的兩岸，拜占庭風格、哥德風格、巴洛克風格、威尼斯式的建築隨處可見，河面上最具威尼斯特色的貢多拉往來穿梭。貢多拉是一種威尼斯尖舟，也稱「岡朵拉」。它輕盈別致，是威尼斯人出行的最主要交通工具。

《馬可・波羅遊記》抄本

第 46 章：中國人的魔法

魔針和魔法藥粉是魔法世界裡最經常出現的東西，它們在巫師們的使用下，展現神奇的魔力。這麼有意思的東西似乎只能在童話裡出現，但是在馬可・波羅生活的那個時代，卻真的有人在現實中使用魔針和魔法藥粉，但是使用他們的人並不是巫師。這又是怎麼回事？

事情發生在馬可・波羅回到威尼斯以後。

當時，有許多人從遙遠東方來到歐洲。他們大多是商人，還有一些是水手。這些人走南闖北，到過許多地方。他們每到一個地方，就會把當地出產的新奇東西帶到他們旅程的下一座城市。於是，中國一些新奇事物就隨著這些商人和水手被帶到歐洲，其中包括我們說的魔針和魔法藥粉。

我們先來說說魔針。它簡直不可思議，如果你把它放在一根稻草上或是托住它的中間部分，它就可以一直指向北方。無論你用多大力氣轉動它，它都不會改變方向。中國人把這種魔針裝在一個盒子裡，製成一種名叫「羅盤」的東西，人們也稱它為「指南針」。水手們特別喜歡這件神奇的東西。

在海上航行的水手，就像被蒙住雙眼的孩子一樣。如果你把眼睛蒙住，然後在原地轉幾圈，接著讓你往門的方向走，你以為自己走對方向，但是其實你可能會朝著哪邊撞去。因為人在轉幾圈之後，很難在短時間內找對方向，水手在海上正是如此。

當然，在天氣好的時候，水手們可以透過太陽和星星的方位來判斷方向，可是如果天氣變壞，天空烏雲密布，太陽和星星都不見蹤影，這個時候水手們就會迷航。當時，水手們都不敢把船駛向大海的更遠處，只敢在看得見海岸的範圍內航行，正是因為他們害怕如果迷失方向就再也找不到回家的路。

但是自從發現指南針，水手們再也不怕迷路。即使遇到雷雨交加烏雲密布的天氣，無論狂風如何狂暴地搖動他們的船，指南針都會始終堅定地指著相同方向。因此，即使看不見太陽和星星，水手們也可以堅持航行，而且可以始終朝著正確的方向前進。

阿拉伯的水手把指南針帶到歐洲，它讓歐洲人驚奇無比，但是歐洲的水手們都非常迷信，他們認為這種小針可以一直指北，絕對是被施以魔法。他們害怕如果用它，就會有厄運降臨。因此很長一段時間內，歐洲的水手們都不敢用它來航海。

接下來我們來說說魔法藥粉，其實魔法藥粉就是火藥。西元1300年之前，歐洲人打仗時用的武器一直是弓箭、刀、矛，或是斧頭，並不像現代戰爭中，人們使用機槍與大炮和手槍這類東西。所以，當時的士兵只要穿著鎧甲，就可以對身體產生保護作用。但是，鎧甲卻在火藥出現以後徹底失去作用。因為當火藥從遙遠中國被帶到歐洲以後，人們將火藥放進槍炮裡，即使是遠在千里以外，它也可以將敵人炸得粉身碎骨。人們利用大炮，甚至可以摧毀最堅實的城牆。一百多年過去以後，槍炮徹底取代弓箭等其他武器，成為戰爭的主要武器。而且，火藥也讓戰爭變得比以前更可怕更殘酷。

把指南針和火藥帶到歐洲的其實是阿拉伯水手，但是由於這兩件神奇物品是在馬可・波羅回到威尼斯以後才出現在歐洲，所以曾經在很長一段時間內，人們都把傳播指南針和火藥的功勞歸給馬可・波羅。

無論是馬可・波羅還是阿拉伯人把火藥帶到歐洲，我們可以確定的是：亞洲人發明火藥。實際上，火藥並不是一出現就被當作武器使用，而是經過很長時間，人們才發現可以將火藥製成強大的並且具有極大毀壞性的武器。

【藏寶箱裡的日記】——中國人的其他發明

造紙術、指南針、活字印刷術、火藥，被稱為中國古代四大發明。我們已經知道指南針和火藥，以下我們來看看其他兩樣發明。

中國的紙，是以植物纖維為原料，經過切斷、漚煮、漂洗、舂搗、簾抄、乾燥等工序製成。這種技術最初是在西元105年，即中國的東漢時期，由蔡倫總結前人造紙經驗的基礎上改進而來。在西元七世紀，中國的造紙術傳到日本，八世紀中葉傳到阿拉伯。歐洲直到十二世紀，才學到這種造紙方法。

在西元1041年～1048年，中國北宋時期的刻字工人畢昇發明活字印刷術。人們先用細質帶黏性的膠泥製成四方長柱體，然後在上面刻單字。這些字都是反寫的，然後將膠泥入窯燒硬，這就是活字。當人們要印刷文章時，先按照文章內容將活字排好做成印版，就可以印刷。

西元1300年

第 47 章：哥倫布的探險

如果你喜歡冒險，喜歡聽探險故事，閱讀《馬可・波羅遊記》會是一個不錯的主意。或許你會像哥倫布那樣，因為這本書打開一個新世界。

哥倫布出生在一個名叫熱那亞的地方，那是一座義大利北邊的城市。我教你如何在地圖上快速地找到它：在義大利靴子形狀的領土上，熱那亞就位於「靴子筒」的最上方。熱那亞是一個港口城市，那裡經常聚集許多來自世界各地的水手。小時候的哥倫布最喜歡做的一件事情，就是到碼頭上聽水手們講述歷險故事。那些奇妙的見聞深深吸引哥倫布，於是他從小立下志向，將來一定要成為一個水手，到人們口中那些神奇的國度去看看。

在當時，孩子們都喜歡閱讀《馬可・波羅遊記》。哥倫布也不例外，他尤其喜歡馬可・波羅講述關於亞洲的故事。書上說，那裡的黃金和珠寶鋪滿大地，哥倫布對這一切都無比著迷。終於，在他14歲那年，他實現自己的願望，開始自己的第一次海上航行。他的目的地正是《馬可・波羅遊記》裡提到的亞洲，那個他一直嚮往的地方。

哥倫布沒有走馬可・波羅曾經走過的路，因為那條路實在太長。那個時候的交通不像現在這樣方便，從義大利去遙遠的東方要經過很長的時間。大家都急於尋找到一條更近的道路，水路是一種選擇，而且在指南針的幫助下，水手們也不用擔心迷失方向。當其他人在想如何向東找到更近的路時，哥倫布卻跟別人想得不一樣，他決定向西走。

雖然在當時仍然有許多人堅持認為地球是平的，但是許多古希臘和古羅馬以及阿拉伯的航海家們卻知道，地球實際上是圓的。哥倫布讀過這些古代航海家們的書，於是他想到一個好辦法：如果地球真的是圓的，只要一直朝著西方航行，一定可以到達印度。這條路比馬可・波羅當年走的路更近，也容易許多，所以哥倫布急切地想要證明他的想法。

這是一次未知的旅行，誰都不知道會發生什麼事，所以也是一次危險的旅行。做這件從來沒有人做過的事情需要很多資金，為了實現自己的夢想，只是一個窮水手的哥倫布打算找人支援。於是，他先去一個叫做葡萄牙的小國。葡萄牙有很多優秀的水手，他們說不定對自己的計畫有興趣，而且葡萄牙的國王也十分喜歡獵奇。

可惜的是，葡萄牙國王也和其他人一樣，根本不相信哥倫布的話，他認為哥倫布簡直是在癡人說夢。但是，這位國王表面上不理睬哥倫布，心裡卻在打著自己的算盤。他暗中派人依照哥倫布所說的方式去尋找新大陸，如果新大陸真的存在，他希望自己是第一個發現的人。過了一段時間，派出去的人逐漸回來了。他們告訴國王，在安全的範圍內，除了瞭望不到邊的海水之外，不要說新大陸，就連一個小島也沒有。於是，葡萄牙國王放棄了，不知道他日後有沒有後悔。

受到葡萄牙國王冷遇的哥倫布並沒有氣餒，他又去西班牙。西班牙之行對哥倫布而言，也是不太順利。當時，西班牙正在打仗，西班牙國王斐迪南和王后伊莎貝拉把全部精力花在戰爭上。他們整日忙得不可開交，根本記不住哥倫布的事情。直到國王的軍隊取得勝利，斐迪南和伊莎貝拉才抽出時間來傾聽哥倫布描述他的遠航計畫。

哥倫布的想法確實動人，他的計畫成功地吸引伊莎貝拉王后。王后答應資助他完成這個計畫，她給哥倫布很多錢。於是，哥倫布用這些錢買下三艘船，分別是：尼尼亞號、平塔號、聖瑪麗亞號。這三艘船並不大，在現在看來，它們小到有些不太適合用來在茫茫大海上探索未知世界。但是，勇敢的冒險家都是在最意想不到的情況下，成就他們的傳奇經歷。

勇敢的哥倫布帶著100名水手，從西班牙的帕洛斯海港出發，駛向廣闊的大西洋，開始他的航行。他們始終朝著同一個方向，不分晝夜地前進。至此，偉大的哥倫布終於一步一步開始接近他的夢想。

無論當時哥倫布的目的地是何方，他都是值得敬佩，因為他有一般人無法比擬的毅力和決心。一般人只知道自己眼睛看到的一切，哥倫布卻看到眼睛以外的世界。在茫茫的大海中，他幻想成功的那一刻。

哥倫布出發一個多月以後，陸地依然沒有出現在水手們的視野中，大家開始有些著急。因為海域漫無邊際，無論哪一個方向，水手們看到的都是海。再這樣下去，很可能會迷航，大家有可能再也回不到陸地上。水手們請求哥倫布返航，但是哥倫布卻不願意放棄。

又過了幾天，水手裡有人說，再往前走，等待他們的只是死亡，陸地完全是虛構的。謠言令水手們人心惶惶，哥倫布無奈之下，只好同意再航行幾天，如果依然看不見陸地，他們就返回。

很快的，約定的日子到了，四周依然是一片茫茫海水，什麼也沒有。於是，焦躁的水手們開始商量，不如把哥倫布殺死，再把他的屍體扔進大海，這樣一來，他們就可以返航。如果女王問起來，就說哥倫布在航行中失足掉進海裡。

就在他們決定要實施這樣恐怖的計畫時，一根長樹枝漂向哥倫布的船隊。水手們發現，這根樹枝上竟然還長著漿果。接著，他們又看到一群鳥飛過。難道前方就是陸地？這一切讓所有人都燃起希望，因為有陸地的地方才會有樹木，鳥也不會飛得距離岸邊太遠。

在一個夜晚，海面四周都漆黑一片，哥倫布和他的水手們已經在海上航行兩個多月。雖然先前的樹枝與飛鳥帶給他們一絲希望，但是希望依然顯得渺茫。除了哥倫布，幾乎所有人都想要放棄。

突然，一點亮光出現在人們眼前。那是火光，很微弱，在漆黑的暗夜裡，它顯得那麼弱小。但是，這小小的一點火光，對於哥倫布和他的水手們而言，卻是世界上最大的希望之光。有火就表示有人，有人就表示有陸地。此刻，世界上沒有任何語言可以形容他們的興奮之情。

哥倫布與船員們發生爭執

讓我們記住這個日子，1492年10月12日——裝載哥倫布夢想的三條小船終於靠岸。在船靠岸的一剎那，哥倫布飛快地從船上跳下來，跪倒在這片讓他的夢想著陸的土地上。在這個嶄新的早晨，哥倫布在這個島上升起西班牙的國旗，並且給這片土地命名為「聖薩爾瓦多」，這個名字在西班牙語中的意思是「神聖的救世主」。哥倫布到達的地方，是現在美洲海岸巴哈馬群島中的一個小島，並不是他想要去的印度。想要到達印度，哥倫布還要從這裡繼續向西，跨越北美洲和太平洋。但是，當時哥倫布卻以為自己到達的就是印度，或是印度附近的群島。於是，哥倫布把島上的居民稱為印度人，但是事實上，他們是美洲印第安人。在哥倫布到達之前，印第安人已經在這裡生活幾百年，只是當時的人們並不知道這些。

在那個時代，歐洲人認為不信仰基督教的人，沒有任何權利。因此，雖然島上已經有居民，但是哥倫布和他的水手們仍然聲稱這塊土地屬於西班牙。同時，哥倫布也相信，他有能力接管這裡，讓它的所有財富都歸自己所有。

可是，哥倫布不久以後就感到失望，他發現這裡與《馬可・波羅遊記》記載的情形大不相同。這座小島以及附近一些小島上什麼都沒有，更不要說國王的輝煌宮殿與滿地的奇珍異寶。失望的哥倫布在島上待了幾天，就決定返回西班牙。

為了向人們證明他確實到達他所認為的「印度」，哥倫布還帶著幾個當地的原住民和當地的特產——菸草回去，這些在歐洲是見不到的。

哥倫布沿著原路返回家鄉。最初，人們都因為他的發現而感到興奮。人們歡呼著，議論著，哥倫布也成為許多人羡慕的對象。但是，人們的羨慕持續一段時間以後，就有人逐漸認為哥倫布的航行並沒有那麼傑出，他只是發現新的陸地而已。除了一直向西航行之外，他並沒有其他可以值得說的事情。這麼簡單的事情，無論是誰都可以做得很好。這樣的觀點被越來越多的人接受，剛開始人們只是在私下議論，後來竟然有人在哥倫布面前貶低他。

在一次與貴族的宴會上，貴族們又在諷刺哥倫布的航行。哥倫布聽了以後，什麼也沒有說。他只是從餐桌上拿起一個煮熟的雞蛋，對在場的所有人說：「先生們，女士們，你們之中有人可以把雞蛋立起來嗎？」

貴族們不知道哥倫布的葫蘆裡賣什麼藥，但是又覺得這件事情很有意思，於是就紛紛嘗試。結果，沒有一個人可以成功地讓雞蛋立起來。貴族們認為，把雞蛋立起來太困難了，簡直不可能。雞蛋在眾人手裡繞一圈，又回到哥倫布手上。每個人都在看著哥倫布，大家都想要看他如何把雞蛋立起來。好戲開始了，哥倫布環視所有人，然後將雞蛋的一頭輕輕在桌子上敲一下，蛋殼破了一些，但是雞蛋卻穩穩地立在桌子上。

這件事情告訴眾人一個道理，當你知道應該如何去做一件事情的時候，這件事情做起來就會顯得簡單容易，但是如果你不知道應該怎麼做，即使它多麼簡單，你也無法成功。哥倫布的航海也是相同的道理，他已經做過一次，所有人都知道究竟是怎麼回事，所以覺得哥倫布的航行是一件簡單的事情。

之後，哥倫布又三次航行到達這塊自己發現的「新大陸」，他始終認為這裡就是印度，其實這裡是南美洲。

由於哥倫布並沒有帶回西班牙人期盼的奇珍異寶，因此人們逐漸對這件事情失去興趣。有些人嫉妒哥倫布的成就，就在國王面前打小報告，指控哥倫布做的是一件錯事。

聽信讒言的國王將哥倫布捉起來，用鐐銬鎖著，趕出西班牙。這件事情對哥倫布造成很大傷害，雖然他並沒有被關押很久，但是他卻一直保留這副鐐銬，他要用它來提醒自己西班牙人的忘恩負義。在哥倫布死後，這副鐐銬甚至被放進他的棺材。

再後來，哥倫布又做了一次航行。當這位航海英雄最後死在異鄉時，身邊竟然連一個親人朋友也沒有，真是可憐。

哥倫布是一位非常偉大的人，遇到問題的時候，從來不會氣餒，從來不會後退，他用自己的實際行動來證明真理。歐洲大多數國王只知道從其他地方索取財富，但是哥倫布和他們不一樣，他永遠在奉獻。他用勇氣為人們發現新大陸，他的精神永遠活在人們心中。

【藏寶箱裡的日記】——美洲新大陸

哥倫布發現的美洲新大陸，位於大西洋與太平洋之間。它的北面是北極海，南邊有德雷克海峽，越過海峽就到達南極。美洲位於西半球，面積達4206.8萬平方公里。如果你把地球上的陸地分為10份，其中有將近3份都屬於美洲大陸。

人們習慣上將美洲大陸分為北美洲（包括：加拿大、美國、格陵蘭島、聖皮耶與密克隆群島、百慕達群島）、中美洲（包括：瓜地馬拉、貝里斯、薩爾瓦多、宏都拉斯、尼加拉瓜、哥斯大黎加、巴拿馬）、南美洲（包括：哥倫比亞、委內瑞拉、蓋亞那、蘇利南、厄瓜多、秘魯、巴西、玻利維亞、智利、巴拉圭、烏拉圭、阿根廷、法屬蓋亞那）。其中，巴拿馬運河是北美洲和南美洲的分界線。但是，你也經常聽到「拉丁美洲」這個說法。拉丁美洲是指包括中美洲和南美洲，以及墨西哥和西印度群島在內的廣大地區。拉丁美洲的居民大多使用西班牙語和葡萄牙語。

其實，哥倫布並不是第一個發現美洲的人，早在4萬年以前，印第安人就從亞洲經過白令海峽來到這裡。

第 48 章：勇敢的水手VS.危險的大海

如果一個人有偉大的貢獻，例如：亞歷山大和奧古斯都，人們就會用他的名字來命名一些城市。依照這樣來看，新大陸完全可以用哥倫布的名字來命名。但是，這片由哥倫布發現的新大陸，並沒有用哥倫布的名字來命名，而是用另一個人的名字，這個人叫做亞美利哥・維斯普奇。

亞美利哥・維斯普奇是一個義大利人，他在哥倫布的航行之後，乘船到達新大陸的南部。他用一本遊記將自己的航行記錄下來，當人們在閱讀這本遊記的時候，會把新大陸叫做「亞美利哥的國家」。慢慢的，這種對新大陸的稱呼就變成一種習慣。最後，這片新大陸就以亞美利哥的名字命名為亞美利加洲——也就是現在的美洲。

讀到這裡，你是不是覺得這樣做對新大陸的發現者哥倫布很不公平，但是事情已經發生，再也沒有辦法改變。但是，人們為了紀念哥倫布，會把那裡一些城市和地區或是街道命名為哥倫布，或是哥倫比亞。而且，許多美洲人還是用「哥倫比亞」來稱呼自己的國家。

哥倫布發現新大陸的消息，給人們帶來信心。大家瞭解到，即使向前一直航行，船隻也不會掉出地球。而且，只要向西方航行得足夠遠，就一定會到達陸地。於是，許多人緊隨哥倫布的腳印，開始向西方航行。無數的船長帶著致富的夢想，湧向哥倫布開闢的航道。於是，在許多次尋寶與探險的旅程中，人們有許多新的發現，新的地方和新的民族不斷地進入歐洲人的視野。所以，這個航海風靡一時，新發現無數的時代被人們稱為「大航海時代」或「發現時代」。

航海者朝著黃金和寶石與香料進發。等一等，香料？為什麼要香料？這是因為，當時的人們需要用香料來掩蓋變質食物的餿味，這樣一來，人們才可以吃得下去……你又要驚奇了，當時的人們還會吃變質的食物嗎？是的，當時沒有冰箱來保存食物，因此食物容易變壞。變壞的食物總是會散發難聞的味道，於是人們就將香料（例如：胡椒和丁香）加到食物中，把怪味去掉，否則這些食物真是讓人難以下嚥。可見，香料在當時顯得特別重要。

但是，歐洲並不種植這些香料。因為那裡不夠溫暖，香料喜歡氣候溫暖的國家。所以，當時的歐洲人必須要花費昂貴的價錢去其他國家購買香料，真是一件令人煩惱的事情。當新大陸被發現以後，人們將希望寄託在那些未知的土地上，說不定在那裡可以找到重要的香料。這就是為什麼有些人會冒著生命危險遠渡重洋，只是為了去尋找香料。

在眾多尋寶的人之中，有一個葡萄牙水手名叫瓦斯科・達伽馬。當其他人都朝著西方前進時，他卻偏偏向南航行，為的是要繞過非洲大陸，向東到達印度。

達伽馬並不是第一個這樣做的人，但是前面的人沒有走完他們的旅程就回來了。跟著他們回來的，還有一些嚇人的故事。這些故事的可怕程度，甚至不亞於水手辛巴達的傳說。

有一些水手說，大海裡有各種各樣的水怪，會把水手拖下海。這些水怪都長著巨大的嘴，只要一口就可以把一艘船吞進肚子裡。還有一些水手說，大海裡有漩渦，如果船不小心遇到這樣的漩渦，就會被捲進海洋深處。還有一些水手說，他們曾經在海上看見海水像滾水一樣，冒著熱氣，翻滾沸騰……這些不真實的故事讓人們知道，航海是一件多麼危險的事情。

大海確實充滿危險，從一些地方的名字就可以知道，例如：非洲最南端的「好望角」，原來並不是這個名字。如果你翻開一張十五世紀的世界地圖，會發現那裡名叫「風暴角」。從這個名字裡我們不難猜出，這個地方經常發生大風暴。後來，人們把「風暴角」改成「好望角」，或許是為了討個吉利。

這些恐怖的故事，成功地嚇退許多想要航海的人，但是卻沒有嚇退勇敢的達伽馬。他就像許多偉大的探險家一樣，無論面對什麼困難與坎坷，始終沒有放棄自己的理想。他堅持南行，並且最終到達印度，成為現代第一個走水路到達印度的歐洲人。他的冒險精神得到回報，他從印度帶回許多貴重的香料。這一年是1497年，距離哥倫布第一次遠航只有5年。

除了去印度之外，當時的人們也熱衷於到新大陸探險。當時，有一個名叫巴爾波亞的西班牙人在美洲中部探險。他來到我們現在叫做巴拿馬

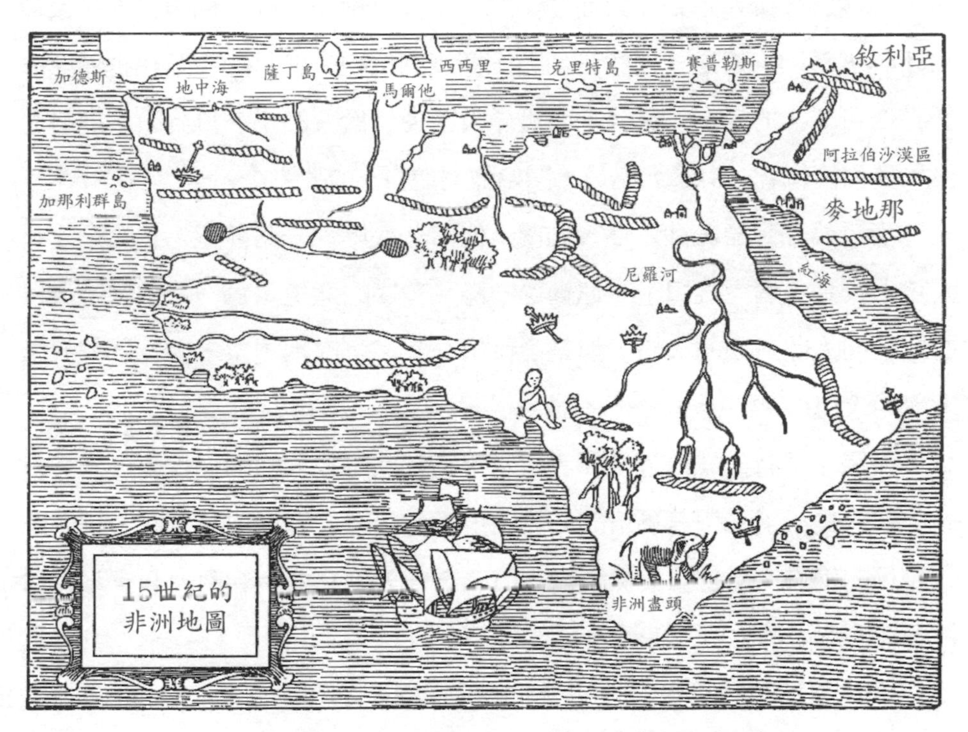

這幅地圖顯示出當時的歐洲人對世界有限的認識

地峽的地方，那是一塊連接中美洲和南美洲的小陸地。在這裡，他有一個重大的發現——一片從來沒有見過的大洋。巴爾波亞把這片大洋稱作「南洋」，因為人們在巴拿馬地峽看到海洋的時候，總是面朝南方。

在這場尋寶比賽中，英國當然也不甘落後。一個名叫約翰・卡博特的英國人在達伽馬到達印度的那一年起航，開始他的探險之旅。約翰總共進行兩次航行，第一次以失敗而告終。但是第一次的失敗並沒有讓他放棄，第二次他終於成功到達加拿大，並且沿著加拿大海岸一路向南，到達現在的美國。卡博特宣稱，他到過的這些地方都屬於英國。但是直到一百年之後，英國人才在這片土地上開展行動。

在所有的航行中，有一個人走的路線最長，這個人叫做麥哲倫。或許麥哲倫並沒有想到他的航線會有這麼長，因為最初他只是想要找到一個入口，「穿過」新大陸到達對面的印度。他像哥倫布一樣，向自己的國家葡萄牙尋求幫助。但是，他與哥倫布一樣遭到拒絕。於是，麥哲倫把希望寄託在西班牙人的身上。最終，西班牙人給麥哲倫五艘船。得到這五艘船之後，麥哲倫帶著二百多名船員，開始他的航行。

麥哲倫先到達美洲，然後向南。他沿著海岸線一路前行，為的是要在大陸上找到一個「入口」。他經過一條又一條的通道，每一條都像是可以把他引向大陸對面的入口，但是麥哲倫一次又一次地失望，因為那些只是大河的入海口。

大海永遠有未知的危險在等待水手，就在尋找入口的過程中，麥哲倫的一艘船失事了。帶著剩下的四艘船，麥哲倫繼續向南航行。在一個名叫合恩角的地方，麥哲倫終於看見入口。這一天是1520年10月21日，麥哲倫帶著他的水手們，進入他苦苦尋覓的海峽。

風猛烈地吹著，似乎一定要把船掀翻才會停止。海浪就像許多道水牆，不斷地衝擊他們的船。死亡的威脅，一刻也沒有離開這些勇敢的水手。就這樣，麥哲倫帶領他的水手，在狂風巨浪裡掙扎一個多月，終於在11月28日駛出海峽。

當他們從海峽裡出來的時候，來到一片平靜的海域。與之前的海峽相比，它顯得如此平和安詳，這裡就是巴爾波亞發現的「南洋」。它真是一個太平的大洋，於是麥哲倫把這片大海稱為「太平洋」，他經歷千難萬險發現的海峽，被後人命名為麥哲倫海峽。

這個時候，麥哲倫的船隊裡只剩下三艘船。

又過了許久，船上的食物和水都用完了，人們忍受饑餓繼續前行。病魔襲擊這支海上探險隊，許多人生病死去，原來的二百多名船員只剩下一小半。此時，除了堅持，沒有其他辦法，麥哲倫帶著他的船隊不斷前行。終於，他們到達菲律賓群島。很可惜，麥哲倫的腳步永遠地停在這裡。原來，在水手們到達菲律賓時，與島上的居民發生爭執，雙方打了一仗。最後，麥哲倫被當地居民殺死，原本所剩不多的水手現在的人數更少。

雖然麥哲倫離開了，但是他的水手們並沒有停下前進的腳步，他們繼續航行。但是，已經沒有足夠的人手來駕駛三艘船，所以他們燒掉一艘船。這樣一來，原來的五艘船到這裡，只剩下兩艘船。

在剩下的航程中，有一艘船迷失在茫茫的海洋上，從此再也沒有任何消息。最後剩下的一艘船叫做「維多利亞」號，意思為勝利女神。它經過奮力掙扎，帶著十八名水手，回到他們出發的港口。當它出現在人們面前時，已經破破爛爛，到處漏水。這艘船成為第

麥哲倫的「維多利亞」號

一艘環球航行一周的船，歷時三年。

這次航行以後，人們再也不去爭論地球是圓的還是平的，因為真的有一艘船環繞地球走一圈。可是，在如此強大的證據面前，竟然還有人不相信地球是圓的。

【藏寶箱裡的日記】——好望角

好望角的海面上，長年刮著強勁的西風。它掀起巨大的海浪就像陡峭的懸崖一般，最高處竟然有20公尺。人們把這種大浪稱為「殺人浪」，冬天是殺人浪最常出現的季節。這個時候，從南極吹來的極地風會引起旋轉浪。當殺人浪遇到旋轉浪時，任何語言都無法形容那樣的恐怖情景。有時候，海浪還會與沿岸流相遇，此時整個海面如同開鍋似的翻滾。這一切，令好望角成為世界上最危險的航海地段之一。

西元1520年

第 49 章：黃金之城

其實，除了探險家嚮往的東方是一個富饒之地以外，非洲有三個國家也特別富有，這就是迦納、馬利、桑海，它們像三顆珍珠，散落分布在撒哈拉沙漠的南部和尼日河沿岸。

豐富的金礦，讓這片土地成為最富有的地區之一。幾千年以來，西非的人們主要依靠出售黃金來賺錢。他們的銷售對象並不局限於周邊國家，撒哈拉沙漠北邊的柏柏人也會買他們的黃金，甚至在羅馬帝國，你也會看到從西非買來的黃金。

為了防止人們發現金礦的位置，西非的礦工們要帶著金塊去很遠的地方賣。他們的警覺性很高，在交易黃金的時候，礦工們會事先把交易的物品放在約定好的地方，然後藏在附近。買黃金的多半是商人，礦工不願意與這些商人見面，因為他們害怕商人會強迫他們說出金礦在哪裡。

當商人帶著礦工需要的貨物來到約定的地點以後，他們會先看看礦工帶來的黃金與自己的商品價值是否相符，如果他們覺得黃金不夠，就會將貨物帶回去。當他們走遠以後，礦工就會從隱蔽處出來，再添一些黃金，然後再藏起來。接著，商人再回來查看。這樣重複幾次，直到雙方都覺得公平為止。這個時候，商人就會留下貨物，帶著礦工的黃金離開。

如果你問西非人，最想要用黃金交換什麼，他們會說：「鹽。」西非是一個天氣炎熱的地方，食物在那樣的地方沒有辦法長久保存，所以人們只有利用鹽來保存食物。就像午餐牛肉，也是先曬乾肉再用鹽保存。當然，現在我們不用這樣保存食物，我們把它們放在冰箱裡就可以。但是，那個時候的西非人怎麼可能有冰箱，於是鹽就成為十分貴重的商品。在那裡，要用一斤黃金才可以換一斤鹽。你是不是嚇得張大嘴巴？你不必懷疑，這是真的。所以，撒哈拉沙漠北邊的柏柏人也是一個富有的民族，因為他們那裡盛產鹽，柏柏人經常用鹽與尼日河沿岸的居民們做買賣。

有豐富的金礦作為支持，西非的迦納、馬利、桑海就有充分的財力用來訓練優質軍隊。有強大的軍隊，國王們就開始征服周圍的國家。迦納就是這樣，透過征服其他國家，成為一個大國。

迦納國王的財富真是多到讓人吃驚，不相信你看，就連他隨從使用的馬鞍都是用黃金做成的。他自己的拴馬柱，就是一塊27公斤重的黃金。但是，迦納並不是這三個西非國家中最富有的，最富有的國家是馬利。馬利不僅富有，而且十分強大，撒哈拉一帶所有重要的商業城市都被馬利的國王松迪亞塔征服了。

松迪亞塔並不是一個野蠻愛財的國王，他很有智慧。每當他佔領新的土地，就會留下一批戰士在那裡耕種，開發農田。長期下來，西非農業最發達的地區就是馬利。你想想，一個國家有最豐厚的黃金儲備，有最充足的糧食累積，還有精兵強將，怎麼可能不強大？

在馬利所有國王中，成就最高的是曼薩・穆薩。他統治將近800萬人，他的領土一直延伸到大西洋。曾經有人問他：「您的王國有多大？」曼薩・穆薩回答：「一年。」原來，他的國家大到要花一年的時間，才可以從一邊走到另一邊。

馬利的強大，吸引許多商人來這裡做生意。阿拉伯人是很會做生意的民族，阿拉伯商人為馬利帶來伊斯蘭教。曼薩・穆薩也成為一名虔誠的穆斯林，於是他要去聖地麥加朝聖。曼薩・穆薩的朝聖之旅，使他聲名遠揚。

他帶著500名拿著黃金權杖的奴隸、100隻大象、4000多公斤的黃金，

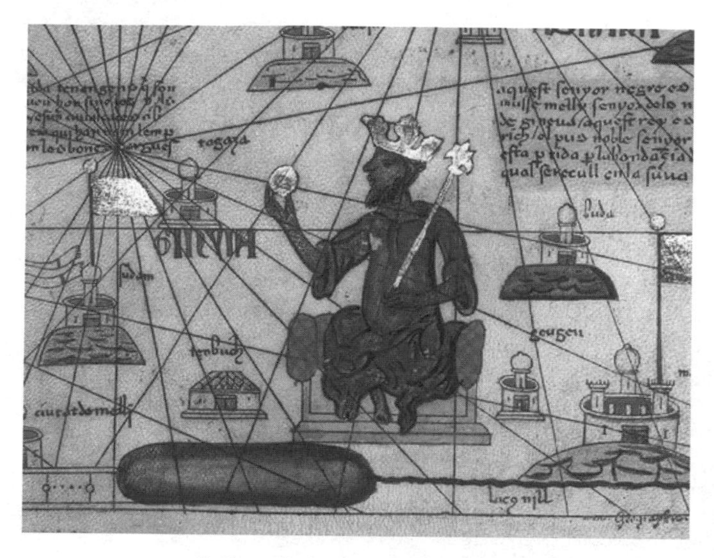

舉著天然金塊的曼薩·穆薩

以及一些朝聖者需要的東西出發。慷慨的曼薩·穆薩，一路上送給人們黃金和禮物。當曼薩·穆薩返回家鄉時，一些藝術家和建築師也被他帶回來，他讓這些建築師在廷巴克圖和馬利其他一些城市建造清真寺。此外，為了建造圖書館，他也帶回一些學者和很多用阿拉伯語寫成的書籍。

很快的，圖書館聚集全國各地的天文學家、數學家、哲學家、詩人，廷巴克圖就這樣成為學術中心。很多遊客特地來這裡參觀，並且將自己一路上的所見所聞寫成旅行日記。如果你對這些旅行日記感興趣，可以去讀一讀。

在曼薩·穆薩死後，馬利帝國開始逐漸分裂。但是，歷史總是有起有伏，這一處衰落了，另一處卻在萌生。我們之前提到的許多王國都是這樣。

桑海在馬利帝國衰弱的時候興盛起來。與前兩個富國一樣，桑海擁有豐富的金礦資源和強大的軍隊，成為桑海的國王桑尼·阿里拓展疆土的堅實後盾。

1492年，桑尼·阿里國王去世。桑尼·阿里去世以後，桑海的日子不再太平，北非的摩洛哥人和葡萄牙人開始頻繁騷擾邊境。千年以後，這裡也不再有昔日的風采，桑海已經被歷史吞沒，整個尼日河流域的地區，出現很多小國家。

【藏寶箱裡的日記】——西非

當我們說到西非的時候，指的是非洲西部地區。從查德湖到大西洋，從幾內亞灣到撒哈拉沙漠以南都是西非地區。這裡，散布西撒哈拉、茅利塔尼亞、塞內加爾、甘比亞、馬利、布吉納法索、幾內亞、幾內亞比索、維德角、獅子山、賴比瑞亞、象牙海岸、迦納、多哥、貝南、尼日、奈及利亞等17個國家和地區。加那利群島如同一串珍珠散落在它的西北岸。

西非是一個自然資源豐富的地區，那裡盛產鋁鐵土、金剛石、石油、金、錳、鐵、銅、鈮、鈾礦。人們在這片土地上種植油棕、玉米、可可、棕櫚仁、花生、咖啡、橡膠。

第 50 章：伊本・巴圖塔的東非日記

野心勃勃的航海家們不會只滿足於在美洲一個地方探險，他們為了尋求刺激和財富，到達很多地方。

就在西班牙人在美洲征服印第安人時，不甘落後的葡萄牙人來到非洲。其實，葡萄牙人一直在尋找去印度和中國的路，像哥倫布一樣，他們決定繞過非洲航行。雖然前途茫茫，誰也不知道非洲盡頭究竟有沒有那樣一條路可以把他們帶到東方，但是他們還是非常有勇氣地進行嘗試。

葡萄牙探險家們沿著西非的海岸一路南行，經過塞內加爾河，到達以藝術品而知名的貝南城，後來還找到剛果。最後，他們一直到達非洲最南端。但是，這些冒險家們沒有繞過好望角就返航。當然，後來的達伽馬走完他們沒有走完的路。我們已經說過，達伽馬沿著非洲的海岸線，成功繞過好望角。在東非，他發現一些奇妙的城市。當時，達伽馬很興奮，他以為自己是第一個發現這些城市的人，但是實際上，有一些歐洲人早就知道這些東非城市的存在。

希臘人與羅馬人和埃及人都知道怎樣去那裡。當時的希臘人，甚至還寫過一本名叫《旅行指南》的書，詳細介紹如何到達這些港口，以及港口的特產。這本書就像是給水手看的航海百科一樣，但是在查理曼大帝時代過去的一百年，即西元900年左右，歐洲人不再像原來那樣出海航行。於是，東非這些奇妙的城市，逐漸在歐洲人的記憶中消失。

後來，有一個阿拉伯的地理學家從亞洲回家鄉的時候經過東非。在他的記憶中，那裡氣候溫暖，土地肥沃，是一個適宜居住的地方。當然，那裡最吸引人的是遍地的黃金和稀世珍品。

現在，考古學家在東非發現大量金幣，這些金幣來自世界各地：波斯、希臘、羅馬、阿拉伯，證明當時有很多國家的商人到過東非。考古學家還發現來自中國和印度與阿拉伯的陶器和玻璃器皿的碎片。

所有到達東非的人之中，阿拉伯人最多。有一些阿拉伯人是來做生意，後來他們乾脆把家庭安置在那裡。這些定居下來的阿拉伯人，逐漸將阿拉伯語融入東非人的語言中，於是一種新的語言——斯瓦希里語就產生了。直到現在，整個東非還在使用這種語言。

這些來到東非的各國人之中，最著名的是一個來自北非丹吉爾的伊本・巴圖塔。他與馬可・波羅生活在同一個時代，但是歐洲很少有人知道伊本・巴圖塔的旅行故事，因為他的故事都是用阿拉伯語寫成，所以歐洲人讀不懂他的故事。但是在阿拉伯語流傳的地方，伊本・巴圖塔簡直可以與馬可・波羅相媲美。伊本・巴圖塔的成就可能比馬可・波羅更大，因為他曾經環遊世界。伊本・巴圖塔在20歲那年，他去麥加朝聖。這是他的第一次旅行，也是這次旅行讓他迷上旅途生活。正是從那個時候開始，伊本・巴圖塔一直遊歷在外。他去過俄國南部、波斯、印度、印尼，也去過中國。旅行是漫長的，伊本・巴圖塔25年沒有回家。

如果要讓伊本・巴圖塔在自己所有去過的地方中選出一個最有意思的，一定是東非。伊本・巴圖塔最喜歡的東非城市叫做基爾瓦基斯瓦尼，在他眼裡，那是世界上最美麗的城市。城市外面，圍繞寧靜的鄉村；城市裡面，有噴泉、公共廣場、建在懸崖峭壁上的宏偉宮殿……這一切都讓伊本・巴圖塔對這裡流連忘返。

東非城市都有港口，來自阿拉伯、波斯、印度等國家的船隻一起停放在港口裡。也許你要問，人們是怎麼分辨這些船隻所屬的國家？其實很簡單，只要看船隻的大小就可以猜到，體型最小的是阿拉伯的船，其次是印度和波斯的船。

伊本・巴圖塔曾經在東非的港口看見來自中國的艦隊。它由數以百計的船隻組成，規模巨大。這些來自遙遠東方的大型艦隊，帶來絲綢和玻璃器皿以及各種先進的工具，交換當地的黃金與鐵器和象牙。

有一次，東非的馬林迪城決定送一份與眾不同的禮物給中國的皇帝。但是，什麼禮物是中國皇帝沒有見過的？畢竟，那是一個富有強大的國家，什麼東西是它沒有的？馬林迪城花費一番心思以後，終於挑出一件當時的中國絕對沒有的東西送給中國皇帝。你可以猜到是什麼嗎？那是一隻長頸鹿。

東非有許多城市，一個城市就是一個國家，就像早期的希臘城邦一樣。不同的是，這些城邦國家的領袖與希臘的國王們不同，他們非常明智，從來不會發動大型戰爭，即使有紛爭，他們也是以和平談判的方式解決，完全是為了保證國家和平，確保農業和工商業的發展。

一個安逸的環境，就會造就一個安泰的國家。久而久之，東非的城邦國家都變得非常富裕和繁華。但是，繁華的事物總是遭到別人的垂涎。葡萄牙人看到東非如此富裕，不禁嫉妒起來。葡萄牙人發現，這些東非國家不僅富有，並且和中國與印度有貿易往來。葡萄牙人按捺不住野心，帶著機槍和大炮，乘船到這裡。

東非國家雖然富裕，但是沒有先進的武器，所以葡萄牙人的炮火一開，這些東非國家一點抵抗能力也沒有。不久之後，蒙巴薩城被徹底摧毀，葡萄牙人殘忍地殺死城裡所有居民。為了避開葡萄牙人的掠奪，東非人關閉他們的礦山，停止黃金貿易。沒有貿易的港口，就不再有商人到這裡，港口逐漸蕭條，最終只能關閉。原來生活在城市裡的居民，也都回到鄉村耕種土地。

葡萄牙人一看，東非失去往日的繁華，他們在這裡任何利益也得不到，於是在那裡保留幾座港口作為旅途轉運站以後就離開。東非人十分聰明，他們雖然失去城市和許多財富，但是也因此獲得和平。

【藏寶箱裡的日記】——東非大裂谷

在3500萬年以前，地殼發生斷裂，地表上有一個地方陷下去。於是，地球的臉上就有一條巨大的疤痕——東非大裂谷。

東非大裂谷有6000公里長，最寬的地方有100公里，是地球上最長的裂谷帶。裂谷兩側，彷彿有誰用刀削過一般，陡峭無比。但是到了裂谷底部，20多個湖泊就像一串晶瑩的藍寶石，鑲嵌在一片開闊的原野上。

這些湖泊之中，有著名的鳥類在奈瓦夏湖和納庫魯湖棲息。納庫魯湖上棲息成群的火烈鳥，據說最多的時候，有超過15萬隻火烈鳥在這裡休憩。此時，遠遠看去，彷彿一片紅霞落在湖面上。除了鳥類，這裡也是其他野生動物的家園，大象、河馬、非洲獅、犀牛、羚羊、胡狼，都把它們的家安置在這裡。人類最早的家園也在這裡，考古學家們在北部的圖爾卡納湖發現迄今為止最早的人類化石。

第九篇：被驚醒的歐洲

——歐洲文藝復興時代

第 51 章：不是哥德人的「哥德式」教堂

教堂在基督徒的心中佔據重要的位置。在中世紀，歐洲人不僅在做禮拜的時候去教堂，他們幾乎每天都去，在那裡禱告和許願，向神父懺悔和傾訴苦惱，或是和朋友們在那裡聊天。有時候，他們一天會去幾次。在十字軍東征期間和結束之後，人們最關注的問題就是修建教堂和大教堂。

當我們把一個教堂叫做「大教堂」的時候，不僅代表它的面積巨大，同時也表示，它是一座主教座堂，就是主教的教堂。所以，大教堂和普通教堂有一個不同的地方——在大教堂的聖壇上，設有一個特殊座椅專門給主教坐。

那個時候，幾乎所有歐洲人都信奉基督教，而且當時的基督教不像現在這樣分有許多不同的教派。教堂是所有基督徒的教堂，虔誠的基督徒都願意為修建教堂出錢。他們拿出大量的金錢與時間和精力，盡自己最大的努力修建完美的教堂。所以在這個時期，大量豪華的教堂和大教堂在法國和歐洲的其他地區被建造起來。現在，它們依然矗立在原地。這些異常壯美的教堂，每年都吸引大批遊客前來參觀。

你還記得古希臘和古羅馬建築的特點嗎？這些教堂和大教堂與古希臘和古羅馬的建築完全不同，其實它們和以前的任何建築都不相同。

這些教堂和大教堂的房頂，就像我們在用積木搭房子時，用兩塊積木擺成的字母A形狀。這其實並不是一個穩妥的建築方式，但奇怪的是，中世紀的教堂大多採用這種建築方式。人們將石頭尖拱頂蓋放在直立的石柱上方，同時為了防止直立的石柱被碰倒，人們還專門用石頭搭建許多叫做

「飛扶壁」的支架和支柱，作為支撐物來保護教堂。在著名的巴黎聖母院後殿，就有許多這樣的飛扶壁。

用這種方法修建的教堂和大教堂，在義大利人看來十分脆弱。他們相信，這樣的建築就像紙牌搭成的屋子一樣很容易就會倒塌，因此義大利人認為，這些人都是瘋子才會這樣修建教堂。這種教堂被人們稱為「哥德式教堂」。

哥德式教堂在修建的過程中，有許多特殊的講究，例如：人們在修建哥德式教堂之前，要先在地上畫下一個巨大的十字架。這個十字架必須朝

飛扶壁——巴黎聖母院的拱頂

向耶路撒冷所在的東方，然後人們再按照這個十字形來設計修建教堂。所以，如果你乘坐一個熱氣球升到空中，從高處向下俯瞰就會發現，所有的哥德式教堂都像是一個朝向東方的十字架。

哥德式教堂的屋頂形狀也很講究，它們通常呈現美麗的尖形，或是「箭頭」形，遠遠看去，就像是指向天空的手指一樣。這樣的形狀是在模仿人們禱告的時候併攏合十的雙手，這是為了告訴人們，要隨時向上帝禱告。

哥德式教堂還有一個最迷人的特點，就是它的每一面都有一塊巨大的玻璃，這些玻璃不是普通玻璃，它們是用不同顏色的玻璃拼接而成的彩色玻璃。當陽光照在這些色彩鮮豔的玻璃上時，它們會反射閃亮的光輝，紅的像寶石，藍的像天空。這些彩色玻璃不是簡單隨意地被拼接起來，人們會把它們拼接成許多美麗的圖畫。這些圖畫都是關於基督教的故事，它們就像書本上的彩色插圖一樣，只是這些圖畫比普通的油畫漂亮許多。

在哥德式教堂的石壁上，通常還要雕刻聖徒和天使，以及一些人物肖像。這些精緻的雕像與美麗的彩色玻璃窗交相輝映，形成莊嚴肅穆的氣氛。

在教堂的屋簷外和角落裡，通常會有一些用石頭做成的奇異野獸，這些野獸大多不存在於自然界中。人們把它們放在那裡，一是為了排水，更重要的是，人們相信這些野獸可以驅除邪惡。

如果你要問我，修建這些宏偉的哥德式教堂的人是誰，是誰雕刻裡面的精美雕像，又是誰想到要用彩色玻璃來拼出那些美麗圖畫，我只能抱歉地對你說，我也不知道。

我只能告訴你，這些哥德式教堂的建築師與雕刻家和藝術家是每一個人。每一個虔誠的基督徒，都為修建教堂捐獻自己的時間和勞力。男人們為教堂雕刻美麗的石頭雕像，拼接華麗的彩色玻璃；女人們為教堂縫製法衣和祭壇布，並且繡出上面的美麗刺繡。

幾乎每一座哥德式教堂都要花費很長時間來修建，有些著名的哥德式教堂甚至花費幾百年時間才最終修建完成，例如：英國的坎特伯里主教座堂、法國的巴黎聖母院主教座堂和沙特爾主教座堂，以及德國的科隆主教座堂。其中，科隆主教座堂花費將近七百年的時間卻仍然沒有完工。當時，有許多參與修建教堂的工匠為教堂奉獻一生，他們甚至還沒有來得及看到教堂修建完成就去世。

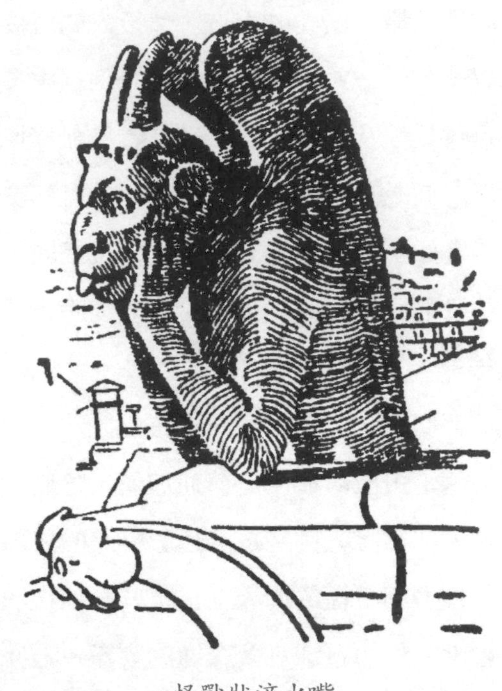

怪獸狀滴水嘴

用石頭和彩色玻璃精心雕琢的哥德式教堂，因其細緻的技術和完美的外觀聞名於世。現在，人們會模仿哥德式教堂，修建那種有尖塔與尖門和彩色玻璃窗的教堂。雖然這些建築在細節上都盡量模仿哥德式教堂，人們在裡面也可以看到許多哥德式元素，但是因為時間和金錢的限制，這些建築無法達到哥德式教堂的建造成就，例如：在依照的哥德式建築中，很難看到真正哥德式教堂的石製天花板與飛扶壁和彩色的玻璃牆，因為現在的人們再也沒有時間和精力來修建這樣華麗的建築。

【藏寶箱裡的日記】——「哥德式」

看到「哥德式教堂」，你或許會以為這種教堂與哥德人之間有什麼關係，但是實際上，它們任何關係也沒有。人們為什麼會這樣稱呼它？這還要從西元476年說起。當時，義大利人被哥德人征服。在義大利人眼中，這些哥德人既野蠻又無知。因此，後來的人們把所有粗野而愚昧的事物都稱為「哥德式的」。

所以，再強調一遍，哥德式教堂和哥德人任何關係也沒有。

事實上，這些被認為是搖搖欲墜的建築，除了那些因為修建不夠仔細而倒塌的建築以外，其餘大部分依然完好無損。雖然還有少數人無法接受哥德式的建築，認為只有古希臘和古羅馬的建築風格才是最好，但是大部分人已經開始認同哥德式的建築，並且被它們的美麗壯觀所折服。

第 52 章：惡棍約翰

還記得我們在講述十字軍東征的時候提到的英國國王理查嗎？就是那個被稱為「獅心王」的國王。現在我們要來說說他的兄弟約翰。

和受到歡迎的理查不同，沒有人喜歡約翰，因為他十分邪惡。討厭他的人，把他做的壞事都編到故事裡。在這些故事裡，約翰的下場往往都不好。每當說到他受到懲罰時，人們都會開心地大笑。約翰到底做出哪些壞事，會讓人這樣討厭他？

首先，約翰擔心他年輕的侄子亞瑟會代替他成為國王，於是就把亞瑟殺害。雖然人們不知道約翰究竟是雇人殺死亞瑟，還是自己親手殺死亞瑟，但是這並不重要。重要的是，他以一種邪惡的方式登上王位，就是一個糟糕的開頭，但是更糟糕的事情還在後面。

後來，約翰和全世界基督徒的領袖——羅馬教皇發生一場爭執。我們曾經在講述查理曼大帝的故事時提到，教皇在當時的社會具有無上的地位，他有權力規定基督徒的行為準則，還對各地的教堂享有絕對的領導權。這一次，教皇指定一個人，讓約翰把他任命為英國的主教，但是約翰卻有自己的打算，他想要讓自己的一個朋友來擔任主教。

面對約翰的拒絕，教皇對約翰說：「如果你不遵照我說的話，我就會關閉英國所有的教堂。」可是約翰完全不把教皇的話放在心上，他說：「教皇想要關閉教堂，就隨他去好了。」就這樣，教皇命令英國所有的教堂關閉，除非約翰做出讓步。

雖然約翰不在意，可是對於英國人民來說，這件事情的影響非同小可。上教堂是人們的頭等大事，禱告禮拜是基督徒每天的必修課，甚至比吃飯還要重要。許多宗教儀式，例如：孩子們的洗禮、情侶的婚禮、死者的葬禮，都要在教堂裡舉行。關閉教堂，也就表示這些儀式無法舉行，情侶無法結婚，死者無法上天堂，新生嬰兒無法得到祝福，於是人們感到手足無措，社會立刻變得混亂不堪。

這一切都是約翰的錯，上帝一定會因為這件事情懲罰英國人，英國人憤怒到了極點。面對人民的怒火，約翰終於感到害怕，他害怕這些人聯合起來反抗。更何況，教皇也有權力任命其他人代替他做國王。想到這裡，約翰連忙認錯，表示同意接受教皇的安排。如果約翰可以在這件事情上受到教訓，事情還不至於太糟糕。但是，有一句話是：江山易改，本性難移，約翰還是不斷地犯錯。

在約翰看來，自己身為國王，是世界的中心，擁有至高的權力，所有人都要依靠他。所有人都是為了供國王差遣而生，國王要他們做什麼，他們就要做什麼，不能有半句怨言。其實，哪一個國王不是這樣想？但是從來沒有一個國王做得像約翰這麼過分。約翰向人們隨意徵稅，如果交不出錢，他就把那些人關進監獄，並且用殘酷的刑具折磨他們，有時候他甚至因此處死別人。

約翰的殘暴將英國人的憤怒推向最高點，忍無可忍的人們終於開始反抗。約翰被人捉起來，關在泰晤士河畔的蘭尼米德島上。1215年的一天，人們迫使約翰簽定一份用拉丁語寫成的文件——《大憲章》。在《大憲章》裡規定一些權利，例如：人們有保管自己財物的權利，有保護自己的財物不被別人非法奪走的權利，人們不能無緣無故被關進監獄或是在無過錯的情況下被國王及任何人懲罰……這些權利在現在看來非常正常，但是在《大憲章》簽定以前，人們根本無權享有這些權利。所以，《大憲章》簽定的日子對於英國人而言，值得永久紀念。

但是，這個喜慶的日子卻是約翰的倒楣日。他根本不想簽定《大憲章》，於是他像一個胡鬧的孩子一樣大發脾氣，大吼大叫，胡亂踢踹，以宣洩自己的不滿。但是這樣做沒有任何用處，他還是要簽字。可是，約翰國王是一個不會寫字的文盲，他甚至連自己的名字也不會寫，所以他只能用手上戴著的一個印章戒指，在需要簽名的地方蓋一個章。

雖然蓋章了，但是約翰並沒有遵循憲章做事，他完全違約，繼續我行我素。但是約翰在不久之後就死了，所以對他而言，《大憲章》並沒有什麼約束力。可是，在他之後的英國國王都必須遵守這個章程。因此，在1215年以後，英國國王成為英國人民的公僕。

【藏寶箱裡的日記】——《大憲章》

世界上許多國家都有一部《憲法》，但是英國的憲法卻不是一部專門的法律，而是由許多文件和法案組成。1215年，英國國王約翰簽定的《大憲章》就是其中的組成部分。這部大憲章寫在羊皮紙上，也被稱為《自由大憲章》或《1215大憲章》。

大憲章最初總共有六十三條，其中最值得一提的是第三十九條。它是這樣寫的：「任何自由人，在沒有得到同級貴族的依法裁判，或是沒有經過國法審判，都不得被逮捕、監禁、沒收財產、剝奪法律保護權、

西元1215年

流放，或是加以任何其他損害。」也就是說，如果一個人沒有經過法律審判，任何人都不能拘禁他，也不能被放逐或是被殺害。同時，他的財產也不能被剝奪。我們後來所說的「人身保護」，就是從這條規定中衍生出來。

所以，有這個規定以後，國王不能再根據自己的喜惡來隨便處罰人，而是必須經過法律的允許。英國的君主立憲，也是由這裡邁開第一步。

第 53 章：歷史上最長的戰爭

1338年，英國的國王是愛德華三世。愛德華三世是一個野心勃勃的人，他本來已經擁有法國一部分土地，但是還想要把整個法國佔為己有。就這樣，他為自己找藉口，聲稱自己是法國前國王的親戚，比現任法國國王更有資格擁有法國。當然，法國人並不同意他的說法，所以愛德華三世發動對法國的戰爭。或許就連他自己也沒有想到，他發動的是歷史上最長的戰爭，直到他去世，這場戰爭還沒有打完。

這場戰爭就是著名的「百年戰爭」。

英法之間的第一戰，發生在一個叫做克雷西的地方。

1346年，英國人乘船向法國進發。英國人的這支隊伍顯得有些散亂，隊伍裡的士兵都是普通百姓，而且他們的裝備簡陋，所以法國人並沒有把英國人放在眼裡。他們認為，在裝備精良的騎士組成的法國軍隊面前，英國的烏合之眾根本不值得一提。

很顯然，法國士兵小看英軍。雖然英國的士兵不是正規軍，但是他們使用一種叫做長弓的武器，這種武器在戰場上發揮巨大的作用。雖然裝備精良的法軍騎兵受過正規訓練，但他們還是被英軍徹底打敗。據說，現在法國人對於「V」的姿勢（手握拳頭，食指和中指伸出，做分開狀，表示勝利）依然非常敏感，因為這是英國士兵拉「長弓」的手指形狀。

英國人在這次戰爭中首次使用大炮，但是當時大炮不像現在這樣威力巨大。在當時，英國人把炮彈打到法軍那邊，就像是把一個籃球丟進法國軍隊裡一樣，除了讓法軍的馬受到驚嚇以外，威力並不大。

克雷西戰役之後，歐洲爆發一場可怕的災難，歐洲大陸被籠罩在瘟疫的陰雲下。一種名叫「淋巴腺鼠疫」的傳染病襲擊歐洲，這種疾病就是至今提起來仍然讓歐洲人害怕的「黑死病」。人們如果罹患這種疾病，渾身上下就會出現許多小黑點，這種小黑點會讓人們在兩天甚至幾小時內喪命。沒有任何藥物可以對抗這種疾病，人們非常害怕，有些人甚至還沒有被傳染疾病，就被嚇死了。

黑死病持續兩年，它奪去三分之一歐洲人的生命。在當時，經常出現全村人橫屍街頭的場景，活著的人還沒有來得及為死去的人掩埋屍體，自己就離開人世。田間的莊稼和牛羊馬匹，還有海上漂流的漁船，都沒有人照看，歐洲陷入一片黑暗之中。

即使災難如此嚴重，英法的百年戰爭仍然在持續。戰士們更換一代又一代，英國軍隊一直向法國尋釁，好像戰爭已經成為日常行為一樣。那個時候，法國的國王是一個懦弱的小皇帝，法國人民開始絕望，沒有人可以帶領他們戰勝強大的英國。

當時，在法國的村莊裡生活著一個普通的農家女——貞德。有一天，貞德來到貴族的城堡裡，告訴貴族們她做了一個夢，夢裡有一個聲音告訴她，只有她才可以帶領法國走出困境。看著眼前這個瘦弱蒼白的女人，貴族們的眼裡充滿懷疑，然而他們還是要準備考驗這個女孩。

於是，他們把貞德帶到皇家大廳裡。在那裡，王子端坐在王位上。貞德走到王子面前，瞧了王子一眼，就走到王子身邊的一個人面前跪下來，對他說：「我是來帶領法軍取得勝利的。」原來，王位上的並不是真正的王子，而是貴族們找來假扮王子的僕人，真正的王子在旁邊站著。貴族們這麼做，就是為了考驗貞德，貞德果然通過考驗。

王子和貴族們都大吃一驚，他們只好相信貞德的話。為了表示對貞德的支持，王子把自己的令旗和盔甲送給她。從此，貞德開始帶領軍隊與敵

聖女貞德在火刑柱上

人抗爭，並且最終使王子順利登上王位。

貞德神奇的經歷，使法國士兵們備受鼓舞，因為在他們的心裡，貞德就像上帝派來拯救法國的天使。士兵們士氣高漲，英勇作戰，接連打下很多場勝仗。連連敗退的英國士兵們並不是這麼想，他們認為這個女孩是一個惡魔，於是設計把貞德給俘虜了。

然而，法國國王並沒有去營救貞德。貞德雖然幫助法國脫離險境，可是國王並不想讓一個女人指揮自己的軍隊，他的威嚴不能被一個女人破壞。就這樣，貞德被英國人判為女巫，然後被活活燒死在火刑柱上。貞德雖然死了，但是法國的好運並沒有結束。從那個時候開始，法國軍隊力量大增，最後他們終於打敗英國人。

在這場百年之戰中，兩國損失無數，英國人也沒有得到他們想要的結果。

【藏寶箱裡的日記】——黑死病

黑死病就是我們經常所說的鼠疫。最早記錄鼠疫的，是佛羅倫斯一位名叫博卡奇奧的人在1348年記錄的。在他的描述中，染上鼠疫的人的腹股溝或腋下的淋巴會有腫塊。然後，青黑色的皰疹會在三天內長滿他的身體各個地方。三天以後，這個可憐的人就會死去。

從這種疾病的名字，我們很容易想到，它一定是由老鼠引發的。但是實際上，真正帶來這種疾病的是老鼠身上的跳蚤。

1338年，中亞一個小城中最早出現鼠疫患者，然後這種疾病沿著商道傳到俄羅斯。1347年，鼠疫在君士坦丁堡肆虐，接著它踏過西班牙、希臘、義大利、法國、敘利亞、埃及、巴勒斯坦。

不久以後，它的魔爪已經讓四分之一的歐洲人失去生命。

然而不幸的是，當時的人們根本不知道如何應對這種可怕的傳染病。醫生想盡各種方法，通便、催吐、放血、煙薰、燒灼淋巴腫塊、用尿洗澡……一切都是徒勞。人們為了防止死亡蔓延，吃精細的食物，飲用好酒，但是疾病還是不斷降臨。

第 54 章：不去探險的藝術家

雖然在十五和十六世紀，有許多人到新大陸探險，但不是所有人參與這項活動，例如：藝術家們就在義大利創造許多偉大作品。在十三世紀末期，義大利各個城市興起一項思想文化運動。在大概十五和十六世紀，這項運動擴展到西歐各國，這項運動被稱為「文藝復興」。為什麼這個時代會被稱為「文藝復興」時代？

在義大利的很多地方，古希臘和古羅馬時期的美麗建築和雕塑，重新吸引建築師們和雕刻家們的目光。他們依照古希臘和古羅馬時期的建築風格，建造許多美麗的建築，雕刻家們也製作許多伯利克里時代的雕塑。同時，古希臘時期的文學作品再一次受到讀者的喜愛，這些作品被大量印刷。義大利彷彿重新回到伯利克里時代，那個時候的文化就像重生一樣。所以，人們把這個時代稱為文藝復興時代。

文藝復興時代湧現許多偉大的藝術家，其中有著名的米開朗基羅。米開朗基羅既是畫家，又是雕刻家、建築師、詩人。米開朗基羅對待藝術的態度十分嚴謹，他創作一件藝術品，通常會花費幾年的時間精雕細琢。經過他製作的藝術品，每一件都是不朽的佳作。

米開朗基羅的天賦讓所有人折服，就連當時的教皇也希望米開朗基羅可以為他在羅馬的私人教堂——西斯廷教堂繪製天花板。一開始，米開朗基羅並不願意接下這份工作，他認為自己只是一個雕刻家，並不是畫家，可是教皇十分堅持，最終米開朗基羅做出讓步。

真的是一項大工程，米開朗基羅每天住在教堂裡，全心全意地為教堂繪製圖案。他在工作的時候，堅決不讓別人打擾他，就連教皇也不能到教堂裡。每天，米開朗基羅一個人待在教堂裡，要麼全心全意地工作，要麼閱讀《聖經》尋找創作靈感。

有一次，教皇經過教堂看到有一扇門開著，想要進去看看米開朗基羅的工作進展如何，卻打擾正在專心繪畫的米開朗基羅。米開朗基羅失手掉下一些工具，差一點砸到教皇。教皇生氣地離開，但是他從此再也沒有打擾過米開朗基羅。

西斯廷教堂天花板上的畫，一直畫了四年。米開朗基羅在這四年裡，從未離開過教堂。這幅用四年時間完成的大型壁畫精美絕倫。直到現在，還有數以萬計的人，不遠萬里從世界各地專程過來參觀。

但是，米開朗基羅最值得稱讚的還是他的雕刻。他不用事先做出模型，就可以直接在石頭上雕刻栩栩如生的雕像。據說，米開朗基羅曾經雕刻一尊摩西坐像。當他雕塑完成的時候，就連自己也被這個栩栩如生的雕像震撼。於是，他用錘子敲擊雕像的膝蓋，想要讓這個雕像站起來。當然，雕像沒有站起來，但是它的膝蓋位置上卻留下一道裂縫。如果你到羅馬教堂裡參觀這尊摩西雕像，導遊一定會指著摩西腿上的裂縫，把這個故事告訴你。

米開朗基羅活到將近90歲。這個天才的藝術家，一生都不願意被別人打擾，於是他離群索居，很少與人打交道。與他為伴的，只有他的雕塑和他的繪畫。

與米開朗基羅生活在同一個時代，還有一位偉大的藝術家——達文西。達文西就像一個萬能博士一樣，既精通藝術，又擅長寫作。他還是一位工程師和科學家。雖然這個偉大的天才留下的畫作並不多，但是他的每一幅畫作都是精品。

他有一幅畫作，相信你並不陌生，那就是《蒙娜麗莎的微笑》。畫上那個叫做「蒙娜麗莎」的女人，擁有「謎一般的」微笑。這幅畫作讓後人研究很久，至今人們依然看不透蒙娜麗莎的笑容裡，究竟包含怎樣的秘密。

《最後的晚餐》也是達文西留給我們的傑出畫作。但是，當初達文西把這幅畫作直接畫在水泥牆上，所以時間一久，水彩就跟著牆壁上的水泥一起掉落，原來精美的畫作只能看到一些痕跡。但是，經過後人修復以後，現在我們又可以再次欣賞這幅迷人的畫作。

接下來介紹的這位藝術家也很偉大，他叫做拉斐爾。拉斐爾在他的一生中，畫的最多的是聖母瑪利亞和耶穌，其中最有名的一幅叫做《西斯廷聖母》。除了聖母像以外，《雅典學院》也是拉斐爾的傳世巨作。在這幅畫中，高大的建築拱門背景前，不同時代與不同地域和不同學派的著名思想家們在自由地討論，其中包括柏拉圖和亞里斯多德等五十多個思想家。人們都說，只有米開朗基羅畫在西斯廷教堂天花板上的畫，才可以與它媲美。拉斐爾在畫這幅畫的時候，只有26歲。

拉斐爾一生喜愛交朋友，他的性格溫和，周圍的仰慕者和學生很多，他們認真記下拉斐爾的每一句話，拉斐爾也很樂意提攜這些年輕人。雖然拉斐爾一生創作很多作品，但是在很多時候，他的畫作只有一些關鍵部分，例如：人物的臉部，是他親自創作完成的，身體的其餘部分或是衣服，他都交給學生們來畫。對於拉斐爾的信任和指導，許多學生都十分感激，他們為可以在拉斐爾的畫作上表現自己的才華而感到驕傲。但是，謙和的拉斐爾卻未能長壽，他很早就過世，是人類藝術史上的一大遺憾。

【藏寶箱裡的日記】——西斯廷教堂

西元1445年，教皇西斯都四世著手修建一座教堂，並且用他的名字

拉斐爾的著名畫作《雅典學院》

來命名這座教堂，這就是西斯廷教堂。它長40.25公尺，寬13.41公尺，高20.73公尺。據說，這座教堂的原型來自於《列王紀》記載的所羅門王神殿。

西元1506年，教皇儒略二世為紀念西斯都四世，打算重修西斯廷教堂。於是，儒略二世請來建築師伯拉孟特。後來，為了重新繪製教堂內的壁畫，儒略二世請來米開朗基羅。

正是因為米開朗基羅在這裡創作的壁畫《創世紀》和《最後的審判》，讓這座教堂聞名天下。當然，這兩幅壁畫同時也代表米開朗基羅繪畫的巔峰。其中，天頂畫《創世紀》的面積達到300平方公尺。米開朗基羅在這幅畫中，畫了343個人物。4年以後，當米開朗基羅完成繪畫從梯子上走下來的時候，他的眼睛竟然再也無法平視。從此，他只能抬著頭看書和讀信。

第 55 章：由一座教堂引發的革命

十六世紀，羅馬教皇想要在羅馬修建一座教堂，他連地址都選好了，就建在當初君士坦丁老教堂的位置上，修建的教堂要叫做聖彼得大教堂。據說，教堂選址的這個地方，就是當初聖彼得受難的地方。如果這座教堂真的建成，它在基督徒的心目中將佔據十分重要的位置。

既然這座教堂如此重要，教皇認為他有理由把它修建成世界上規模最大和最華麗的教堂。但是他沒有想到，他的麻煩也是從這裡開始。

教皇先讓人拆毀一些羅馬建築，為的是湊齊修建教堂用的大理石和其他材料。此外，他還從群眾手中搜斂錢財，用以支持他修建教堂的工程。當時，偉大的藝術家米開朗基羅和拉斐爾也被請來為新教堂做設計規劃。

這個聲勢浩大的工程，引起當時一名德國修道士的強烈不滿，他就是馬丁・路德。馬丁・路德認為，教皇不應該從群眾中斂財。此外，他還認為，教會有95項錯誤。馬丁・路德認為，自己有責任和義務讓教皇認識到自己犯下的錯誤，於是動筆寫下95項錯誤，這些錯誤寫了一大頁紙。馬丁・路德將這張紙釘在他居住城鎮的教堂大門上，目的是讓所有人都知道教會犯下的錯誤，鼓勵人們一起反對教會的這些做法。

教皇聽聞這件事情以後十分生氣，他派人給馬丁・路德送去一項命令，讓他不要再鬧事。可是，馬丁・路德沒有將教皇的命令放在眼裡，他在許多人面前，一把火燒掉教皇的命令。在馬丁・路德的鼓動下，許多人脫離天主教會，不再服從教皇。

教皇看見馬丁・路德依然我行我素，想要請西班牙國王查理五世來幫忙解決問題。查理五世擁有美洲新大陸的大部分土地，是一位權勢極大的國王。同時，他還是一位非常虔誠的天主教徒。教皇認為，讓這樣的人出面實在是非常適合。

查理五世接受教皇的提議，同意幫助教皇解決他與馬丁・路德之間的問題。於是，他命令馬丁・路德到德國沃木斯接受審判，並且保證他絕對不會傷害馬丁・路德。

馬丁・路德來到沃木斯之後，查理五世讓馬丁・路德把之前責備天主教的話收回。但是馬丁・路德拒絕這樣做，於是一些貴族生氣了，他們強烈要求查理五世將馬丁・路德燒死在火刑柱上。但是查理五世曾經答應馬丁・路德不會傷害他，因此他信守諾言，放走馬丁・路德。雖然馬丁・路德安全地從沃木斯回來，但是他卻被自己的朋友關起來，這又是怎麼回事？

原來，馬丁・路德的一些朋友知道，雖然馬丁・路德這次逃過一劫，但是並不代表其他天主教徒不會傷害他。可是，馬丁・路德卻完全不在意自己的安危。於是，朋友們為了保證沒有人可以傷害馬丁・路德，就想出一個他們認為最安全的辦法，那就是將馬丁・路德關起來。只要馬丁・路德不到外面，就沒有人可以傷害他。

就這樣，馬丁・路德被自己的朋友們關起來，他被關了一年多。這段期間，他將《聖經》翻譯為德語。這本德語版的《聖經》，是歷史上第一本其他語言的《聖經》譯本。

馬丁・路德抗議天主教的事件發生之後，那些反對教皇並且脫離天主教的人被稱為「新教徒」。當時，天主教徒和新教徒之間互不服氣，雙方都認為自己才是正確的，因此他們之間展開激烈鬥爭。有時候，朋友之間或是親人之間，也會因為各自的信仰不同而發生爭鬥。

面對這些爭鬥，查理五世覺得十分煩惱，他被這些宗教爭端和帝國中的其他事務弄得心力交瘁。查理五世決定離開這些麻煩，於是他把王位讓給自己兒子菲利普二世。退位以後的查理五世來到修道院，每天潛心研究機械玩具和機械手錶。就這樣，查理五世過著平淡而快樂的生活，一直到他去世。

和查理五世同一時期當國王的還有英國國王亨利八世，這位亨利國王是一位非常堅定的天主教徒。

有一天，這位堅定的天主教徒找到羅馬教皇。他對羅馬教皇說，自己想要和妻子離婚，因為她無法給自己生兒子，自己的王位沒有人繼承。他必須娶一個妻子來繁衍子嗣，維持英國的統一。因此，亨利八世希望教皇可以批准他的離婚請求。

亨利八世與他的第二任妻子安妮・博林

或許你會問，為什麼一個國王想要離婚卻要得到教皇的同意？不要忘記，教皇是歐洲和美洲的基督教會領袖，所有的基督徒都要聽從他的旨意。既然亨利八世是基督徒，就必須聽從教皇的旨意，即使他是一個國王。

可是，教皇沒有答應亨利八世的離婚請求。亨利八世得到教皇的答覆以後認為，自己身為英國國王，卻讓一個外國人對英國的事情指手劃腳，實在是沒有道理。他才是英國的國王，是英國最高權力的行使者，他決定怎麼做就可以怎麼做，沒有必要讓一個外國人對自己發號施令。

於是，亨利八世決定由自己來掌管英國的基督徒，不再聽從教皇的旨意，而且他還命令英國所有的教會都由國王來管理。從此以後，教皇再也無法決定英國基督徒的事情。

這就是天主教會內部的第二次分裂，希望你不會覺得它很難懂。

【藏寶箱裡的日記】——聖彼得大教堂

聖彼得大教堂位於梵蒂岡，這座教堂在歐洲天主教徒心目中的地位非凡。它是羅馬基督教的中心教堂，是天主教徒的朝聖地與梵蒂岡羅馬教皇的教廷，也是世界第一大教堂。

重建聖彼得大教堂總共花費120年時間，當時許多世界頂尖的建築師與藝術家都參加教堂的重建工作。他們之中有伯拉孟特、米開朗基羅、德拉・波爾塔和卡洛・馬泰爾。

這座宏偉的大教堂，融合羅馬式的圓頂穹窿與希臘式的石柱。建成以後，教堂的面積達到2.3萬平方公尺，高45.4公尺，長211公尺，是世界上規模最大的教堂。你可以想像，6萬人同時在聖彼得大教堂中祈禱的場景嗎？

如果你想要眺望羅馬城，可以登上教堂的圓形穹頂。在那裡，你還可以低頭欣賞圓穹內壁鑲嵌畫。這些鑲嵌畫也是出自大師之手，米開朗基羅的《哀悼基督》就在那裡。當然，還有拉斐爾的《雅典學院》。

第十篇：領土永遠在太陽照耀下的國家

——伊莉莎白女王

第 56 章：女人也可以管理國家

說完亨利八世的故事，我們接下來說說他的女兒。亨利八世在脫離羅馬教皇之後，如願以償地與妻子離婚。之後，他又娶了五個妻子。這五個妻子給亨利八世留下兩個女兒，一個兒子。雖然這個兒子比姐姐們年輕，但是人們認為男人比女人更適合統治國家，於是在亨利八世死後，他的兒子成為新國王，可是他登上王位不久以後就死了，於是他的姐姐瑪麗接替王位。

瑪麗有一句口頭禪：「把他的腦袋給我砍下來！」聽著這句話，你不難想到，瑪麗一定砍掉很多人的腦袋。

瑪麗是一個與眾不同的女人，她從小就顯露和其他女孩不同的性格。她固執強硬，從來不輕易聽從別人的意見。瑪麗是一個堅定的天主教徒，她就像一個女戰士，隨時準備為天主教和教皇戰鬥。因此，她對父親亨利八世脫離教皇的做法十分不滿。

瑪麗把所有反對教皇的人都當作惡人。在她看來，這些反對教皇的人都應該被砍掉腦袋。瑪麗是這麼想的，同時也是這麼做的，她砍掉許多新教徒的腦袋。正因為如此，瑪麗變成人們口中的「血腥瑪麗」。但是，還有一個人比瑪麗更適合「血腥」這個稱呼，他就是瑪麗的丈夫。

瑪麗的丈夫就是我們之前提到的菲利普二世，西班牙國王。他與瑪麗一樣，是一個堅定不移的天主教徒，但是這位天主教徒比瑪麗更血腥凶殘。

菲利普二世用難以想像的殘忍方式對待新教徒，他會把新教徒的雙手綁住，高高地吊在空中，折磨他們，直到他們暈死過去才會停止。有時候，他還會把抓來的新教徒綁在柱子上，讓人拉著他們的頭和腳，往相反的方向拉扯，活生生地將人撕扯成兩半。其實，無論這個人是不是新教徒，只要菲利普二世懷疑他是，他就會被菲利普用最殘忍的方式來折磨。

你看，這就是「血腥瑪麗」的丈夫。這個殘忍的國王對待新教徒的方式，就是過去基督教殉道者所受到的那些折磨——「異端審判」。

菲利普二世對付的新教徒主要集中在荷蘭，因為當時的荷蘭在菲利普二世的統治之下，但是荷蘭人之中卻有大量新教徒。這讓菲利普十分惱怒，他無論如何也不能容忍自己的土地上有如此眾多的新教徒存在，於是他加大對荷蘭新教徒的迫害力度。

荷蘭的新教徒在菲利普二世的迫害下，過著異常艱苦的生活。這個時候，有一個名叫威廉的人站出來，他再也無法容忍菲利普二世如此殘忍地對待自己的同胞，於是，威廉帶領一些人反抗菲利普二世的壓迫。

威廉平時沉默寡言，不喜歡說話，被其他人戲謔地稱為「沉默的威廉」，可是他做事卻完全不含糊。很快的，威廉帶領人們成功地脫離西班牙的統治，建立獨立的荷蘭共和國。可是，威廉卻沒有躲過菲利普二世的魔爪，被菲利普二世的人暗殺。

這就是菲利普和瑪麗的故事。在瑪麗死後，她的妹妹伊莉莎白繼承王位。伊莉莎白是一個美麗的女人，她長著一頭漂亮的紅髮。許多男人都愛上這位美麗的女王，紛紛向她求婚，可是伊莉莎白卻一個也沒有答應。伊莉莎白一生都沒有結婚，是當時有名的「童貞女王」。

伊莉莎白在亨利八世的三個孩子裡，能力最強。與姐姐瑪麗不同，伊莉莎白是一個新教徒。瑪麗有多麼維護天主教，伊莉莎白就有多麼維護新教。她維護自己信仰的意志和瑪麗一樣堅定，甚至因此不惜與自己的親戚為敵。例如：那個時候的蘇格蘭女王瑪麗・斯圖亞特是伊莉莎白的親戚，可是她卻是一個天主教徒，因此伊莉莎白將瑪麗・斯圖亞特視為自己的敵人，隨時關注她的動向，隨時準備清除瑪麗・斯圖亞特。

有一次，她聽說瑪麗・斯圖亞特有吞併英國的計畫，立刻將瑪麗・斯圖亞特關進監獄。伊莉莎白把這位親戚囚禁二十年，然後無情地處死她。

伊莉莎白的做法惹惱菲利普，為了維護天主教的聲譽，他決定懲罰伊莉莎白。於是，1588年，菲利普集結海軍，組成「無敵艦隊」，向英國駛去。

聽這支艦隊的名字我們就可以知道，菲利普一定自信滿滿，認為一定可以打勝仗。可是，他沒有想到英國並沒有正面迎戰，而是派出一隊小船從背後偷襲他的無敵艦隊。這些小船十分靈活，它們一次只攻擊一艘船，攻擊之後小船就迅速逃離。菲利普的船艦十分笨重，他們甚至還沒有調轉船頭開炮，英國人就駕著小船跑遠了。

在戰鬥中，英國人找來一些舊船點燃，然後讓這些燃燒的舊船靠近西班牙的艦隊。當時的船都用木頭打造，所以西班牙的船都著火，西班牙人損失慘重。倖存下來的西班牙船艦狼狽地撤退，但是他們的運氣實在很差。正當他們想要繞過蘇格蘭北部回國時，一場巨大的暴風雨襲擊他們。很不容易在戰爭中倖存下來的西班牙戰船，都在這次暴風雨中被摧毀。

這次的慘敗，令西班牙徹底喪失海上霸主的地位。從此以後，西班牙逐漸走向沒落，再也不是世界上最強大的國家。伊莉莎白帶領英國，逐漸取代西班牙的霸主地位。英國的艦隊，也取代西班牙的無敵艦隊，成為當時世界上最大的海軍艦隊。

伊莉莎白用她的統治事實告訴人們，女人不會比男人差，在很多事情上，她們還會比男人做得更好。

【藏寶箱裡的日記】——女王

在十四世紀以前，只有男性才有資格成為國王，但是在此之後，許多國家都出現女性君主，也就是女王。從歷史上看，歐洲總共誕生30多位女王。她們之中的許多人都是傑出的君主，成就並不比男性國王們低，例如：丹麥瑪格麗特一世、英國伊莉莎白一世和維多利亞女王、西班牙伊莎貝爾一世、俄國葉卡捷琳娜二世、奧地利瑪麗亞・特蕾西亞。

歐洲的大多數女王在登上皇位之前都是公主，但是也有一些女王以前是王后。她們之所以成為女王，是因為國王死後，繼承人年紀太小，無法獨立承擔國王之職，或是他們根本就沒有適合的繼承人，於是王后就接過國王的權力，成為女王，例如：俄國的葉卡捷琳娜一世和葉卡捷琳娜二世。現在，在歐洲的君主制國家中，有三位女王在位：英國女王伊莉莎白二世、荷蘭女王畢翠克絲、丹麥女王瑪格麗特二世。

女王承擔的職責與國王相同。有些女王在結婚之後，會把自己的王位讓給丈夫，但是有些女王為了保證自己的權力，選擇終生不結婚，英國女王伊莉莎白一世就是其中的典型。

西元1588年

第 57 章：你一定認識的名人

伊莉莎白的統治時間很長。她在位期間，發生許多有趣的事情。在這裡，我們就要講述這些有趣的事情。

有一天，伊莉莎白出門的時候，正好遇上大雨。雨水使得路面十分泥濘，盛裝的伊莉莎白只好拎起裙子穿越泥濘的馬路。正在此時，一個年輕人跑過來，他將自己漂亮的天鵝絨斗篷鋪在泥濘的道路上，讓伊莉莎白從上面踩著走過。

年輕人的細心打動伊莉莎白，她十分欣賞這個年輕人的紳士作為，於是將這個年輕人封為騎士，這個年輕人就是後來的華特・雷利爵士。

華特・雷利爵士還為伊莉莎白做過另一件事情。

還記得100年以前的卡博特在到達美洲以後，曾經宣稱美洲的大部分土地都屬於英國嗎？雖然如此，英國政府卻沒有對此做出任何舉動。直到有一天，華特・雷利爵士覺得英國有必要考慮如何安排美洲的土地。

於是，他組織幾批英國人，將他們送到現在美國的北卡羅萊納州海岸線附近的一個叫做羅諾克的小島上。第一個在美洲出生的英國孩子是一個女孩，她被取名為維吉尼亞・戴爾。維吉尼亞在英文中，意思為「處女之地」。在當時，整個美洲海岸都被稱為「維吉尼亞」，這個名字也是為了紀念「童貞女王」伊莉莎白。由於伊莉莎白很受歡迎，所以後來有許多英國女孩都叫做維吉尼亞。

這些英國人在羅諾克過著異常艱苦的生活，很多人因為無法忍受那裡惡劣的生存環境，又重新回到英國，留在那裡的人後來全部失蹤。直到現在，我們都不知道這些人去哪裡。

回到英國的人，從維吉尼亞帶回許多菸草。當時，英國人看到美洲的印第安人都抽煙，而且他們的身體很強壯，所以英國人理所當然地認為，抽煙對身體很有好處。於是，當菸草被帶回英國以後，英國國內就流行抽煙。華特・雷利爵士就是在那個時候學會抽煙。關於他抽煙的事情，我有一個小笑話要說給你聽。

雷利爵士剛開始抽煙的時候，他的僕人看到他的嘴裡有煙冒出來，誤以為雷利身上著火，於是急忙去接一桶水，從雷利的頭上澆下去，將雷利澆成落湯雞。

但是，伊莉莎白的繼任者詹姆斯國王卻十分痛恨菸草，他不准人們再抽煙，還寫一本書說明抽煙的各種壞處。詹姆斯是一位明智的國王，因為抽煙確實會對人們的身體產生致命的傷害。詹姆斯國王繼位以後，還將伊莉莎白女王的好朋友雷利爵士關進倫敦塔，因為他認為，雷利爵士在當年參與反對他登基的陰謀。

雷利爵士一直被關押13年。在監獄裡，雷利爵士沒有事情可以做，只好寫書解悶，他寫的書叫做《世界歷史》。最終，雷利爵士還是被詹姆斯國王處死。如果伊莉莎白女王得知這個消息，會不會感到傷心？

除了雷利爵士之外，伊莉莎白統治時期還出現許多偉大人物，莎士比亞就是其中一個。我相信你們其中有很多人都讀過莎士比亞寫的故事。也許，你小時候聽過的睡前故事裡就有《哈姆雷特》、《威尼斯商人》、《羅密歐與茱麗葉》，這些都是出自這位天才劇作家的雙手。

但是，莎士比亞並不是從小就展露作家天賦，他只在學校讀過六年書，而且他當時並不是一個好學生。莎士比亞在學校裡頑皮搗蛋，根本不喜歡讀書，因此經常受到老師的批評。最後從學校裡出來時，莎士比亞甚至連自己父親的名字也寫不出。

13歲的時候，莎士比亞再也不去上學。他輟學之後，在外面過著幾年頑劣生活。然後，他與一名叫做安・哈瑟薇的女孩結婚，並且有三個孩子。但是結婚沒有幾年，莎士比亞就離開妻子和他的三個孩子，獨自前往大城市倫敦尋找發展機會。

年輕的莎士比亞沒有什麼特別的長處，只能在倫敦的一個劇院裡給人照看馬匹。但是之後，他得到一個表演的機會，只是他出演的都是一些小人物，幾乎沒有什麼發展前途。

無法成為優秀演員的莎士比亞一直堅持，沒有放棄。

後來，有人讓莎士比亞修改劇本。莎士比亞寫起劇本，遠比當演員得心應手。經過他的手寫出的故事，情節豐富，語言生動。這些精彩絕倫的劇本，令莎士比亞聲名鵲起。

雖然莎士比亞很早就輟學，但是他瞭解的東西卻不少。在他的劇本裡，運用許多醫學、歷史、法律方面的知識，讓他的劇本內容顯得豐富而生動。在創作劇本的期間，莎士比亞賺到一筆不小的財富。然後，功成名就的莎士比亞回到他出生的小鎮史特拉福居住，一直到他去世。

莎士比亞把自己的作品讀給伊莉莎白女王聽

莎士比亞被葬在一個鄉村教堂，在他的墓碑上，有人為他寫下一首詩，最後一句寫的是：「遷移我屍骨者，將受亡靈詛咒。」這句話讓許多想要將莎士比亞的遺體遷移到更體面的大教堂的人，一直不敢遷移莎士比亞的屍骨。所以至今，莎士比亞依然安靜地躺在那間鄉村教堂裡。

【藏寶箱裡的日記】——華特・雷利

華特・雷利爵士年輕的時候，曾經做過武裝民船的船長。但是，他同時也是作家和詩人，他對文學、歷史、航海術、數學、天文學、化學、植物學方面都有研究，是一位博學的海盜船長。而且，據說他長得十分英俊。

雷利爵士曾經對伊莉莎白女王說：「誰控制海洋，誰就控制貿易；誰控制世界貿易，誰就控制世界財富，最後也就控制世界本身。」

正是因為他的這句話，伊莉莎白女王開始重視英國的海外殖民地，同時開始加強英國的海軍建設。雷利爵士受到女王的喜愛，他聰明又幽默，為女王寫下很多詩歌。但是後來，雷利爵士沒有經過女王的允許，就與女王的一個侍女結婚。這件事情惹惱女王，她一氣之下將雷利爵士關起來，但是後來女王還是寬恕雷利爵士。

雷利爵士是一個冒險家，他曾經在1595年到南美洲尋找黃金，只是這次他沒有像上次在維吉尼亞那樣幸運，他什麼也沒有找到。

第 58 章：斯圖亞特家的故事

我們在這裡講述和姓名有關的故事。你可能要問，姓名有故事可以說嗎？當然有，這裡面有許多有趣的故事。

英文名字和中文名字一樣，有許多常見的名字，例如：卡本特、費雪、貝克、米勒、泰勒、庫克……這些名字聽起來十分普通，可是透過這些名字，你就可以知道他的職業。你想不到吧，讓我告訴你：米勒是磨坊主，泰勒是裁縫，費雪是捕魚人，庫克是廚師，貝克是麵包師，卡本特是木匠。怎麼樣，用職業來做名字是不是很有趣。

在過去，很多英國人都是以職業來當作姓名。例如：有一個人叫做泰勒，很可能他的祖輩就是裁縫，叫做斯圖亞特的人，他的祖輩有可能就是管家。還記得那個被伊莉莎白女王殺死的蘇格蘭女王瑪麗·斯圖亞特嗎？她的姓是斯圖亞特，說不定她的祖先就是一個管家。

讓我們回過頭來說說伊莉莎白女王。這位女王沒有結婚，因此她一輩子也不可能有孩子。同時，她也是都鐸家族的最後一個成員，所以她死後沒有人可以繼承她的王位。

無奈的英國人只能去外面尋找新的國王，他們首先想到的就是蘇格蘭的斯圖亞特家族，因為都鐸家族與斯圖亞特家族有親戚關係。當時，蘇格蘭還是一個獨立的國家，不是英國的一部分。

當時的蘇格蘭國王詹姆斯·斯圖亞特，也就是瑪麗的兒子，接受英國人的邀請，前往英國。由斯圖亞特家族統治的英國，被稱為斯圖亞特王朝。斯圖亞特王朝從1600年到1700年這段時間，一直統治英國。

英國人選擇斯圖亞特家族來統治英國，真是一個錯誤。斯圖亞特家族的人完全是殘暴專制的獨裁者，例如：詹姆斯要求議會不能做違背國王意志的事情。而且他還認為，國王的權力是上帝給予的，所以國王所做的一切都是對的。

詹姆斯的各種作為讓英國人十分後悔，他們認為自己引狼入室。這個蘇格蘭人在英國人頭上作威作福，實在讓英國人難以忍受。雖然英國人對他的許多做法十分不滿意，但是他們仍然繼續忍耐。

當時，英國在印度建立自己的殖民地，並且不斷擴張，最後完全征服印度。殖民地的擴張，使英國變成一個強大的國家。

除了在印度建立殖民地以外，英國人還在南美洲和北美洲建立殖民地。1607年，又有一批英國人來到美洲。他們在維吉尼亞登陸，想要在那裡碰運氣，看看能不能找到金礦，發一筆橫財。但是他們的運氣並不好，這裡什麼也沒有。但是既然已經來了，他們乾脆在當地定居，並且把定居地命名為詹姆斯敦。為了生存，這些殖民者在這片土地上進行勞動，開墾自己的家園。

後來，這些英國殖民者發現跟金礦一樣值錢的東西，那就是菸草。他們在美洲種植菸草，然後運回英國販賣，這些菸草給殖民者帶來豐厚的收入。但是，這些從英國來的紳士們不想再勞動，但是有誰可以幫助他們做這些粗活？很快的，有人從非洲帶來一些黑人，這些黑人被當作奴隸，販賣給英國殖民者。英國殖民者買到奴隸以後，就讓奴隸在種植園裡做粗活。歷史上最黑暗的制度之一——美洲奴隸制度，就是這樣開始。

南美的種植園裡，幾乎全部是黑人奴隸在工作。這裡的種植園越來越大，就有越來越多的黑人被販賣到這裡，從事繁重的工作。奴隸制度和販賣黑人，是人類為了滿足自己的欲望而施行的一種罪惡行徑。

又過了一段時間，新一批英國人來到美洲土地上，但是這些人並不是要來新大陸尋找金礦。

當時的英國，總是發生一些讓人困擾的事情。於是，就有人想要找一個安靜的地方，過著寧靜的生活。當時，人們對新大陸的生活懷抱美好的想像，所以在1620年，這些英國人乘船從英國的普利茅斯出發，漂洋過海來到現在美國的麻薩諸塞州。這些新來的英國人把定居的地方命名為普利茅斯，這裡是最早的新英格蘭地區。那艘載著他們來到美洲的船，就是著名的「五月花號」。只是，這裡的生活並沒有他們當初想像的那麼好。這裡生活條件惡劣，氣候嚴寒。他們之中有許多人甚至無法撐過第一個冬天。但是，活下來的人都留在那裡，沒有人再回到英國。讓我們回頭來看看當時的英國，那裡正在發生一件重要的事情。

【藏寶箱裡的日記】——感恩節的由來

西元1620年，102名英國人乘坐「五月花號」來到美洲。他們之所以到這裡，是因為他們是清教徒。當時的英國正在嚴重迫害清教徒，所以為了避難，他們來到新大陸。但是，這裡的日子並不好過。

就在這一年的冬天，這些新來的移民由於無法忍受美洲的嚴寒冬季而凍死，原來的102人，現在只剩下44人。幸好，他們得到當地印第安人的幫助，他們從印第安人那裡得到許多生活物資。而且，他們從印第安人那裡學會種植玉米和

西元1607年到西元1620年

南瓜，學會如何打獵，學會飼養火雞。

在他們到來的第二年夏天，這些新移民開始使用印第安人教給他們的技術來種植莊稼。他們能不能豐收，決定他們的生存。終於，在印第安人的幫助下，他們獲得豐收。為了感謝上帝賜予的豐收，也為了感謝印第安人的幫助，新移民狂歡3天。從此，這個習俗就一直流傳下來。

第 59 章：國王被砍了腦袋

詹姆斯・斯圖亞特終於去世了，他的兒子查理接過王位。查理非常像他的父親，甚至比他的父親更嚴苛。英國人民在他父親統治的時期，已經對斯圖亞特家族非常不滿，現在他們再也無法忍受專制的國王，於是許多年以來累積的怨恨，就像火山一樣猛烈地爆發。

這一次，英國的民眾不像上次《大憲章》簽定的時候那樣，只是逼迫國王簽定法律那樣簡單。人們組織軍隊，準備與查理開戰。由於這支軍隊由議會領導，所以稱他們為「議會軍」。議會軍由一名叫做奧利佛・克倫威爾的鄉村紳士組織訓練，他把自己的士兵訓練成精兵良將。

查理也組織自己的軍隊，這支軍隊由貴族組成。軍隊裡的士兵都留著長長的捲髮，戴著插有大羽毛的寬邊帽子，衣領和袖口上點綴精緻的蕾絲花邊。議會軍都是由普通民眾組成，他們衣著樸素，留著短髮，顯得十分幹練。

國王的士兵們終日花天酒地，不務正業，完全不把戰爭放在眼裡，但是議會軍對每一次戰鬥都十分重視。他們在戰鬥之前都要向上帝祈禱，行軍的路上還高聲唱聖歌和讚美詩。

如果這樣兩支隊伍出現在你面前，你覺得誰會贏？很明顯，國王的軍隊並不是議會軍的對手。國王的軍隊大敗，查理成為議會軍的階下囚，他將會面臨審訊。當時，審訊國王的人實際上並沒有審訊國王的權力，但是他們仍然審訊查理，指出他的罪行。最後，人們判處查理死刑。1649年，查理國王被人們送上斷頭台。

國王死了，但是英國必須要有人來管理。誰有能力接過這個重任？人們想到議會軍的總指揮官奧利佛・克倫威爾。克倫威爾長得很粗獷，總是會做出粗魯的事情，但是國家管理者不一定要長得好看或是舉止優雅，我們之前說的很多故事都可以證明這一點。

克倫威爾很適合管理國家，因為他為人正派，賞罰分明。他尤其痛恨不誠實的言行。有一次，克倫威爾找來一位畫家給他畫肖像。當畫家發現克倫威爾臉上的瘊子以後，就自作主張地沒有把瘊子畫上去。他心想，這樣做絕對會讓畫上的克倫威爾顯得更好看。但是，克倫威爾看到自己的畫像以後竟然大發脾氣，他大聲地斥責畫家，責怪他不按照自己真實的模樣來畫。

克倫威爾死後，他的兒子繼承他的位置。但是，他的兒子讓所有人都大失所望。因為克倫威爾的兒子雖然心地善良，但是卻缺少治理國家的智慧。或許，就連他也知道自己沒有辦法承擔這樣重大的責任，於是幾個月以後他就退位。

一時之間，人們找不到適合的人選來接任國王的職位，英國人開始慌亂。或許你也曾經有這樣的經歷：當一件事情總是無法解決時，你會做出一些錯誤的決定。英國人就是這樣，他們竟然把查理的兒子請回來當他們的國王。難道他們忘記斯圖亞特家族的本性嗎？難道他們忘記英國人曾經殺死他的父親嗎？

1660年，查理的兒子查理二世繼位，斯圖亞特家族重新統治英國。

事實證明，英國人做出歷史上最愚蠢的決定。查理二世貪圖享樂，終日尋歡作樂，根本沒有心思治理國家。而且，他為了給自己的父親查理報仇，就用殘酷的刑罰對待那些處死他父親的人，就連已經死去的人他也不放過。查理二世叫人挖出克倫威爾的屍體，然後將克倫威爾的頭砍掉，最後還把屍體掛起來。

英國國王查理一世和克倫威爾

這個時候的英國，真是一個麻煩不斷的國家。英國人彷彿受到什麼可怕的詛咒，曾經奪去無數人生命的瘟疫，再一次襲擊這個國家。後來，1666年的某一天，一場大火在倫敦蔓延。這場大火使英國損失慘重，幾百間教堂和幾千家房屋被火舌吞沒。但是，對英國人來說，不一定是壞事，因為這場大火消除倫敦城裡大量的污穢垃圾，瘟疫被趕跑了。真是不幸中的大幸。

從此以後，人們為了防止再次發生可怕的火災，就不再用木頭建造房屋，而是改用磚塊和石頭。

1689年，斯圖亞特家族的統治終於走到盡頭。這一年，斯圖亞特家族的統治者威廉和瑪麗代表斯圖亞特家族，簽署一份由議會起草的法案，這就是大名鼎鼎的《權利法案》。從此，國王和人民之間的衝突被徹底解決，議會成為國家的真正領導。後來，英國人把這件重要的事情稱為「光榮革命」。因為，他們沒有經過戰爭，就取得革命的成功。

【藏寶箱裡的日記】——英格蘭國王譜系

諾曼第王朝：威廉一世（征服者）—威廉二世—亨利一世—史蒂芬。

安茹王朝：亨利二世（短斗篷）—理查一世（獅心王理查）—約翰—亨利三世—愛德華一世—愛德華二世—愛德華三世—理查二世。

蘭開斯特王朝：亨利四世—亨利五世—亨利六世。

約克王朝：愛德華四世—愛德華五世—理查三世。

都鐸王朝：亨利七世—亨利八世—愛德華六世—珍・葛雷—瑪麗一世—伊莉莎白一世。

斯圖亞特王朝：詹姆斯一世—查理一世—查理二世—詹姆斯二世—威廉三世和瑪麗二世—安妮女王。

漢諾威王朝：喬治一世—喬治二世—喬治三世—喬治四世—威廉四世—維多利亞女王。

薩克森—科堡—哥達王朝：愛德華七世。

溫莎王朝：喬治五世—愛德華八世—喬治六世—伊莉莎白二世。

第十一篇：天翻地覆

——駛向近代的世界

第 60 章：法國路易國王的統治

現在，讓我們暫時離開英國，到其他國家看看。先到英吉利海峽對岸的法國。

當英國由斯圖亞特家族統治的時候，法國的國王來自路易家族。歷史上有一個聖徒也叫做路易，但是他和我們現在要講述的路易國王沒有任何關係。路易家族有很多國王，我將介紹給你們的這兩位國王是第十三個和第十四個國王——路易十三和路易十四。讓我們按照順序，先來講述路易十三時期的法國發生什麼事情。

路易十三雖然是法國的國王，但是他卻沒有什麼權力，這個國家裡有另一個人比他更有權勢。這個人很好認，如果你看見一個穿著紅色長袍戴著紅帽子的教徒，那就是他——黎胥留。

黎胥留是當時法國教會的最高管理者，也就是所謂的紅衣主教。他的權力很大，大到連國王路易十三都要聽他的指令。黎胥留是天主教徒，法國也是一個天主教國家。但是，黎胥留卻在一場戰爭中，支持新教徒。

又是戰爭，是的，又是戰爭。我知道你已經聽過太多關於戰爭的事情，但是這場戰爭我無論如何都要告訴你。因為它與我們之前說過的許多戰爭不同——它不是國家之間的戰爭，而是天主教徒與新教徒之間的戰爭。天主教徒黎胥留為什麼要站在新教徒那邊？原來，他和新教徒有一個共同敵人——奧地利。

這件事情不難理解。就像你正在和一個人打架，這個時候，有一個你們兩個人都討厭的人過來要打你們，這個時候，最明智的做法就是和你的對手一起把這個討厭的人趕跑。所以，雖然黎胥留並不喜歡新教徒，但是為了打敗奧地利，他決定先與新教徒合作。黎胥留為什麼一定要打敗奧地利？雖然奧地利也是天主教國家，但是黎胥留認為，只有法國才是天主教國家的真正統治者，所以他一定要讓奧地利服從自己的管轄。

當時，參與這場戰爭的國家很多，戰爭的目的就是為了確定是新教還是天主教佔據統治地位。在當時，北歐有一個國家叫做瑞典——我們從來沒有提到這個國家——也參加這場戰爭。

這個時候的瑞典國王名叫古斯塔夫・阿道夫，由於瑞典的氣候十分寒冷，因此他被稱為「雪王」。阿道夫驍勇善戰，人們十分崇敬他，因此又稱他為「北方雄獅」。阿道夫是當時參戰的歐洲統治者之中最優秀和正義的國王。

英勇善戰的阿道夫親自率領軍隊南下，直抵當時的戰爭中心德國，全心全意地幫助新教徒作戰。阿道夫不像其他多數參戰的統治者那樣，只想利用這場戰爭為自己謀取利益，他是為了自己心中所堅信的正義而戰。由於阿道夫英勇善戰，瑞典的軍隊最終也獲得勝利。然而不幸的是，這位正直的國王卻在一場戰役中英勇犧牲。

新教徒與天主教徒總共打仗三十年，最終新教徒在戰場上取得優勢。這個結果讓戰爭雙方締結一個象徵戰爭結束的和約——《西發里亞和約》。這個和約承認新教的合法地位，並且規定每個國家的國王都有權力自己決定國家的官方宗教是新教還是天主教。

路易十三和黎胥留下台之後，性格強勢的路易十四登上法國的王位。他即位以後，執政手段非常強硬，他不願意像自己的父親那樣任人擺佈。路易十四覺得國王必須把政權牢牢掌握在自己手中，因此他聲稱自己就是國家，就是法國最高權力的代表。

所以，當英國人把權力交給議會的時候，法國的路易十四擁有至高無上的權力。路易十四當了很久的國王，他總共在位72年。這個數字讓他成為法國在位時間最久的國王。

不知道你們有沒有看過驕傲的孔雀。它總是昂著頭，挺著胸，踱著步伐，彷彿自己是世界上最高貴的生物。路易十四就像驕傲的孔雀一樣，喜歡炫耀。那個時候，法國人總是可以看見他們的國王手握權杖，走路的時候昂首闊步，趾高氣昂，好像戲劇裡面的人物一樣。路易十四經常戴著散發濃烈香氣的假髮，穿著緊身衣，腳上穿著紅色高跟鞋，到處檢閱遊行。

我們總是說，喜歡炫耀的人顯得很愚蠢，路易十四的這些舉動，讓他看起來像小丑一樣蠢。可是，在當時沒有誰敢說他們的國王是傻瓜，因為正是這個驕傲喜歡炫耀的國王，帶領法國與其他國家不斷作戰，最終讓法國代替西班牙和英國，成為當時的歐洲霸主。

國王總是要有一座豪華的宮殿，路易十四為自己在凡爾賽修建一座華麗的宮殿。據說，這座宮殿的禮堂由大理石砌成，宮殿的牆上畫滿精美絕倫的畫。為了展現自己的威嚴，同時欣賞自己的身姿，路易十四在他的宮殿裡懸掛許多大鏡子。

凡爾賽宮極盡奢華，就連宮殿的周圍都美輪美奐。圍繞凡爾賽宮的大型花園裡設置許多噴泉。不要小看這些噴泉，裡面的水都是從很遠的地方運到凡爾賽宮，噴幾分鐘就要花掉幾萬美元。這些噴泉每天按時噴灑，每當此時，陽光透過重重水霧，將凡爾賽宮照得晶亮。如果你對這些噴泉感興趣，可以到那裡去看看，凡爾賽宮的噴泉現在還是按時噴水，如果你看見了，相信一定會被它們吸引。

路易十四是一個善於給自己找樂子的人。他喜好籠絡人才，只要有人在某一方面特別優異，無論繪畫還是歌唱，就算只是因為他長得十分漂亮，路易十四就會把他邀請到宮殿裡。他們以路易十四的侍臣為名，待在凡爾賽宮供國王差遣。這些侍臣由路易十四供養，過著錦衣玉食的生活。

法國在位時間最久的國王——路易十四

侍臣的日子過得舒服愜意，相比之下，百姓的日子過得非常痛苦。百姓們吃不飽穿不暖，還要上繳大量稅金為路易十四和侍臣的玩樂買單，否則路易十四怎麼有錢來舉辦各式各樣的聚會，炫耀自己的榮耀。

路易十四準備就寢

哪裡有壓迫，哪裡就有反抗，我們幾乎可以預見到法國人民最後一定會抗爭。

【藏寶箱裡的日記】——凡爾賽宮

1660年，法國國王路易十四來到財政大臣富凱的沃子爵城堡裡。路易十四沒有想到，沃子爵城堡竟然如此宏偉，國王所有行宮沒有一座可以與它相比。路易十四十分生氣，他認為富凱一定貪汙許多錢財，才可以修建如此豪華的城堡，於是他把富凱關進監獄。與此同時，路易十四決定為自己修建新的行宮。經過一番考察，路易十四決定，把路易十三在凡爾賽的狩獵行宮改建為新行宮。於是，他請來設計沃子爵城堡的設計師勒諾特和當時的著名建築師勒沃為他工作。

同時，為了保證在建造凡爾賽宮的過程中有足夠的材料，路易十四下令10年之內不可以在新建築上使用石料。1667年，勒諾特設計凡爾賽花園及噴泉，並且在狩獵行宮的西、北、南三面添建新宮殿。1674年，建築師孟薩爾接過勒諾特的工作，增建宮殿的南北兩翼、教堂、桔園，以及大小馬廄等附屬建築。

直到1710年，凡爾賽宮才完全建完。在當時，它是歐洲最大最豪華的宮殿建築，吸引眾多歐洲貴族來這裡參加聚會。

第 61 章：喜歡當學徒的王子

每個美國孩子都會被問到一個問題：誰是美國國父？我想，孩子們會爭著回答：喬治・華盛頓。如果你問俄國孩子誰是俄國國父，他們會告訴你：「彼得大帝。」

如果我要你在地圖上把美國的國土塗成紅色，或許你要用掉半根蠟筆，因為美國的國土面積很大，但是你要用掉一根蠟筆，才可以把俄國的國土塗滿紅色，因為俄國的國土差不多有兩個美國那麼大。

這個故事裡的主角彼得，生活在西元1700年。那個時候，俄國雖然是歐洲最大的國家，並沒有多少人瞭解它。為什麼？我這樣跟你說吧，如果你家附近有一間大房子，但是那裡被高高的籬笆牆圍住，而且房子每天都是房門緊閉。房子的主人也極少出門，他不參加聚會，從來不邀請鄰居到家裡做客，雖然他的房子是整個街區裡最大的，但是你除了這一點，卻完全不瞭解房子的主人是一個什麼模樣的人。當時的俄國就是這樣，那裡的人們生活得相對封閉，與其他歐洲國家很少交往，所以很少有人知道它。

在西元十三世紀，俄國曾經是成吉思汗的管轄之地。你還記得成吉思汗嗎？我們在說到中國的時候，曾經提到這個偉大的統治者。那個時候，俄羅斯人學到許多東方人的習慣。所以，你看到當時的俄國人，一定會覺得很奇怪，這個信奉基督教的民族，雖然是斯拉夫語系的成員，但是他們卻跟中國人一樣，男人留長鬍子穿長袍。而且，他們竟然跟中國人一樣，使用算盤算數。這些行為舉止和生活習慣都跟東方人一樣，如果他們不是長著一張歐洲人的臉，你一定會誤以為他們是東方人。

當時的俄國比其他歐洲國家都要落後。雖然那個時候其他歐洲國家已經不再實行農奴制，俄國也已經廢除農奴制，但是俄國的貴族卻仍然在使用農奴。俄國，就像一座巨大卻破敗的房子，雖然看起來很宏偉，但是卻不結實，它急需修繕。

西元1672年，俄國有一位名叫彼得的王子出生了。作為一名王子，有一件事情讓彼得覺得羞恥——他害怕水，即使是站在水邊，他都會嚇得直冒冷汗。如果你害怕一件東西的時候會怎麼做？距離它遠遠的，再也不靠近它，還是想辦法戰勝它？彼得選擇克服自己的恐懼。他是一個王子，是一個男子漢，不能害怕任何東西。於是，彼得逼迫自己接近水，每天都到水邊去玩各種與水有關的遊戲。彼得依靠堅強的毅力戰勝內心的恐懼，他終於不再怕水，甚至還喜歡游泳和划船。

聽到這麼多偉大君主的故事之後，我想你一定也猜到，彼得一定是一個雄心勃勃的人，擁有偉大的理想和抱負。確實如此，理想是成就一個偉大君王的必要條件，彼得當然也不例外。他看著面積遼闊但是並不富強的俄國，很想讓它變得強大起來，但是要怎樣做？

當時的俄國人與外界交流很少，自閉愚昧，因此想要轉變俄國的面貌，就要先學習西歐先進的技術。但是彼得發現，俄國竟然沒有人可以當他的老師，於是他毅然決定到國外去學習。

此時的彼得，就像童話故事裡尋訪仙人學習魔法的學徒，開始自己的旅程——當然，他學習的是先進的文明。

彼得的第一站是荷蘭，沒錯，就是那個曾經盛產海盜的國家，彼得要來這裡學習荷蘭人的造船技術。在這裡，彼得與其他學生一起，親手製造一艘三桅戰艦。然後，他來到英國，為英國東印度公司當上一段時間的船長。接著，他到普魯士學習射擊。彼得花費16個月時間，走遍西歐的工廠、學校、博物館、軍火庫，甚至參加英國議會舉行的一屆會議，出席國會的會議，參加王宮的化裝舞會。在這段期間，彼得沒有告訴任何人他是王子。他把自己當作一個普通工人，餓了自己做飯，衣服破了自己補，成為一個自力更生的王子。

很快的，彼得掌握先進的造船技術，還學會打鐵和修鞋，甚至拔牙等技術。最後，彼得帶著豐富的知識回到祖國，開始改造俄國的面貌。

彼得心想，俄國必須要在軍事上強大起來，因此他開始在俄國推行義務兵役制，引進國外新式武器和戰略技術。然後，彼得想要和其他歐洲強國一樣，建立一支強大的海軍——一支屬於彼得自己的艦隊。

擁有自己的艦隊，這是一個多麼好的想法啊！可是，彼得看著俄國地圖，深深地皺起眉頭——俄國位於內陸地區，沒有港口。彼得看著地圖陷入沉思，他必須要找到一個臨水的地方，建立一個屬於俄國自己的港口。最終，彼得的目光落在北歐斯堪地那維亞半島的東南部——瑞典。那裡有長長的海岸線，又和俄羅斯接壤。當然，瑞典人不會願意把自己的土地白白送給彼得，一場戰爭又是免不了。但是彼得根本不擔心，因為當時瑞典的統治者卡爾十二世只是一個少年。

彼得覺得自己完全可以戰勝年輕的卡爾十二世，但是彼得似乎忘記這個男孩的綽號——「北方狂人」。卡爾十二世不是平庸的男孩，他完全不比彼得遜色。卡爾十二世也是年少有為，天賦極高。聽說他四歲的時候已經學會騎馬和射箭，少年時期已經精通兵法，懂得如何行軍打仗。跟他打過仗的國家，幾乎都吞下敗仗，當時人們甚至將卡爾十二世與亞歷山大相比，認為他們一樣勇猛。

所以，驕傲的彼得被卡爾十二世打敗，他從未想過自己竟然會敗給一個男孩。彼得吞下敗仗以後，回到國內仔細思考，認真練兵。最後，他終於打敗卡爾十二世，攻破卡爾十二世不敗的神話，得到他想要的海濱。接下來，他踏上實現夢想的道路，組建一支籌備多年的艦隊。

彼得就像是父親關愛自己的孩子一樣關心自己的艦隊。為了可以接近自己的艦隊，方便看到艦隊的操練情況，雖然現在的都城莫斯科的環境還不錯，但是彼得仍然決定要把俄國的都城遷到距離艦隊更近的地方。經過仔細挑選，彼得最終將都城選在一片沼澤地上。當然，沼澤地上不能建造城市，於是彼得找來30多萬工人，將這個地方填平，並且在上面建起一座美麗的城市。

俄國皇帝彼得一世畫像

這個地方就是聖彼得堡。聖彼得，這個名字對你來說一定不陌生，聖徒彼得也叫做「聖彼得」。沒錯，這個城市正是為了紀念聖彼得而取這個名字。當然，你也可以說，彼得大帝是用自己的名字來給城市命名。

從彼得大帝開始，直到近代都城遷回莫斯科之前，聖彼得堡一直都是俄國的首都。但是它的名字一改再改，它曾經叫做聖彼得堡，然後叫做彼得格勒，接下來叫做列寧格勒，最後又改回聖彼得堡。這麼多名字，千萬不要搞錯了。

遷都以後，彼得開始著手治理國家，在這個階段，他除了重視發展經濟，創辦許多工廠之外，也非常注重教育，開設許多學校。同時，他進一步完善俄國的法律，建立許多醫院。彼得在這個時期做出許多對俄國人民十分有益的事情。

在所有這些治理手段中，彼得曾經下達一個強制性命令，讓俄國人剪掉長鬍子。300多年以前，長鬍子曾經是俄國人最自豪的東西。許多俄國人認為，鬍子是「上帝賜予的飾物」，身體的靈魂全部凝聚在鬍鬚之上，所以當時的俄國人把刮鬍子視為異端。但是彼得卻認為，這些鬍子代表俄羅斯的守舊和落後。貴族們不明白彼得為什麼這麼做，因此嚇得號啕大哭，直呼「成何體統」，但是彼得根本不予理會，反而下令全體男性居民必須剪掉鬍子，不剪就要繳交重稅。

雖然俄國人把鬍子剪掉了，但是有些人卻把剪下的鬍子保存下來，準備死的時候一起葬在棺材裡，他們認為，這樣可以在進入天堂以後體面地見上帝。

彼得的思想先進，對婚姻的態度也很開明，沒有門當戶對的觀念。他愛上一個名叫凱薩琳的窮苦農家女孩，並且準備娶她為妻。但是，彼得的愛情遭到許多人的反對，他們覺得彼得的行為太荒唐。但是，這些阻力並沒有讓彼得退縮，他不顧所有人的反對，毅然決然地與凱薩琳結婚，並且堅定地冊封她為王后。

這位讓彼得大帝如此鍾愛的凱薩琳究竟是一個什麼樣的人？她的性格溫婉，聰慧異常，是彼得的好幫手。她與彼得結婚以後，幫助彼得將國家治理得井然有序，夫妻二人過著幸福美滿的生活。彼得去世以後，凱薩琳繼承丈夫的遺志，登上俄國的政治舞台，也為這個國家做出巨大的貢獻。

彼得的改革政策使俄國的面貌煥然一新，俄國真的變成一個強大的歐洲國家。1721年10月，俄國樞密院尊稱彼得為「大帝」和「祖國之父」，俄國也正式改稱「俄羅斯帝國」。

【藏寶箱裡的日記】——聖彼得堡

聖彼得堡位於波羅的海芬蘭灣東岸，涅瓦河河口，是俄羅斯第二大城。涅瓦河縱橫的水道把這裡分隔成40多座小島，於是人們修建400多座橋樑來連接這些小島。所以，聖彼得堡擁有「橋城」的美譽。

現在，這裡仍然可以看到俄羅斯帝國時期留下的古典建築，包括：彼得羅巴夫洛夫斯克要塞、冬宮與皇宮廣場、夏花園與夏宮、聖伊薩克主教座堂、阿尼奇科夫橋……

聖彼得堡有一個十分特殊的景觀——白夜。聖彼得堡地處北緯60度，每當仲夏時節，日光彷彿特別偏愛這裡，於是這裡就得到20個小時的日照時間。每到此時，夕陽似乎才剛落下，旭日就在東方升起。之間的間隙，人們不需要點燈就可以讀書看報，黑夜彷彿永遠不會降臨在這座美麗的城市裡。

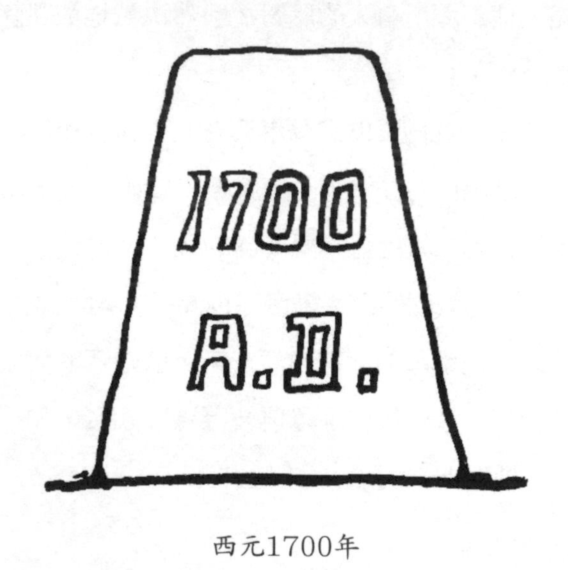

西元1700年

第 62 章：「不務正業」的國王

彼得大帝是一個傑出的君主，幅員遼闊的俄國在他的手中變得強大。當時，歐洲還有一位傑出的人，他與彼得大帝一樣，讓自己的國家由一個弱國變成強國，但是他的國家領土比俄國更小。這個人叫做腓特烈，他的國家名叫普魯士。

普魯士的王子名叫弗里茲，他就是腓特烈。腓特烈長著一頭捲曲的頭髮，他的父親是普魯士的第二任國王。腓特烈的父親有一個特別的愛好，就是喜歡「收集」巨人。只要他聽說哪裡有身材高大的人，就會用盡各種辦法把這些人弄到手。他用這些巨人組成一支軍隊，還為自己擁有這樣的軍隊而感到驕傲。

老國王的脾氣非常古怪暴躁，他對自己的孩子也缺乏耐心。老國王一心想要讓腓特烈變成一個英勇戰士，因此對他的要求異常嚴苛。但是，腓特烈卻非常熱愛音樂和寫作。老國王因此責罵腓特烈不顧正業，只懂得唱歌和寫詩這些沒有用的東西，卻從來不去加強自己騎馬、射箭、帶兵打仗的能力。

脾氣暴躁的老國王並不是和藹的父親，只要兒子一犯錯，他就會生氣地拿起藤條抽打他。有一次，他竟然順手抓起碟子，朝著毫無防備的腓特烈丟去。有時候，為了懲罰腓特烈，老國王還會把他關進屋子裡，只給他麵包和水。

終於有一天，腓特烈再也無法忍受父親的嚴厲管制，他離家出走，逃出宮殿。可憐的腓特烈還是被父親抓回來。他的行為惹惱父親，父親一氣之下，竟然要處死自己的兒子。幸運的是，周圍的人接連求情，父親才就此罷休，否則普魯士會失去一位英勇的國王，普魯士的歷史或許也會因此改寫。

人們以為，這位喜歡詩歌寫作的王子長大以後應該不會成為戰士，但是令人意想不到的是，長大以後的腓特烈真的成為一個英勇的戰士。他仍然熱愛詩歌，仍然喜歡音樂，但是他擁有更遠大的志向，他要讓普魯士成為歐洲最強大的國家。想要讓國家強大，大多數國王會選擇向外擴張，腓特烈也不例外，他的目標是誰？

在腓特烈登上普魯士王位的同時，他的鄰國奧地利正由一位名叫瑪麗亞・特蕾莎的女國王統治。雖然我們知道女人統治國家不一定會比男人差，但是在當時，很多人並不看好女國王的能力。許多人都覺得一個由女人統治的國家絕對很容易被征服，腓特烈就是其中之一。為了擴大自己的地盤，腓特烈就像當時許多國家一樣，對奧地利發動戰爭。

其實，腓特烈這麼做，違背他父親的意志。因為腓特烈的父親在位時，曾經與奧地利女王約定：普魯士不會攻擊奧地利。此時，一心想要成就霸業的腓特烈，早已將這些陳年約定拋到九霄雲外，他的大手一揮，普魯士的軍隊朝著奧地利直撲而來。

普魯士與奧地利的戰爭開始以後不久，其他歐洲國家為了自己利益都加入這場戰爭。他們之中，有一些支持腓特烈，有一些幫助奧地利女王抗擊腓特烈。最終，奧地利無力抵擋腓特烈的進攻，腓特烈成功擴大自己的版圖。

奧地利女王瑪麗亞・特蕾莎也是一個女中豪傑，雖然她的國家在戰爭中失敗，但是女王並沒有放棄，她準備重整旗鼓，把奧地利從腓特烈的手中奪回來。於是，她秘密地操練軍隊，暗中聯絡一些國家形成聯盟。

然而，特蕾莎的運氣不太好，她的敵人並不是一般的國王，腓特烈太強大。在特蕾莎女王有所行動之前，腓特烈已經探聽到她的行動。為了使瑪麗亞・特蕾莎徹底死心，腓特烈又向奧地利發動一場戰爭，這就是歐洲歷史上著名的「七年戰爭」。這場戰爭延續很長時間，最後完全將奧地利的政治和經濟拖垮，腓特烈牢牢地控制奧地利。最終，他實現自己的夢想，將普魯士變成歐洲最強大的國家之一。

在七年戰爭進行的同時，遙遠的美洲殖民地上的英國人和法國人打起來，成為七年戰爭的「分戰場」。這是為什麼？因為英國在七年戰爭中支持腓特烈，法國和其他國家支持奧地利，所以他們在美洲也打起來。最終，支持腓特烈的英國人取得勝利。如果我說，英國人的這場勝利對現在的美國人而言，具有重大的意義，你一定會覺得我糊塗了，英國的勝利跟美國有什麼關係，那個時候美國還沒有建立。

我並沒有糊塗，因為英國人的勝利，決定英語成為大多數美國人的語言。如果當時是法國取得勝利，現在美國人就是說法語，而不是英語。

既然我們提到語言，我再告訴你一個關於腓特烈的語言習慣。腓特烈是普魯士人，他本來應該說德語。可是腓特烈卻認為德語不好聽，只有那些粗鄙沒有接受教育的人才會說德語，除非跟僕人或是不懂法語的人說話時，腓特烈才會用德語，其他時候，無論寫字還是說話，腓特烈都是用法語。

雖然腓特烈為了從其他國家得到好處而不惜使用一切手段，但是他對自己的子民卻十分寬厚。他為國家盡心盡力，把自己的子民當作自己的孩子一樣愛護，為了使自己的人民過著幸福的生活，就算讓他與全世界為敵，他也是在所不惜。

腓特烈究竟有多麼愛護自己的子民？或許從以下的故事裡，你可以有所瞭解。在腓特烈的宮殿附近有一個磨坊，因為這個磨坊實在太舊又破，腓特烈每天看著它覺得非常心煩，因為它與自己的華麗宮殿放在一起實在不協調，影響宮殿周圍的風景。但是直到現在，這個破舊的磨坊卻仍然矗立在腓特烈的宮殿附近。

當時，腓特烈想要以高價買下磨坊，然後把它拆掉。但是，無論他出的價錢多高，磨坊主也不願意將磨坊賣給他。如果是其他國王，或許早就命令士兵把磨坊拆掉，但是腓特烈並沒有這樣做。因為他覺得，無論是誰，都有權利保留自己的財物，別人無權干涉，即使是國王。所以，直到現在，你還可以看到這個磨坊。

【藏寶箱裡的日記】——七年戰爭

在七年戰爭中，特蕾莎女王與法國和俄羅斯結成同盟。當時，普魯士曾經陷入苦戰。腓特烈的三個元帥都在戰爭中戰死，腓特烈也曾經感到絕望，他甚至將毒藥帶在身邊。但是，腓特烈最終卻死裡逃生。原來，特蕾莎女王的同盟——俄國的女皇伊莉莎白病逝，俄國的新皇帝與腓特烈結成同盟！就這樣，腓特烈終於在苦戰中等來希望。長期的戰爭使奧地利國內的財政狀況惡化，特蕾莎女王只好停止戰爭。最終，普魯士成為奧地利的一大威脅。

西元1750年

第 63 章：新大陸的暴風雨

現在，讓我們把目光轉向新大陸，看看那裡發生什麼。先來講述美國的國王。美國也曾經有國王，他與美國國父的名字一樣，也叫做喬治。但是，他是一個德國人，後來當上英國的國王。這跟美國又有什麼關係？不要著急，讓我慢慢告訴你。

英國的斯圖亞特家族在1600年到1700年之間一直是英國的統治者，然而到了1700年左右，英國再也找不到斯圖亞特家族的後裔。國家不能沒有主人，英國必須找一個人來做國王。於是，他們千里迢迢從德國找到一個皇室遠親來統治英國。

這個新的英國國王叫做喬治，英國人稱他為「喬治一世」。想想看，喬治是一個德國人，他完全不瞭解英國，甚至連英語都不會說。這樣的人要怎麼管理英國？他的兒子喬治二世也是一樣，對英國毫無貢獻。

但是，老喬治的孫子喬治三世不一樣。喬治三世在英國出生，又在這裡長大。自小受到英國文化薰陶的他，儼然成為土生土長的英國人。美國人要記住這位英國的喬治三世，因為美國就是在他統治英國的時候成立的。

當時，英國在美洲有許多殖民地，這些殖民地也稱為居留地，詹姆斯敦和普利茅斯是那裡最早兩塊殖民地。後來，隨著來到新大陸的人越來越多，美洲大西洋沿岸殖民地範圍也越來越大。當時，居住在那裡的大多是英國人。除了英國人以外，還有德國人與荷蘭人和蘇格蘭人在這裡居住。此外，由於殖民者從非洲販賣人口，把黑人運送到美洲當作奴隸來使喚，所以美洲有許多黑人。

回過頭來，我們要說說英國對美洲的統治情況。

大西洋沿岸的這些人都由英國國王統治，現在你知道我為什麼會在開頭說美國曾經有國王嗎？既然美洲的英國人受到英國國王的統治，英國的國王就要這些人交稅給他。這其實是一個過分的要求。通常來說，一個國家的稅款要用在修建基礎設施的建設上，例如：修建道路、橋樑、房屋，或是用來建設學校。可是，美洲人所交的稅款都進入英國國王的口袋。生活在美洲大西洋沿岸的殖民者，總是眼睜睜看著自己的血汗錢被別人白白拿走。不僅如此，這些遠離故土身在美洲的人非常不滿，他們辛苦地工作，如期交稅，就連選舉權和投票權也沒有。既然如此，為什麼還要接受英國國王的統治？為什麼要交稅給英國國王？

於是，他們找來一個人到英國和國王喬治三世談判。人們選出來談判的人，叫做班傑明・富蘭克林。

富蘭克林，就是你在100元面額的美鈔上見到的那個富蘭克林。或許你小時候已經聽過很多關於富蘭克林的故事，但是我願意再給你們講述這個人，因為他對美國人而言，意義非凡。

富蘭克林是一個蠟燭工人的兒子，身世貧苦。但是，他的聰明才智使他做出很多偉大的成就，成為美國人最尊敬的人。富蘭克林是一位實業家、科學家、社會活動家、思想家、文學家、外交家，也是一位享有國際聲譽的科學家和發明家。當這些看似毫不相關的稱謂出現在同一個人的名字後面，我們就可以知道，富蘭克林的一生有多麼豐富。富蘭克林曾經創辦美國第一份報紙，發明新式火爐和油燈，在暴風雨中放風箏捕捉閃電。在美國人心中，甚至在全世界人心中，他都是一位偉大的智者。

富蘭克林與英國國王談判的時候，希望可以與國王在美洲人民繳納稅金的事情上，達成一項公平公正的協定。但是，富蘭克林沒有完成這項任務，喬治三世堅定地拒絕他，談判破裂。既然和平方式不能解決問題，美洲人民決定用武力反抗。誰可以承擔這個重任？

這個人必須是一名優秀的戰士，他必須誠實勇敢，有領導能力。於是，一個人走進大家視野。他就是後來的美國國父——喬治・華盛頓。

喬治・華盛頓曾經是測量土地的土地測量員，在他16歲的時候，由於他聰明能幹，受到雇主的賞識，被派去給勳爵的農場測量。後來，華盛頓參軍，參加在法國和印度之間的「七年戰爭」，他的表現英勇出色。不久之後，華盛頓成為殖民軍軍官。作為一名出色的戰士和軍隊的領導者，喬治・華盛頓表現超乎常人的作戰能力。由於他的出色表現，喬治・華盛頓被選為美軍的統帥，指揮軍隊對抗英國。

本來，在美洲的英國殖民者只是想要和在本土的英國人一樣，擁有屬於自己的合法權利，但是後來他們發現，除非擺脫英國國王的統治，獨立建國，否則他們的願望根本不可能實現。

美洲人一再商量，最後讓一個叫做湯瑪斯・傑佛遜的人起草一份名叫《獨立宣言》的文件。在這份文件裡，殖民地人民宣布獨立，不再服從英國的統治。當時，有56個人作為美洲人的代表，在這份宣言上簽名。

這簡直就是一場生命的賭博，如果美洲在戰爭中失敗，56個人就會被當作叛國者，死在英國國王的鍘刀下。但是，與所有追求自由的人們一樣，他們無所畏懼，義無反顧地在宣言上簽字。讓我們記住這一天，1776年7月4日。

當然，喬治三世不可能讓美洲這樣容易地獨立，他派出軍隊來到美洲。

雙方實力懸殊，英國的軍隊都是正規軍，又有充足的彈藥和糧草儲備，但是華盛頓的兵力很少，糧食備品十分短缺，軍費也是少得可憐，作戰的時候，連子彈火藥都不夠。有一年冬天，華盛頓的士兵只有胡蘿蔔可以吃，他們的衣物也很少，幾乎快要被凍死。雖然華盛頓一直在鼓舞士兵的鬥志，可是如果沒有援助，這支軍隊遲早會失敗。看來，是時候去請救兵了。

於是，班傑明・富蘭克林再次被委以重任，前往海外尋求幫助。這一次，他來到法國。

富蘭克林選擇法國，是因為敵人的敵人就是自己的朋友，法國與英國一向不和。還記得那場與普奧七年戰爭的同時，發生的美洲之戰嗎？英國與法國在美洲開戰，法國戰敗，並且失去在美洲的殖民地——加拿大，法國人一直記著這筆帳。但是，富蘭克林找到法國人的時候，華盛頓在戰場上的形勢不被看好。法國人考慮很久，認為如果選擇錯誤，結果又一次被英國打敗，這樣可就糟了。所以，法國人並沒有立刻答應富蘭克林的要求。但是，後來法國人改變主意，因為1777年，華盛頓在薩拉托加大敗英軍，取得「薩拉托加大捷」。法國國王覺得華盛頓似乎有勝利的希望，就同意給華盛頓提供一些援助物資。同時，法國還派出貴族拉法葉協助華盛頓。

法國出手幫助美洲人以後，英國人覺得局勢對自己越來越不利，於是他們開始考慮和美洲人議和，承諾給美洲的殖民者和英國人相同的權利。但是太遲了，美洲的殖民者現在想要的是獨立，英國國王所謂的權利已經不能滿足他們對自由的渴望。由於雙方無法達成共識，最終只能以戰爭來解決問題。

在薩拉托加吞下敗仗以後，英國政府派來康華利勳爵與美洲格林將軍作戰。本來康華利勳爵想要速戰速決，但是格林將軍卻帶著自己的隊伍跟他打起「游擊」。終於，康華利勳爵被耗得筋疲力盡，士氣衰退。最後，康華利勳爵的部隊在約克鎮被格林將軍帶領的隊伍和法國援軍包圍，自知無法抵擋的康華利勳爵的部隊只好投降。這樣一來，喬治三世只能提出議和。1783年，戰爭開始以後的第八年，雙方簽署和平協定，戰爭正式結束。終於，美洲擺脫英國的統治，建立自己的國家——美國。這場戰爭就是「美國獨立革命戰爭」。

戰爭結束之後，美利堅合眾國成立，華盛頓當選第一任總統。至今，他在美國人民的心中擁有很高的地位。我們都知道美國國旗上有13條橫紋，你知道這些條紋代表什麼嗎？13條橫紋代表美國建立之前的13個殖民。最初，美國就是由它們組成的。我們都知道，13在西方人眼中，是一個不吉利的數字，但是建國之後的美國，經濟和文化迅速發展，國旗上的「13」條橫紋，並沒有給他們帶來不幸。

【藏寶箱裡的日記】——美國國旗

美國國旗被稱為星條旗，旗上有13道條紋，七紅六白，並且在國旗藍色的一角，分別用一顆白色的星來代表一個州。由於每增加一個州，就會在國旗左上角增加一顆星，因此現在美國國旗上總共有50顆星，代表50個州。但是剛開始，美國國旗並不是這樣。

美國第一面非正式的國旗，是在1776年1月1日，查理斯敦的普羅斯佩克特丘陵升起的。當時，這面國旗上也有13條紅白橫條，代表美洲最初的13個殖民地。此外，在國旗一側，還畫有英聯旗。有些人把這面國旗稱為大陸彩色旗。

西元1776年

第 64 章：不再沉默的拉丁美洲

直到現在，墨西哥與南美洲海岸和加勒比海群島的沙灘，還是很多人嚮往的度假勝地。但是，這些地方不是只有美麗的景色，它們還有很多值得當地人驕傲的地方。例如：墨西哥有北美洲創辦的第一所大學，南美洲也有西蒙・玻利華這樣著名的英雄人物，他在南美洲的地位與華盛頓在美國的地位一樣。

北美洲的墨西哥，與中美洲和南美洲以及加勒比海群島相同，也有悠久的歷史。但是，因為相隔距離遙遠，美國人對這些地方並不瞭解，大多數人甚至不知道這些地方的模樣。如果你掌握關於這裡的知識，你瞭解的東西就會比其他人更多。故事的開始，還是先讓我們回到哥倫布發現新大陸的時候。

哥倫布代表西班牙到達美洲之後，加勒比海大部分土地逐漸被西班牙征服，中美洲和南美洲以及墨西哥也無法倖免。西班牙人奪去印第安人的土地，美洲當地的資源也被西班牙人掠奪一空，例如：金礦和銀礦。更過分的是，西班牙殖民者還讓土著人在金礦和銀礦上做工，然而開採的礦產不僅不給印第安人，反而運回西班牙，滿足西班牙王室的開銷。

西班牙的富裕，讓其他歐洲國家嫉妒不已。逐漸地，歐洲其他國家也到美洲拓展殖民地，進行殖民掠奪。美洲就像一塊巨大的蛋糕，被歐洲國家分食。

巴西被葡萄牙佔領，北美洲東部的土地也被英國和法國瓜分。中美洲和南美洲沿岸的一些島嶼和陸地，也到了英國、法國、荷蘭、丹麥的手裡。雖然西班牙的殖民地在縮小，但是並不妨礙它繼續掠奪財富。

現在你到南美洲會發現，那裡大多數居民說西班牙語。西班牙語不僅在南美洲擁有眾多使用者，它甚至已經成為拉丁美洲的通用語言。南美洲當地人也像西班牙那樣信仰羅馬天主教，這是因為西班牙統治美洲的時間很長，西班牙的語言與風俗逐漸地滲透當時的西班牙殖民地。

當時，美洲的西班牙殖民者多為男性，他們大多數是水手和士兵。這些遠離家鄉的男人，有許多人迎娶印第安女子為妻。經過幾代的繁衍，美洲長住居民中的大部分人就是歐洲人和美洲印第安人的混血後代，這些人被稱為「麥士蒂索人」。相對的，純歐洲血統的人被稱為「克里奧人」。當然，這裡也有殖民者從非洲購買的黑人奴隸。他們也與麥士蒂索人和克里奧人結婚，生下混血兒。就這樣，拉丁美洲人的膚色各異。

由於受到殖民者的剝削，拉丁美洲和加勒比海殖民地的人都覺得自己受到壓迫，無法繼續生存下去。克里奧人與美洲印第安人和麥士蒂索人都認為，他們應該有權力管理當地居民，並且佔有當地財富。就連奴隸們也是忍無可忍，他們渴望自由。

一時之間，中南美洲和加勒比海的所有殖民地都在準備反抗。南美洲就像一個火藥桶，如果有人來點燃引線，就會炸開。就在這個時候，美國獨立戰爭的勝利，讓拉丁美洲深受鼓舞。於是，引線被點燃，拉丁美洲炸開了。

第一個舉起抗爭旗幟的是島國海地——法國的殖民地。1789年，法國爆發一次大革命。在這場革命中，提出「自由、平等、博愛」的口號。海地富有的克里奧人把這些口號理解為：他們應該和生活在法國的法國人那樣，擁有相同的權利；海地的土著人和那些混血者認為，他們和富有的克里奧人享有相同的地位；奴隸們認為應該是時候獲得自由。

於是，海地北部的奴隸起義了，這次起義的領袖是杜桑・盧維杜爾。

杜桑是奴隸出身，但是他滿腹才學，深受被壓迫者的愛戴，是當地有名望的人。杜桑瞭解法國革命自由平等的理念，並且向無知的民眾傳達自由的理念，鼓舞他們不要甘於做奴隸。

杜桑和夥伴們並肩作戰，終於成功迫使法國政府廢除海地的奴隸制度。除此之外，他還為海地人民爭取參與管理海地事務的權利。在他管理下的海地，黑人和白人共同重建被戰火摧毀的家園，海地開始慢慢復甦。但是，法國的拿破崙並不喜歡杜桑。或許是因為拿破崙嫉妒杜桑，或許是拿破崙想要重新收回海地的殖民權，無論他的想法如何，他最終向海地派出軍隊。

狡猾的法軍將領並沒有在戰場上與杜桑對決，而是運用險惡的陰謀來對付杜桑。有一天，法軍將領假意邀請杜桑參加宴會，等杜桑一到，就將他抓起來，然後把他關進大洋彼岸的法國監獄。一年以後，杜桑死在那裡。

杜桑死後，讓・雅克・德薩林接替他的領導位置，繼續領導海地人民與法國戰鬥。經過無數次艱苦的鬥爭，海地終於獲得獨立。但是，獨立以後的海地並沒有迎來人們期望的和平與安定，因為獨立之後的海地爆發激烈的內部鬥爭，很多年都沒有恢復平靜。

現在，讓我們來看看西班牙殖民地上的人民。

跟海地人民一樣，西班牙殖民地上的人們也是過著不快樂的生活，所有人都被西班牙的高額稅金壓得喘不過氣。此外，克里奧人對於西班牙國王派來的那些人擁有各種權利而感到不滿。同是西班牙人，為什麼國王派來的人在這裡擁有各種權利，但是自己卻沒有？為此，他們滿腹牢騷。麥士蒂索人的怨言也不少，印第安人也痛恨殺死自己同胞的西班牙凶手，他們無法忘記，正是這些凶手奪走他們的家園，並且奴役他們。

同樣的，受到美洲和法國革命的鼓舞，西班牙殖民地的人民舉起反抗的旗幟。最先反抗西班牙的起義國家是秘魯，一個叫做圖帕克・阿馬魯的印加國王後代，領導這次起義。但是，秘魯的起義軍並沒有海地的起義軍順利，圖帕克・阿馬魯的軍隊全軍覆沒。但是，這場失敗的起義並沒有讓人民反抗西班牙的決心削弱。

1800年，在拉丁美洲的歷史書上值得用黑體字標出。這一年，法國的拿破崙在歐洲打敗西班牙。或許你會認為這件事情跟拉丁美洲的人民沒有任何關係，但是拉丁美洲的人民卻不是這麼認為。他們認為，既然西班牙國王已經失敗了，西班牙就沒有資格統治拉丁美洲，拿破崙更沒有權力統治他們，這是獨立的最佳機會。但是，拿破崙不同意拉丁美洲的人民這麼做。於是，這片土地上從未熄滅的戰火，燃燒得更猛烈。

最初，阿根廷在著名的領導者聖馬丁的帶領下取得勝利。接下來，他有一個非常宏大的計畫，他要領導一支隊伍，由阿根廷開始進入智利和秘魯，他要解放這些國家，讓它們取得獨立。如果你在地圖上找到這些國家的位置，瞭解他們的地形，你就會發現，聖馬丁的計畫不僅宏大，而且很危險。

接下來，我們要來講述拉丁美洲歷史上最著名的英雄——西蒙・玻利華。

玻利華出生於委內瑞拉卡拉卡斯一個克里奧人家庭。這是一個富裕的家族，玻利華是家中最小的一個孩子，本來他可以過著無憂無慮的童年，但是很不幸，在玻利華3歲的時候，他的父母相繼離世。家裡的兄弟姐妹都是孩子，沒有能力照顧自己，於是他們被不同的人家收養。

玻利華被一個叔叔收養，這位叔叔對玻利華很冷漠，於是玻利華經常想起遠在異鄉的哥哥姐姐。但是，冷漠的叔叔給玻利華請來一位非常優秀的家庭教師——西蒙・羅德里格斯。

也許是羅德里格斯和玻利華的名字相同，都是「西蒙」，他們兩人無話不談。羅德里格斯將自己知道的東西傾囊相授，玻利華因此瞭解美國和法國的革命，又深刻地瞭解西班牙殖民統治的殘酷。這一切，在玻利華心中種下革命種子，羅德里格斯引導他走向改變時代的道路。

1811年，委內瑞拉的克里奧人宣布獨立。西班牙不願意善罷甘休，出兵委內瑞拉，阻止獨立勢力抬頭。玻利華擔任這場戰爭的起義軍首領，正在雙方打得不可開交，戰爭陷入膠著狀態的時候，一件不幸的事情拖住起義軍的腳步。拉丁美洲是一個地震頻繁的地區，特別是拉丁美洲的西海岸。1812年，一場大地震震動委內瑞拉的首都卡拉卡斯，上萬名起義軍在地震中喪生。

這場大地震不僅震倒許多建築，許多起義軍的信心也被它震倒，但是並不包括玻利華。他沒有放棄，而是重新組建一支隊伍，繼續與西班牙軍隊對抗。最後，玻利華和他們一起努力，連續解放委內瑞拉、哥倫比亞、玻利維亞、厄瓜多這四個國家。

擺脫殖民統治的委內瑞拉舉國歡騰，玻利華眾望所歸，被選為國家總統。為了紀念克里斯多福・哥倫布，玻利華將這個國家命名為大哥倫比亞共和國。當然，只有幾個國家獨立還遠遠不夠。玻利華希望將拉丁美洲帶出殖民地的氛圍，讓拉丁美洲全部獨立。但是，這個美好的願望卻沒有實現。

那些剛獨立的國家中的富人，不願意與平民共同享有權利，也不想把土地還給印第安人。所以，在獨立以後，拉丁美洲仍然面臨許多問題。可以像玻利華那樣，想要改變國家政治制度並且廢除奴隸制度的富人更少。

但是，這些問題不會妨礙人們銘記玻利華，在南美洲和中美洲人民的眼中，玻利華就是他們的英雄，當地人尊稱他為「解放者」。拉丁美洲有一些地方就是用玻利華的名字來命名，為的是紀念玻利華的偉大功績。

最後，讓我們來說說美國的鄰居——墨西哥的反抗。在相當長的一段時間裡，墨西哥被叫做新西班牙。你一聽就知道，這是一個西班牙的殖民地。當時的新西班牙的面積比較大，包括：現在的德州、亞利桑那州、新墨西哥州、加州。

一名叫做米格爾・伊達爾戈的墨西哥人，領導當地人反抗西班牙統治。米格爾・伊達爾戈是一名神父，他領導印第安人起義軍從少數富人手中奪取土地，然後將這些土地還給當地人，或是分給窮人。但是，起義軍被西班牙和克里奧人打敗。之後，一個名叫何塞・瑪麗亞・莫雷洛斯的人，繼承伊達爾戈的遺志，領導人民繼續戰鬥。但是這次勝利女神仍然沒有眷顧墨西哥人，他們的反抗再次以失敗告終。

接替何塞・瑪麗亞・莫雷洛斯的是克里奧人。這一次，引導墨西哥獨立的領導權落在富人的手中。1821年，一個名叫阿古斯汀・德・伊圖爾維德的將軍，登上墨西哥皇帝的寶座，墨西哥正式獨立，開始新的歷史征程。

【藏寶箱裡的日記】——巴西

提到拉丁美洲，我們必須要說到巴西，無論是熱情洋溢的森巴，還是華麗精緻的化裝遊行，這個國家以其獨特的風土人情吸引世界人們的目光。巴西是南美洲最大的國家，因為一種叫做「巴西紅」的染料而得名，世界上著名的亞馬遜河就是流經巴西境內。

亞馬遜河是世界上最寬的河，它由來自安地斯山脈上流的水匯聚而成。當你站在亞馬遜的河岸一邊，你甚至無法看到河的對岸。寬闊的亞馬遜河流域是著名的熱帶雨林區，這裡不僅有茂密的叢林與沼澤和樹林，還有品種豐富的野生動植物。

熱帶雨林裡有一種樹，它的汁液是橡膠的原料，你一定猜到了，這種樹就是橡膠樹。橡膠是巴西主要出口產品之一，巴西也因為豐富的橡膠產量，被稱為「橡膠之國」。

除了橡膠，巴西也因為咖啡聞名。咖啡是由歐洲人帶來種植的，但是咖啡在這裡扎根以後，生長得甚至比在歐洲更好，所以巴西成為世界咖啡產量最多的國家。到了咖啡成熟的季節，低矮的咖啡樹上會結出許多類似櫻桃的果子，這種果子叫做咖啡果，咖啡豆就是咖啡果裡面的兩個種子。將咖啡豆烤熟再磨成粉，然後進一步加工，就可以變成我們喜愛的各種各樣的咖啡。

第十二篇：蒸汽機來了

——飛速前進的時代

第 65 章：革命會傳染

美國的獨立，就像第一塊倒下的多米諾骨牌，引發一連串的反應。美國獨立戰爭的勝利，影響大西洋對岸的法國。法國受到壓迫的人們決定和美國人一樣，起來反抗。但是，他們要反抗的不是外來的殖民者，而是他們的國王和王后。法國人之所以要反抗，是因為平民與統治階級的差距懸殊。國王擁有一切自己想要得到的東西，但是平民不僅一無所有，還要按時繳交巨額的稅款。

與法國人相比，美國人交給英國國王的稅款簡直是九牛一毛。既然美國人都難以忍受起來反抗，法國人當然也不會再任由國王剝削。其實，在路易十四統治時期，法國人民受到的剝削和壓迫已經十分嚴重，後來情況越演越烈，到了路易十六統治的時候，人民再也無法忍受。

當時，法國平民每天辛勤工作，卻只能吃一種粗糙的麵包，根本無法下嚥，此外什麼吃的也沒有，日子過得非常貧窮。他們經常做著沒有報酬的工作，卻還不敢抱怨，因為只要稍微抱怨，他們就會被關進監獄。這些貧窮的人，還要給國王和貴族繳納高額稅金。國王和貴族每天拿著窮人繳納的稅金，過著奢侈享樂的生活。其實，國王和王后並不壞，只是不知道人間疾苦。有一次，王后聽見她的臣民說黑麵包難吃的時候，她竟然說：「他們為什麼不吃蛋糕？」

這個時期，法國的社會狀況非常不好，窮人和貴族之間的積怨已經深厚到無法調和的地步。為了解決社會衝突，給窮人自由和平等，法國各階層的先進人士紛紛站出來，他們組成一個叫做「國民議會」的組織，提出

「自由、平等、博愛」的口號。國民議會想要提出一個方案，以改變法國的不公正。

但是，遭受剝削和壓迫的窮人再也無法忍耐。他們的憤怒就像決堤的洪水，沖洩而出，什麼都無法阻攔。憤怒的民眾圍攻當時法國最大的監獄——巴士底監獄。他們為什麼要圍攻一個監獄？原來，巴士底監獄是巴黎關押政治犯的監獄。那個時候，只要反對法國封建制度的人，大多被監禁在這裡。憤怒的人群把巴士底監獄的圍牆打爛，把政治犯人釋放出來。在這個過程中，人們還殺死他們認為是國王走狗的士兵。人們把士兵的頭砍下來，掛在竹竿上遊街示眾。

我們必須記住民眾圍攻巴士底監獄這一天，因為這一天是法國大革命的開始，也是後來的法國國慶日。請你用記號把這一天標出來：西元1789年7月14日。

法國的貴族們聽說巴黎發生暴動，立刻拋下他們的國王和王后，逃之夭夭，因為他們很清楚留下來的下場將會多麼悲慘。此時，國王和王后還在巴黎華麗堂皇的凡爾賽宮中。

這個時候，在美洲幫助美國人對抗英國的貴族拉法葉回到法國。看到自己國家的人民也開始反抗壓迫，尋找自由之路，拉法葉感到非常激動，他積極地參與這場革命。革命結束以後，拉法葉將巴士底監獄的鑰匙作為禮物，送給在美國獨立戰爭中與他結下深厚友誼的華盛頓。

在這場革命中，法國國民議會起草一份要求自由和平等的宣言，這就是著名的《人權宣言》。在《人權宣言》中，規定一些基本的權利，例如：人生而自由平等，每個人都有權利參與法律的制定，法律面前人人平等……其實，這些權利的基本核心，還是呼籲依據法律而不是國王意志來治理國家。與美國的《獨立宣言》一樣，《人權宣言》值得所有歷史書用黑體標出它的重要性。

攻佔巴士底監獄以後不久，憤怒的巴黎民眾手拿棍棒和石塊，高喊口號，衝進凡爾賽宮，抓住路易十六和王后瑪麗・安東妮，把他們帶回巴黎關起來。

一夜之間，權力反轉，路易十六和瑪麗・安東妮成為凡人，他們也嘗到沒有飯吃的苦澀滋味。他們曾經試圖逃跑，但是沒有成功，曾經受到他們剝削的民眾，不會讓他們輕易逃脫。

國民議會起草一部《憲法》，要求國王根據法律，公平管理國家事務，國王同意以後並且簽字。但是很顯然，人們還是不想讓一個國王來統治法國，因為很可能在將來法國又要重蹈覆轍，回到君主專制的時代。一年以後，人們成立一個真正的共和國，國王被判處死刑。

1793年1月21日，這是一個陰雨天。在巴黎革命廣場的四周，擠滿各色各樣的人，人們激動地議論和眺望，大家都在等著國王被帶上斷頭台。不久以後，一隊士兵押著一輛馬車緩緩走來，四個士兵從車上押下路易十六。圍觀的民眾高呼著：「砍掉他的頭！」就這樣，路易十六被三名行刑者推上斷頭台。

國王被處死，共和國建立，是時候為自己選擇國旗和確定國歌。於是，法國人民選擇紅、白、藍三種顏色組成國旗的顏色，將《馬賽曲》作為國歌。

所有人都以為接下來等待法國的將是自由美好的生活，但是令人們始料未及的是，剛從泥潭裡爬出來的法國人，又一腳踏進更幽暗的深井裡。羅伯斯庇爾和他的黨羽，將法國人帶入血淋淋的「恐怖統治時期」。

當時，法國人擔心支持國王的人會起來反攻，如果有人被懷疑是國王的黨羽，都會被砍頭。這個時期的法國相當混亂，當時有許多人為了除掉自己的仇人，就製造謠言說那個人是國王的黨羽，許多無辜的人因此死在斷頭台上。人們惶惶不可終日，他們不知道什麼時候會被仇人陷害。

死亡的氣息瀰漫在法國的上空，成千上萬的人被處死，下水道裡流著人們的鮮血。血腥讓許多人失去理智，他們不再信奉耶穌基督，甚至推倒耶穌和聖母瑪利亞的雕像，開始供奉一個叫做「理性女神」的漂亮女人。

法國人改變日期的計算制度，他們把一週定為十天，第十天作為節日取代星期日。他們也取消以前的紀年方法，把共和國成立的1792年作為第一年，因為他們不想保留與耶穌有關的任何事物。

羅伯斯庇爾是一個野心勃勃的人，他和所有獨裁統治者一樣，想要獨自統治國家，於是他設計陷害自己兩個朋友。終於，人們再也無法忍受對他的恐懼，於是紛紛起來反抗他。羅伯斯庇爾知道自己時日不多，想要以自殺來結束自己的生命，可惜在此之前，他已經被逮捕，人們將羅伯斯庇爾押到斷頭台前。滑稽的是，他曾經讓無數人喪命於此，現在卻輪到他自己。羅伯斯庇爾被處死以後，法國的恐怖時期終於結束。

【藏寶箱裡的日記】——法國國歌《馬賽曲》

1795年，《馬賽曲》正式成為法國國歌。這首歌曲原來不是叫做《馬賽曲》，而是叫做《萊茵軍團戰歌》，後來由於馬賽的俱樂部每次召開會議的時候都會演奏這首歌曲，而且馬賽人在行軍路上也高唱這首歌曲，所以人們把它叫做《馬賽曲》。

《馬賽曲》的作者，是法國大革命時史特拉斯堡市衛部隊的工兵上尉——魯日・德・李爾。

1792年冬天，史特拉斯堡受到饑荒的威脅。市長德特里希為了鼓舞人民的鬥志，決定在史特拉斯堡舉行一個盛典。因此，他找到德・李爾，請他寫一首歌曲，鼓舞人民的鬥志，在盛典上演唱。

德・李爾接受任務以後，就在房間裡開始創作。但是，無論他寫出多少曲譜，都覺得不滿意。最後，他累得趴在鋼琴上睡著。可是，當他第二天早上醒來時，突然靈感大發。昨天夜裡的譜寫，彷彿是為了今天早上做準備，他一口氣寫好歌曲，拿著它向市長家裡跑去。

在市長家裡，人們第一次演奏這支歌曲。當人們聽到第二節的時候，已經心潮澎湃，等到歌曲的最後一個音符落下的時候，所有人激動得流下眼淚。人們大聲地歡呼：這就是祖國的讚歌！

西元1789年

第 66 章：小個子皇帝

法國大革命時期，由於羅伯斯庇爾的恐怖統治，人民終日惶惶不安。羅伯斯庇爾死後，法國人民又陷入革命狂潮，憤怒的民眾甚至在革命政府在王宮開會的時候，打算攻進皇宮。

為了平息叛亂，革命政府派出一個年輕的將領——拿破崙・波拿巴。拿破崙非常果斷，他在宮殿四周架起大炮，對著通往宮殿的每一條街道。只要有人敢來，一定會被炸得粉身碎骨。這樣一來，再也沒有人敢過來。

現在，我們就來看看拿破崙吧！他可以稱得上法國歷史上最偉大的人物。現在，幾乎世界每一個角落的人都聽過他的名字。他的身材不高，看起來有些弱不禁風，但是他的頭腦靈活，意志堅定，驍勇善戰。

拿破崙出生在地中海一個名叫科西嘉的小島上，科西嘉本來是義大利的領地，後來被劃歸給法國。拿破崙正好是在此之後出生，所以他成為一名法國人。

拿破崙長大以後，被送到法國一個軍事院校去學習。因為科西嘉本來不屬於法國，所以法國學生們視拿破崙為外國人，經常排擠他，但是這不妨礙拿破崙的進步。他的學習成績非常優秀，尤其是數學，他喜歡克服難題以後的成就感。拿破崙在26歲那年，成為一名將軍。

此時，法國大革命已經爆發，人民為了擺脫國王的統治，處死法國國王和王后。一時之間，在歐洲其他國家的國王眼中，法國人的革命就像瘟疫一樣，帶著強大的傳染性。這些國王害怕自己的子民也染上這種革命熱潮，於是法國人成為全歐洲的敵人。法國的革命波及甚廣，為了達到革命目的，法國政府甚至派兵去其他國家，幫助那些平民將封建統治者趕下台。法國的「革命浪潮」首先席捲義大利，領導法國軍隊與義大利作戰的，就是拿破崙。

在前往義大利的途中，阿爾卑斯山成為最大的阻礙。還記得阿爾卑斯山嗎？在布匿戰爭中，漢尼拔曾經率領大軍，翻越這座天險。拿破崙來到這裡也遇到困難，但是這次不是軍隊過不去，而是法國的大炮難以翻越高山。

管理大炮的技師從專業的角度為拿破崙解說，他們的結論是：「不可能把大炮帶過去。」聽到權威技師的分析以後，拿破崙生氣地大聲說：「只有蠢人的字典裡，才有『不可能』三個字。衝，不要管阿爾卑斯山！」接著，他身先士卒，帶頭向前衝。在他的帶領下，法國軍隊翻越阿爾卑斯山，大炮也隨著軍隊一起過去，完好無損。

拿破崙率領軍隊，勢不可擋，成功贏得義大利戰爭的勝利，凱旋回國。在國內，他得到法國人民的熱情歡迎，但是人民的熱情卻讓法國的統治者開始擔心。他們彷彿看見以前獨裁者的幽靈一般害怕——如果拿破崙再這樣發展下去，如果拿破崙如此受到人民愛戴，他有可能會自己稱王，這不是沒有先例。

正當這些統治者煩惱的時候，他們聽到一個好消息：拿破崙主動要求率兵攻打埃及。法國統治者十分樂意讓拿破崙離開，於是他們欣然答應拿破崙的請求。他們認為，這樣可以暫時擺脫拿破崙的陰影。

拿破崙此時之所以要去征服埃及，當然也有自己的考慮。他是一個聰明人，他知道自己現在的處境很不利。於是，經過一番深思熟慮，他選擇去征服埃及。當時的埃及是英國的殖民地，拿破崙心想，如果可以從英國手裡把埃及搶過來，就可以切斷英國與印度之間的聯繫。最終，他可以將印度一併從英國手裡搶過來。拿破崙的想法很好，但是英國人並不是這麼認為。美洲的獨立，已經讓英國失去一大片殖民地，現在英國絕對不願意再丟掉任何一片土地。於是，他們派出一位優秀的將領——納爾遜勳爵來迎戰拿破崙。

說到征服埃及，我們可以想到另一個偉大的人物：尤里烏斯・凱撒。凱撒征服埃及，花費很短的時間，唯一阻礙他的或許只是那個美豔的克萊奧帕特拉女王，但是拿破崙來到埃及卻沒有遇到多少阻擋，也是迅速地征服埃及。

但是，雖然拿破崙征服埃及，納爾遜的艦隊卻在尼羅河口等著他。強大的英國艦隊在尼羅河口將拿破崙的艦隊摧毀，納爾遜也因為這一戰而成名。沒有艦隊，拿破崙無法直接回到法國，只好把埃及軍隊交由部下管理，自己喬裝成普通人，弄到一艘船，一個人漂洋過海回到法國。

當他到達法國以後，發現革命政府內部發生嚴重分歧。這樣一來，給拿破崙一個絕佳機會。他開始像登台階一樣，一步一步實現自己的目標。

台階的第一步，拿破崙先設法讓自己成為法國三個執政官之一。當時，法國的執政官可以管理所有法國的事物，但是必須有三個，以防止專權。當時，拿破崙成為第一執政官，其他兩個人都是副手。這兩個副手幾乎沒有實權，完全聽從拿破崙的差遣。

成為執政官以後，拿破崙開始第二步，他想盡辦法讓執政官的身分成為終身制。這樣一來，他的權力就可以擴大。第三步，也就是台階的最高一層，拿破崙成為法國皇帝，統治法國與義大利。

拿破崙成為皇帝的消息傳出，其他歐洲國家都開始擔心。這樣一個能力強大而野心勃勃的皇帝，會不會像之前的凱撒或是亞歷山大那樣，把歐洲其他領土都征服？為了防止這樣的狀況發生，歐洲一些國家決定先下手為強，他們組成同盟，聯合起來共同對抗拿破崙。

這些國家的擔心並沒有錯，拿破崙有征服歐洲和世界的野心，他根本不懼怕這些國家的聯軍。拿破崙將他的目標鎖定在英國，為了征服英國，他花費大量精力組織一支艦隊。雖然拿破崙在陸戰上神勇無比，但是他完全不擅長海戰。他的艦隊在西班牙附近的特拉法加角，再一次被宿敵——英國海軍上將納爾遜勳爵攔截。

納爾遜和他的戰士們義無反顧地履行自己身為英國人的責任，與法國艦隊展開激戰。這一次，拿破崙的不敗神話被同一個人再次打破。但是，納爾遜也在戰爭中不幸身亡。

法國艦隊的失敗讓拿破崙意識到，征服英國並不是一個明智的決定，於是他將目光掃向東方。在那裡，他已經有一大片土地，但是還有一個地方沒有劃入他的版圖——俄國。征服俄國的決定，成為拿破崙一生中犯下的最大錯誤。他事先沒有充分的準備，沒有考慮俄國的具體環境，就貿然出擊。

那是一個異常寒冷的冬天。當拿破崙的軍隊到達莫斯科時，發現那裡變成一座荒城。原來，俄國人一把火把這裡燒成廢墟，就連糧食也燒得精光。由於之前拿破崙已經被俄國人偷襲，糧草被搶劫一空，現在在這個天寒地凍的地方，他找不到一粒米為士兵們充饑。法國軍隊根本無法再打下去，於是大敗而歸。

也許是拿破崙輝煌的時代來到盡頭，他的運氣開始走下坡。歐洲各國趁著他不在法國的這段時間，都下定決心除掉這個喜歡侵略別人的暴君。不久之後，拿破崙在敵人的包圍之下被擊敗。

拿破崙大勢已去，只能簽署退位詔書。他被放逐到義大利一個叫做厄爾巴的小島上，這個小島距離科西嘉很近。拿破崙到了島上以後，並沒有灰心，他認為自己還有機會回到法國，重掌大權，於是他開始秘密準備。

有一天，整個歐洲都震動了：拿破崙回來了，他在法國海岸登陸了！於是，巴黎政府派人抓捕拿破崙，並且把他押送到巴黎。但是，巴黎政府所派的人曾經都是拿破崙的部屬。部屬遇到從前的將軍，都心甘情願地站在拿破崙那邊。他們跟著拿破崙回到巴黎，拿破崙再次重掌大權。

看到這個情形，其他國家當然不能袖手旁觀。於是，英國和德國組成聯軍，聚集在法國北部，在威靈頓將軍的帶領下，與拿破崙進行決戰。拿破崙迅速組織一支隊伍前去迎戰，在一個叫做滑鐵盧的小鎮上，雙方展開激戰。

拿破崙被威靈頓將軍打敗。相信很多人都聽過「滑鐵盧」，現在要是誰曾經一度輝煌，卻突然遭遇失敗，我們就會說這個人遭遇「滑鐵盧」。這個說法，就是來自於拿破崙的滑鐵盧戰役，這場戰役發生在1815年。

在滑鐵盧戰役之後，英國人害怕拿破崙再次逃跑，就把他流放到茫茫大海中一個叫做聖赫勒拿的小島上。這個小島與世隔絕，拿破崙在這裡孤寂地生活六年以後就去世。很多人說，在聖赫勒拿島上的時候，拿破崙還打算捲土重來。

拿破崙是世界歷史上最偉大的將軍之一，雖然他被稱為暴君，為了成就自己，不顧歐洲人的生命，隨意展開戰爭，但是他的聰慧睿智和勇猛堅毅，確實令人讚歎。

【藏寶箱裡的日記】——不知名的勝利者

當我們說到滑鐵盧的時候，人們想到更多的是拿破崙的失敗，而不是威靈頓公爵的勝利。威靈頓公爵就是當年在滑鐵盧戰役中打敗拿破崙的將軍。有意思的是，很多來到滑鐵盧戰場上憑弔的人只知道有拿破崙，但是卻不知道有威靈頓。

威靈頓是英國第21位首相，他是一位優秀的軍事家，曾經獲得俄國、法國、普魯士、西班牙、葡萄牙、荷蘭6國授予元帥軍銜。除了他之外，世界上再沒有其他人可以得到7個國家的元帥軍銜。在滑鐵盧大敗拿破崙以後，比利時國王授予威靈頓滑鐵盧親王一世稱號，同時把滑鐵盧周圍1083公頃的森林和土地送給他。

雖然滑鐵盧有一座威靈頓紀念館，但是人們卻極少去那裡參觀。威靈頓紀念館是一座兩層的小樓，那裡原來是威靈頓將軍的總參謀部所在地。

拿破崙在聖赫勒拿島

第 67 章：舊新聞裡的歷史

維多利亞女王對於英國人來說，不僅是一位女王，更像是一位母親，這位女王在英國皇位上的時間超過半個世紀——從1837年一直到1901年。這段時間被人們稱為「維多利亞時代」。

在這段時間內，英國發生很多的事情，如果你有一張1854年的英國報紙，或許可以從上面看到一則新聞：英俄之戰。

如果你看地圖，會發現俄國在遙遠的東部。如果在俄國與英國之間畫一條直線，這條線將要穿過整個歐洲大陸。兩個相距遙遠的國家，在一個名叫克里米亞半島的地方爆發戰爭。克里米亞半島在黑海一小塊陸地上，因此英國士兵需要先坐船渡過地中海，然後經過君士坦丁堡，才可以進入黑海來打仗。

在黑海這一小塊陸地上，成千上萬的英國士兵飽受戰爭傷痛和疾病折磨。當時，一位叫做佛羅倫斯·南丁格爾的女士，聽說戰場上的許多英國士兵因為沒有得到很好的照顧而死亡，她感到十分難過。

南丁格爾從小就是一個熱心善良的姑娘，小時候經常玩照顧病人的遊戲，她會為自己的娃娃包紮，也會悉心照顧生病的寵物狗，她的愛心隨著年紀的長大，完全沒有減少。

所以，當她得知受傷的英國士兵無人照顧的消息以後，就組織一群女人到克里米亞去照顧傷患。南丁格爾剛到克里米亞的時候，每一百個傷患中，就有五十個人因為得不到妥善照顧而死亡。南丁格爾的到來，就像一道陽光驅散死亡的陰雲。在南丁格爾和同伴的細心照顧下，傷患的恢復率大大地提升，一百個傷患裡，只有一兩個重傷者會死亡。

南丁格爾和她的同伴們不眠不休地照顧傷患。到了夜晚，她們會提著一盞油燈，去照顧傷患。她們還會去戰場上尋找，確認有沒有傷患被落下，所以英國士兵親切地尊稱她為「提燈女神」，對她十分敬重。

在這場戰爭結束之後，南丁格爾回到英國，受到英國政府的獎勵。英國政府給南丁格爾一筆錢，以表彰她在戰場上的優異表現。可是南丁格爾並沒有獨自花掉這筆錢，而是將這筆錢拿出來，修建一所培養專業護士的學校。

現在，醫院裡除了醫生以外，還有護士為病人服務，護士的工作與醫生一樣重要。有經驗的護士可以把病人照顧得很好，但是在當時，世界上卻沒有專業護士為病人服務。這所學校的成立，為英國培養第一批專業護士。南丁格爾作為專業護士培養的創始人，一直得到世人的尊敬。

接下來，我們來說說這個時期發生在日本的新聞。

日本在中國的東邊，是一個古老的群島國家，它建立的時間甚至比羅馬還要早。當歐洲國家國王的血統不斷變化的時候，日本的國王卻一脈相承，從來沒有發生改變。當世界上的其他地方不斷發生戰爭的時候，幸運的日本從來沒有被其他國家入侵，他們完整的保存自己的文化。

但是，這個局面還是被打破了。西元1853年，也就是英國進行克里米亞戰爭前一年，美國海軍准將培里率領美國軍艦，進入日本的重要海港——東京灣，他們在第二年與日本人締結開放條約。從此以後，日本開始和美國通商，日本的大門就這樣被打開。

我可以確定，從1861年到1865年，美國的新聞大部分都是戰爭。因為在那段時間內，美國正在經歷一場內戰，這場戰爭被稱為「南北戰爭」。

聽到這個名字你們或許已經想到，這場戰爭發生在美國南方與北方之間。確實，美國這場內戰的起因是在於南方人是否可以擁有奴隸。當時，美國的北方人不同意保留奴隸制度，可是南方人也堅決不同意放棄奴隸制度，所以雙方開戰了。

這場內戰持續四年的時間，許多人在戰爭中死去。當時，領導北方人戰鬥的是一位叫做亞伯拉罕・林肯的人。

林肯出生在一個窮困的農民家庭，小時候只能在燃燒廢木塊的火光中讀書學習，學習條件很艱苦。林肯長大以後，做過各種各樣的工作，他做過商店的店員，後來又成為一名律師。在每一項工作中，林肯都保持善良正直的品性。在他做商店店員的時候，有一次，一個女人來買東西，買完東西離開之後，林肯發現她多給錢，於是立刻出去找到她，並且將錢還給她。

因為林肯的正直，人們稱呼他「正直的亞伯拉罕」。後來，林肯參與政治，並且被選為美國總統。堅決反對奴隸制度的林肯，帶領美國人推翻奴隸制度。對於美國人而言，林肯是繼華盛頓之後，最有影響力的總統之一。

在林肯擔任美國總統期間，為美國做出很多好事情，他阻止美國分裂，保證美國統一。但是，因為他推翻奴隸制度，遭到當時一些美國奴隸主的痛恨。有一天晚上，林肯在福特劇院的總統包廂看戲的時候，一個叫做約翰・威爾克斯・布斯的人衝進包廂，刺殺林肯。林肯因為傷重，第二天不治身亡。

【藏寶箱裡的日記】——日本

當日本的大門被打開以後，日本走上對外開放的道路，他們派遣年輕人到美國學習西方先進的科學技術和政治制度。這些學生學成歸國以後，就把學到的知識和技術傳授給國內的人。不得不承認，日本人的學習能力很強，不久之後就掌握這些技術，製造很多火車、汽車、電燈，甚至還學會如何製造飛機、坦克、戰艦等武器，並且把它們用到戰爭中，引發第二次世界大戰。結果，日本戰敗，以後再也不能使用這些武器。

日本人模仿美國人製造的第一樣東西是「人力車」。一名住在日本的美國人仿造美國的嬰兒車，給他的妻子做了一輛，並且雇用一個日本人來拉車。日本人覺得這是一個商業契機，於是大量生產這種人力車，並且在東南亞一帶廣泛流行。

林肯在軍營視察，與士兵們握手

第 68 章：歐洲家庭的新成員

拿破崙被流放到厄爾巴島之後，屬於拿破崙的時代徹底畫上句號。一個時代雖然結束了，可是法國的歷史還在繼續進行，法國需要人來管理。於是，法國人決定從原來的波旁皇族中，選出一個人來管理法國。法國人和當初的英國人一樣，喜歡把原來的皇室找回來當統治者，不僅如此，選出來的人都是原來被他們砍頭的國王家族的親戚。這一次，法國人選出的波旁王朝繼任者，也是這樣。

但是，接連從波旁家族裡選出的人都不能管理法國。法國人有些沉不住氣，他們覺得既然給波旁家族這麼多機會，他們都沒有把握，不必再考慮國王的人選，他們要建立一個新的共和國，並且為這個新的共和國選出一位合格的總統。

這不是一件容易的事情，法國人絞盡腦汁，花費很多的時間和精力，最終選擇拿破崙的侄子，也就是路易・拿破崙來當法國總統。路易・拿破崙不是一個簡單的人物，他一直想要成為法國國王，曾經多次策劃行動，可是都以失敗結束。正當他還在想著如何當上法國國王的時候，人們卻選擇他做法國總統。這樣一來，正合他的心意。既然當上法國總統，掌握權力，他一定有辦法實現自己的願望。

果然，做著歐洲皇帝美夢的路易・拿破崙，希望可以像他的叔叔拿破崙一樣，成就一番偉大的事業。於是，他很快登基當上皇帝，自稱「拿破崙三世」。

登基之後的拿破崙三世野心勃勃，一心想要成就大業，他注意到法國的鄰國普魯士正在逐漸走向強盛，讓他十分嫉妒。拿破崙三世覺得這個正在強大的國家，將來一定是他統一歐洲的巨大阻礙，於是他想要先攻打普魯士。

可是，他卻沒有想到，普魯士內部人才濟濟，攻打普魯士根本不像他想的那麼容易。普魯士的威廉國王十分能幹，他還有一位能幹的首相，也就是日後享譽盛名的俾斯麥。

看到法國蠢蠢欲動，俾斯麥也不甘示弱，他和威廉國王商量之後，決定對法國用兵，於是在西元1870年，「普法戰爭」拉開序幕。

在這場戰爭中，拿破崙三世無法招架普魯士的進攻，被打得落花流水。拿破崙三世終於意識到，攻打普魯士是一個多麼愚蠢的錯誤，這個國家已經強大得超過他的想像。無奈之下，拿破崙三世帶著大批軍隊投降。投降之後的拿破崙三世覺得自己顏面盡失，沒有臉再回到法國，於是他帶著部眾去英國。

拿破崙三世離開了，普魯士人不願意就此善罷甘休。他們攻進巴黎，要求法國人賠償他們億萬錢財才願意撤兵。法國人之中，有些人對普魯士這項要求表示抗議。於是，俾斯麥將這些人抓起來。俾斯麥將他們排成一排，並且告訴他們，如果不給錢，就要槍斃他們。無奈之下，法國人只好答應賠償，俾斯麥才釋放那些人。

雖然法國在兩年之內就付清這項賠款，普魯士也沒有再來進犯法國，可是兩國因此結下仇怨。法國人始終沒有忘記普魯士對他們的威逼，在很長一段時間內，他們與普魯士都是死敵。

犯下錯誤，或是在失敗之後，人們總是要反省。法國在經過這次失敗之後，開始反省。法國人認為，普魯士的孩子接受有系統的教育，國民素質很高，而且普魯士訓練軍隊的方法嚴格而有效，所以他們的士兵才會如此英勇善戰，他們的軍隊才可以如此強大。

這些優點，成為法國仿效的對象。他們模仿普魯士，開始強化自己的國力。從此之後，法國真正成為一個共和國，開始走上強國之路。這個時候，它的名字叫做新法蘭西共和國。

我們再來看看普魯士的情況。

當時，一些小國組成「德意志邦國」。這些邦國雖然是各自為政，但是各個邦國裡的人說著同一種語言，血統也相似。後來，他們在普魯士的聯合下，組成一個十分強大的國家，這就是德意志聯邦共和國。

在普法戰爭之後，普魯士的國王威廉在法國的凡爾賽宮舉行加冕儀式，當上德國的皇帝，被稱為「德意志帝國皇帝」。之後，德國的國力不斷發展。

在當時，歐洲除了法國和德國逐漸脫離舊軌道走向革新之外，還有義大利也開始慢慢強大起來。

義大利也是幾個小邦國的集合。當時的那些小邦國，有些是獨立國家，有些屬於法國，有些屬於奧地利。其中一位邦國的國王維托里奧・伊曼紐，看到普魯士的成功，於是也想要仿效普魯士，將義大利所有邦國統一起來，組成一個強大的國家。

說做就做，維托里奧・伊曼紐透過努力，最終成功地統一義大利，建立義大利共和國。義大利人為了紀念他，就用他的名字給街道命名，並且為他修建紀念碑。

法國、德國、義大利，這三個辭舊迎新的國家，就這樣逐漸走向富強。如果你有集郵的興趣，不妨尋找這三個國家發行的郵票，將它們放在一起，一定很有趣。

【藏寶箱裡的日記】——鐵血宰相俾斯麥

奧托・馮・俾斯麥，是普魯士首相兼外交大臣，稱為「鐵血宰相」。

俾斯麥的體格強壯，行為有些粗野。據說他在大學期間，曾經與同學做過27次決鬥。俾斯麥在擔任普魯士首相期間，極力推行「鐵血政策」。在他看來，只有透過戰爭才可以統一普魯士。於是，他對丹麥、奧地利、法國發動戰爭。正是在他的指導下，普魯士才可以實現統一。俾斯麥在新成立以後的德意志帝國之中擁有極大的權勢。在他的領導下，德國政府的權力得到加強，而且德國也開始爭霸歐洲的過程。1890年，德國皇帝威廉二世命令俾斯麥辭職。於是，這位十九世紀下半葉的政治風雲人物離開政壇，回到自己的莊園。

西元1870年

第 69 章：把神話變成現實

手機、電視、飛機……這些對我們而言已經是非常平常的東西。但是，你如果讓凱撒來到華爾街上，看到大家對著一個小盒子自言自語，遠在大洋彼岸的人就聽到你說話，他一定會覺得你是一個有高明法術的人。如果你讓喬治・華盛頓看電視，他會覺得一個小盒子裡面竟然可以裝下活人，還可以裝下非洲大象，他一定會覺得那是神話裡的魔法盒子……總之，無論是電視或是電話還是飛機，我們現在習以為常的一切事物在很多年以前都未曾出現。

現在的我們也很難想像，如果家裡沒有電話，出門沒有公車，周圍沒有電影院，工作中沒有電腦……世界一定很混亂。所以，十八世紀的人們不斷動腦筋，發明創造各種創造奇蹟的事物。

最早創造奇蹟的人叫做詹姆斯・瓦特，他是蘇格蘭人。有一天，瓦特和平常一樣，在火爐上放著一個裝滿水的水壺，然後安靜坐在旁邊等待水壺的水燒開。這個時候，水燒開了，壺裡發出呼聲，白色的水氣呼呼地冒出來。這個時候，細心的瓦特注意到一個細節。這個細節可能我們平時都見過，但是或許我們沒有把它放在心上，那就是水蒸氣把水壺蓋子頂起來。

這個看起來不起眼的發現，卻讓瓦特獲得靈感。他認為，既然水蒸氣可以將水壺蓋子頂開，應該也可以將其他東西推動起來。於是，瓦特仔細鑽研這項發現。最終，他運用水蒸氣動力頂起活塞的原理，發明蒸汽發動機。瓦特發明的這個機器利用水蒸氣的動力，推動車輪轉動，進而使得機器運作，產生動力，可以推動車輪和其他一些東西運動。這個發明在當時引起轟動，瓦特也成為著名的人物。

後來，一個叫做史蒂文生的英國人對瓦特發明的這個蒸汽機進行改良。原來，瓦特發明的機器雖然可以推動其他東西，但是它本身並不會動。所以，史蒂文生想出一個辦法，讓這個機器自己也動起來。他的方法其實並不難，他給蒸汽機裝上輪子，讓輪子在蒸汽機的運動中運行起來。這個裝上輪子的蒸汽機，就是世界上最早的火車頭。

蒸汽機就這樣一步一步地被應用到交通上。一開始，這種模樣古怪和體型笨重的火車頭被安裝在美國的軌道上，拖著幾節車廂在鐵軌上「呼哧，呼哧」地前行。它當時跑得並不快，甚至沒有一輛馬車跑得快，它跑得也不遠，只有幾千公尺的距離。可是蒸汽機火車的發明確實是人類歷史上的一大進步。

再後來，一個叫做羅伯特·富爾頓的年輕人覺得蒸汽機應該可以發揮更大的作用，既然蒸汽機可以安裝在火車頭上，一定也可以安裝在其他交通工具上。於是，富爾頓將蒸汽機安裝到輪船上，他覺得利用蒸汽機推動船槳運動，一定比人工划船更便捷省力。

可是，當時人們對他的這個想法並不欣賞，紛紛嘲笑他，並且把他造的這種船稱為「富爾頓的蠢物」。但是，富爾頓並沒有因此而放棄，他繼續研究。終於，他造的船順暢地航行在河面上，而且速度很快，讓那些嘲笑他的人無地自容。富爾頓為自己的這艘船取名為「克萊蒙特號」，這是人類交通史上的一次重要進步。

蒸汽機的出現，只是人類創造奇蹟的一個開端。之後，人類屢次創造奇蹟，發明許多之前人們未曾想到的東西。

電報機就是其中一項。以前遠距離的人們交流很不方便，不像我們現在有網路、電話、手機，無論什麼時候都可以說話，那個時候的人們只能透過寫信來傳遞資訊。這種方式既耽誤時間，也很不方便。

電報機的發明，很好地解決這個難題。發明電報機的是一個叫做摩斯的美國人。摩斯的職業是一位畫家，但是他熱愛發明。經過長時間的潛心鑽研，摩斯利用電流與電線之間的輸送和轉換發明電報機。我們經常在戰爭電影中看到這種電報機，一個士兵坐在桌前，不停地按著一個按鈕。如果你以前不明白他在做什麼，聽完我的描述之後你就會清楚。

他每按一次按鈕，就可以阻止電線中的電流傳播。他短按一次，電流就會發出短的「嗒」聲；他長按一次，電流就會發出長的「嗒」聲。人們用圓點表示短的嗒聲，用橫線表示長的嗒聲。不同的字母對應不同的圓點與橫線的組合。這樣一來，人們根據這些圓點和橫線來拼出電報的具體內容。

當年，摩斯在發明電報機以後，用它發送第一封電報，內容是：「上帝創造何等奇蹟！」他把這封電報從美國巴爾的摩發送到華盛頓。

電報機雖然可以快速地傳遞訊息，但是依然無法解決人們和遠方親人直接對話的問題。但是，這個問題被一個叫做貝爾的人解決了，貝爾發明電話。

電話的出現，讓人類之間的距離大大地縮短。無論你和朋友之間的距離有多麼遠，只要你們都擁有電話，你們就可以快速地通話，而且只需要撥出號碼就可以，不需要像發電報一樣，還要記住字母所對應的特殊符號。

有一個創造奇蹟的人叫做湯瑪斯・阿爾瓦・愛迪生，他一生有許多偉大的發明。但是他有一項發明，將人類的世界徹底點亮，那就是電燈。自從愛迪生發明電燈，人類就讓夜晚告別黑暗。如果沒有電燈，我們在耶誕節就無法用美麗彩燈來裝飾聖誕樹，我們在夜晚也無法欣賞美麗的霓虹燈裝飾而成的高樓。

收音機由義大利人馬可尼發明，三色的交通號誌燈是加勒特・摩根的發明，他們的發明讓人類的歷史一步一步地前進。還有一項發明不得不提，那就是美國萊特兄弟發明的飛機。

人類一直想要像鳥兒一樣在天空自由自在地飛翔，可是這個夢想一直沒有實現，無數次的失敗讓人類認為飛翔只是鳥兒的專利。只有傻子才會相信，人類可以像鳥兒一樣飛翔。可是，萊特兄弟就是有一股「傻氣」，他們堅持不懈地努力實驗。終於在1905年，他們的努力產生回報。在這一天，花費38分鐘3秒，飛行39公里！萊特兄弟實現幾乎不可能的事情。這真是一個偉大奇蹟。所以，現在我們才有可能早上從華盛頓坐飛機出發，下午就可以到舊金山。

偉大的奇蹟還在不斷地創造中。因為有這些奇蹟的發生，人類的生活越來越方便。現在，人類追求奇蹟的腳步依然沒有停滯，只是有時候，我們在享受高科技帶來的便捷生活的時候，也會經常想到，在這個屢現奇蹟的時代，人們真的會比之前的人們生活得更幸福嗎？

我們現在雖然可以足不出戶就和遠在他方的人聊天，可是我們也缺少動筆寫信的激動心情；我們雖然可以乘坐飛機，一天之內到達幾個地方，但是我們也失去觀看沿途風景的機會；在這個出現奇蹟的時代，我們失去純淨的空氣，無法再享受騎馬穿越鄉間小道的樂趣。

西元1905年

【藏寶箱裡的日記】——摩斯電碼對應符號

A ·—	I ··	Q ——·—	Y —·——
B —···	J ·———	R ·—·	Z ——··
C —·—·	K —·—	S ···	
D —··	L ·—··	T —	
E ·	M ——	U ··—	
F ··—·	N —·	V ···—	
G ——·	O ———	W ·——	
H ····	P ·——·	X —··—	

0 —————	1 ·————
2 ··———	3 ···——
4 ····—	5 ·····
6 —····	7 ——···
8 ———··	9 ————·

第 70 章：蒸汽機轟隆隆地來了

說到革命，你或許會想到戰爭，美國的獨立運動和法國大革命都是在戰爭硝煙中走出的革命。但是，我現在要講述的工業革命，卻是一場沒有戰爭的革命。其實，我們在上一節已經提到——瓦特發明的蒸汽機、富爾頓發明的蒸汽輪船、愛迪生發明的電燈，還有萊特兄弟的飛機，這些都屬於工業革命的一部分。雖然這場革命沒有戰爭，但是它與革命戰爭一樣，讓世界改變模樣。甚至，它比戰爭的影響更大。因為戰爭只能改變世界的局部，可是工業革命的影響可以波及這個世界的每一寸土地，它的影響力比戰爭更巨大！

現代社會裡有許多工廠，這些工廠每天都在生產我們生活所需要的各種物品，它們對人類生活具有重要意義。但是，最早的工廠是在什麼時候建立的？

世界上第一家工廠就是在工業革命期間建立的。當時，英國人興建生產布料的工廠，隨後英國人又開始建造生產有電車和軌道的工廠。逐漸地，各式各樣製造新奇有用的東西的工廠，就像雨後春筍一樣，出現在英國的大地上。

在英國的工廠裡，出產許多世界其他地方沒有的東西。因此，需要這些物品的國家都要到英國來購買。一時之間，工廠就像一個巨大的吸金機器，讓英國變得越來越富有。

世界上的其他國家看到英國因為工廠而變得如此強大，都十分羨慕。於是，它們也紛紛仿效英國，開始在自己的國土上修建工廠。最早是歐洲一些國家，例如：法國、義大利、德國，日本和美國緊隨其後。

隨著工廠在世界各國的建立，工廠生產的大量生活用品走進人們的生活。人們的生活變得越來越方便，商店裡擺放大量布料、傢俱、食品，可以讓人們盡情地選購。但是，如果只是這樣，我們還不能將這次改變稱為「革命」。它之所以被稱為革命，與我接下來要講述的事情有關。

工廠不斷地被建立起來，但是工廠不是魔法箱子，自己可以生產商品，工廠裡的商品都需要工人來生產。而且，成立的工廠越多，需要的工人就會越多。所以，這些工廠的主人就要招收工人來他們的工廠裡工作。這些工人大多來自農村，他們原來都是耕種土地的農民。當他們到工廠裡工作以後，農田逐漸荒蕪，沒有人再種莊稼。

利用大量的工人和機器生產作業的方式，快速地生產大量產品，這些工廠很快就將一些家庭手工作坊打垮。家庭作坊以家庭為單位，在工廠出現以前，人們在自己的家裡生產一些簡易的蠟燭、毛衣、肥皂等商品，並且拿出去銷售。可是，隨著工業革命浪潮席捲而來，這些家庭作坊再也無法與工廠抗衡，紛紛倒閉。

失業的手工作坊主為了生存，必須走出家庭，前往城市工作，工廠就是他們最好的選擇。當然，為了提高產量，工廠也要聘請大量工人去工廠裡工作，就這樣，鄉村裡的一些農民也會到城市裡的工廠工作，為了距離上班的地點更近，人們紛紛在城市居住，城市的人口開始逐漸變得擁擠。

住在城市裡的人增加，交通也開始變得擁擠。許多工人為了節省到工廠上班的時間，經常住得距離工廠很近。這樣一來，工廠周圍的土地上，人口密度變得越來越大。之後，隨著電車的普及，以及其他類型的交通工具的普及和發展，人們不再局限在工廠附近居住。就這樣，隨著人們在城市裡活動的範圍半徑越來越大，城市也變得越來越大，這是工業革命帶來的第二個重大變化。

除此之外，工業革命的影響也波及到非洲、印度、韓國，還有海地一些地區，雖然那些地方並未建造工廠，可是工業革命對那裡的影響也是不小。道理很簡單，工廠加工產品需要原料，這些原料在非洲和海地等地區十分豐富，例如：非洲的樹木、印度的棉花，還有海地的甘蔗……正是這些豐富的原料將工業革命吸引過去。就這樣，全世界都被捲進工業革命的浪潮中。

可是，那些進入「工業化」的國家，並不打算向原料國家購買原料。他們帶著士兵和大炮，強行佔領這些原料國家，霸道地將這些國家劃進自己的領土之內，也就是所謂的殖民地。

隨著工業化過程越來越熱烈，對殖民地的佔領也越來越瘋狂，非洲許多國家都成為那些工業化國家的殖民地。工業化國家透過對殖民地的瘋狂掠奪，以達到自己國家強盛的目的。當時，這些殖民地的人民生活得十分困苦。

但是，工業化國家佔領殖民地，也為當地帶來一些進步，例如：工業化國家的先進醫療水準和先進生產技術，都隨著殖民傳入當地。殖民地的原住民生活，也因此發生一些改變。但是，殖民地的居民對外來的入侵者畢竟心懷怨恨，工業化國家在他們的土地上修建工廠，造成當地嚴重污染。殖民國家的掠奪經常會引起當地原料嚴重缺乏，給當地居民帶來許多不便。所以，世界上許多殖民地紛紛起義，他們要爭取一個獨立自主的環境。

關於工業革命就探討到這裡，我們要從這一節學習到，工業革命給世界帶來的衝擊有好有壞，例如：雖然工業革命使得一些國家變得富強，但是它導致的環境問題直到現在仍然讓人們煩惱不已。

【藏寶箱裡的日記】——工業革命中的重要發明

1712年　湯瑪斯・紐科門　獲得稍加改進的蒸汽機的專利權

1764年　詹姆斯・哈格里夫斯　珍妮紡紗機（開始的象徵）

1778年　約瑟夫・布拉梅　抽水馬桶

1781年　詹姆斯・瓦特　改進紐科門蒸汽機，現代蒸汽機成型

1796年　塞尼菲爾德　平版印刷術

1797年　亨利・莫茲萊　螺絲切削機床

1807年　富爾頓　造出用蒸汽機做動力的輪船

1812年　特里維西克　科爾尼鍋爐

1815年　漢弗里・戴維　礦工燈

1829年　史蒂文生　發明的蒸汽機車試車成功

1844年　成廉・費阿柏恩　蘭開斯特鍋爐

在德國博物館的珍妮紡紗機模型

第十三篇：昨天，今天，明天
——萬象更新的人類社會

第 71 章：打仗要找一些合理的理由

在之前的故事裡，我已經講述許多戰爭。這些戰爭，有些持續很長時間，但是它們只發生在世界的某個地方，參加戰爭的國家也主要集中在一個地區裡。現在我要給你講述的這場戰爭，卻是一場全世界共同參與的戰爭。

在這場規模巨大的戰爭中，有一個國家扮演一個重要角色。它是塞爾維亞，歐洲一個很小的國家。就是這個小國家，成為這場世界大戰的導火索。實在是不可思議，先讓我們從源頭說起。

塞爾維亞與奧地利是鄰居，但是它們之間一直無法和平相處，總是看對方不順眼，並且說對方的壞話。原來，在奧地利統治的範圍之內，有一部分人與塞爾維亞人的血統相近。塞爾維亞人總是說奧地利人用不公正的方式對待這些人。

對於塞爾維亞人的這種說法，奧地利人很不高興。奧地利人認為，塞爾維亞人是在煽動他們國家人民的不滿情緒，擾亂他們國家的安定團結。但是，塞爾維亞不僅是嘴上說說而已，他們組織一些秘密團體，去奧地利製造事端，令奧地利人十分惱怒。

奧地利人對塞爾維亞人的做法十分不滿，他們早就想要找機會教訓這個不安分的鄰居，但是苦於沒有藉口。但是，最終他們還是找到一個藉口，這個藉口還是塞爾維亞人幫他們製造的。

原來，奧地利王子也是下一任奧地利國王的侯選人斐迪南大公被一個塞爾維亞的年輕人刺殺。奧地利人十分悲痛，他們認為此次的刺殺行為是塞爾維亞人赤裸裸的挑釁，他們責問塞爾維亞人，向他們討要說法。可是，塞爾維亞人卻堅持自己與奧地利王儲的死沒有任何關係。這樣的說法，奧地利人完全無法接受。於是，他們以此為藉口，向塞爾維亞宣戰。

當然，塞爾維亞與奧地利都有自己的盟友。就像兩個人打架，總會找自己的朋友一樣。首先是俄國，它堅決地站在塞爾維亞那邊，並且調遣軍隊，隨時準備出兵支援塞爾維亞。

奧地利也不甘落後，它的德國朋友也帶來軍隊。兩邊陣營就這樣虎視眈眈，一邊訓練士兵，一邊繼續徵求盟友。在這段時間內，幾乎所有歐洲國家都各自選擇盟友，加入這兩大陣營。戰火就像草原上的火苗一樣，呼地一下，燒遍整個歐洲。

兩大陣營各自加緊訓練士兵，為開戰做好準備。支持奧地利的德國想出一個進攻戰略，他們決定趁俄國從另一面向自己進攻的時候，出其不意地繞到法國，把俄國的盟友法國消滅。

當然，這是一個十分冒險的做法，德國人必須在俄國人反應過來之前趕到法國。所以，穿過比利時將會是一個不錯的選擇。比利時是一個很小的國家，德國此時將這個國家視為自己的捷徑。但是，德國和法國在此前做出協定，雙方約定：各自的軍隊都不能從比利時經過。但是，你們可以想像，為了打敗對手，這個協議在德國人的眼裡就像冬天的風扇一樣，完全沒有用處。

因此，德國軍隊大踏步進入比利時，一路向法國巴黎挺進。德國軍隊一路前進，一直打到距離巴黎只有30多公里的馬恩河。眼看德國人的計畫就要實現了。

這個時候，德國人遇到法國霞飛將軍帶領的軍隊，雙方展開激戰。

這場戰爭對德國和法國而言，意義都很重大。如果德國可以贏得這場戰爭，它就可以攻進巴黎，將法國消滅，德國的版圖裡將會多一塊地方，那就是法國。如果法國打贏這場戰爭，就可以挽救法國。所以，這場至關重要的戰爭一直持續很長時間，雙方激戰不休。這場戰役就是著名的馬恩河戰役。

就在法國和德國激戰正酣的時候，英國也加入戰爭。但是，英國站在法國這邊，一起對抗德國。德國人看見英國人加入，顯得有些慌亂，因為英國擁有世界上最強大的海軍。你還記得嗎？這支海軍曾經打敗海上霸主西班牙，也打破拿破崙的不敗神話。因此，英國的加入對於德國而言，是一個致命的打擊。

雖然德國人知道英國很強大，但是他們不會這麼輕易地退出戰鬥。雖然他們的海軍無法和英國抗衡，但是在海底下就不一定。於是，德國人放棄戰艦，選擇潛水艇作為作戰工具。德國人利用潛水艇，成功地躲避英國海軍的攻擊。

德國人的這個舉動，使得場面越來越難收拾。當時，德國的潛水艇定位並不像現在這樣準確，他們經常瞄準英國戰艦發射炮彈，但是總會打偏。有時候，德國人甚至會將沒有參戰國家的船隻擊沉。因此，越來越多國家對德國不滿，他們也加入這場戰爭，例如：美國。1917年，美國的一艘船被毫無準頭的德國潛水艇擊沉。於是，本來安靜待在美洲不想參戰的美國人再也坐不住，他們決定參戰。但是，他們距離戰場5000多公里，人們似乎並不看好他們可以在戰爭中發揮多大作用。但是，正是這個剛誕生的年輕國家，卻派出兩百萬名士兵，穿過大西洋來到歐洲戰場，參與許多重要的戰役。

所以，幾乎全世界所有國家都參戰。一時之間，世界就像一個比武場，所有人都在打，混亂而無序。因為這場戰爭不僅是歐洲國家的戰爭，也波及世界上許多國家，所以被稱為世界大戰。後來，為了與第二次世界性的戰爭區分，這次戰爭又被稱為「第一次世界大戰」。

第一次世界大戰持續很多年，一直到1918年11月11日，以德國和它的同盟國宣告投降而結束。

德國和它的同盟國簽定一份協定，同意戰勝國的所有要求。失敗以後的德國成為共和國，原來的奧地利帝國也分裂為許多獨立的小國。在原本塞爾維亞的位置上，成立新的國家，也就是南斯拉夫。第一次世界大戰的戰火總算熄滅了。

【藏寶箱裡的日記】——潛水艇

潛水艇有許多分類標準，如果你聽到有人說，這是攻擊潛艇或是戰略導彈潛艇，表示他是按照潛水艇的作戰使命來為它分類。也有人按照動力標準，將潛水艇分為常規動力潛艇（柴油機－蓄電池動力潛艇）與核潛艇（核子動力潛艇）。如果一艘潛水艇的排水量達到2000噸以上，它就是大型潛艇，600～2000噸的為中型潛艇，小型潛艇的排水量只有100～600噸。但是這不是最小的，還有更小的袖珍潛艇，排水量在100噸以下。

西元1918年

第 72 章：不太平的和平年代

到這裡，我講述的歷史已經有幾千年。二十年對於幾千年的歷史來說，實在是太短。但是，如果我們說，一隻狗已經二十歲，我們又會覺得那隻幸福的小狗活得很久。所以，時間究竟是長是短，並不是絕對。現在，我們來看看第一次世界大戰結束以後的二十年之間，世界又發生什麼事情。

二十年，是第一次世界大戰結束到第二次世界大戰開始的那段時間。遭受第一次世界大戰摧毀的國家，在這段時間裡有休息時間，於是人們都忙著恢復。

第一次世界大戰給人們的心理上帶來巨大的創傷，一時之間難以癒合。所以，世界各地的人們在第一次世界大戰結束的時候，都希望和平局面可以長久地維持下去。

因此，戰勝國的政府領導們集中在法國的凡爾賽宮召開一個會議。在會議上，他們起草一個和平條約——《凡爾賽條約》，這個條約嚴格限定德國軍隊的規模。從此以後，德國只能將軍隊的規模限制在足以保持德國內部秩序穩定的範圍內。德國不能組織空軍，不能擁有坦克，不能有潛水艇。而且，在條約中還規定德國要向同盟國賠償一大筆經費，以補償那些在戰爭中遭受損失的國家。

後來，為了更好地維持和平，許多國家聚集在一起，成立「國際聯盟」。各個國家都派出代表，出席國際聯盟的會議。國際聯盟的主要功能是：如果發生戰爭威脅，國際聯盟就要向備戰的國家發出警告，讓備戰的國家提交自己的情況到國際法庭上審理。國際聯盟希望可以在聯盟解決一切問題，而不是透過戰爭來解決問題。

國際聯盟努力維持世界和平，制定一些約束條令。但是，這也只是條令而已。就像我們總是在牆上看到警告：不要亂畫，可是仍然有人亂畫。所以，國際聯盟的條令就像那個沒有任何威懾力的警告標語。

後來，人們簽署一份反戰條約，承諾不發動戰爭，各個國家也削減自己的海軍。人們用盡一切辦法來阻止戰爭爆發。但是我說過，如果只有一個標語警告人們不要在牆上亂畫，根本無法阻止搗亂的人在牆上塗鴉。人們制定的條例，以及簽定的反戰條約，都無法阻止戰爭的爆發。最終，和平局面還是被打破。世界就像一個平靜湖面被投進一塊巨石，又起波瀾。

在第一次世界大戰和第二次世界大戰之間的二十年，以全世界的範圍來看是和平的，但是局部一些戰爭從未間斷。這裡要來講述發生在亞洲的戰爭。自從日本的國門被美國的培里將軍打開以後，日本就走出閉關鎖國的境況，開始與外國人通商接觸。

在這個過程中，日本就像一個熱愛學習的學生，從外國學習到先進的工業文明，發展成為工業化國家，國力提升很快。發展之後的日本，兵力增強。這個時候，它想要搶佔殖民地，擴展自己的國土面積。

與日本距離最近的中國，成為日本人眼中的肥肉。那裡物產資源豐富，就像一個儲藏量豐富的倉庫，完全可以滿足日本對物資的需要。於是，日本在1931年派兵強行佔領中國東三省，開始它的侵華步驟。中國人民不能讓自己的國土淪陷，於是開始奮起反抗。對日本的強盜行為，世界上許多國家也表示不滿，他們紛紛寫信給日本政府，指出他們的錯誤，希望他們不再對中國用兵。

可是，日本不聽勸告，侵華戰爭還在繼續，雖然許多國家拿出當初的反戰條例來勸說日本，但是卻無濟於事。因為沒有用武力干涉，所以對於那些說理性的勸說，日本根本毫不理會。

國際聯盟雖然一直在干涉，可是最終毫無成效。一直到第二次世界大戰爆發的時候，中國和日本的戰爭還在繼續。日本的侵華一步一步擴大，他們先後侵吞中國東北部，隨後就是東部沿海地區。最終，中國政府被趕到西部地區。

中國雖然沒有日本那樣充足的軍備，但是中國人依然堅持抵抗。就在中日戰爭發生的同時，非洲也爆發戰爭。義大利軍隊攻進古老的衣索比亞，也就是古代的阿克蘇姆地區。

衣索比亞一直以來都是獨立的國家，可是義大利卻一直妄想要征服衣索比亞，將其變成自己版圖上的一部分。

在歷史上，義大利幾次想要發動戰爭征服衣索比亞，但是一直沒有成功。這一次，義大利採用最先進的作戰方式。它發動強大的軍事攻擊，使用最先進的攻擊性武器，例如：飛機、大炮、炸彈，甚至連毒氣都用上。但是，此時的衣索比亞人卻仍然使用長矛作為武器，怎麼可能抵禦義大利的瘋狂進攻？於是，義大利成功地佔領衣索比亞。

在歐洲，也有戰爭爆發，西班牙發生內戰。西班牙國內的兩派政治團體，為了爭奪領導權而大打出手。西班牙內戰原本是自己國家內部的事情，但是兩派團體卻請來外援。他們分別請俄國和德國以及義大利來幫忙。於是，一個國家的內亂，變成世界性的戰亂，不知不覺之中，戰爭範圍逐漸地擴大。

雖然人們渴望和平的心情迫切，但是面對此時中國、衣索比亞、西班牙三個地方同時燃起的戰火，國際聯盟沒有任何解決辦法。人們只能眼睜睜地看著日本不斷地入侵中國，看著義大利將衣索比亞侵吞，看著西班牙國內戰火不斷。

當然，戰爭並不是二十年之中唯一發生的事情，當時大部分國家還是處於恢復生產階段。在最初的十年之間，人們忙於生產和銷售，他們製造物資，然後又瘋狂地購買和使用各種產品。

人們的生活水準比起第一次世界大戰的時候，有很大程度的提升。有些人生產，有些人消費，因為戰爭而萎靡的經濟開始復甦起來，商業開始逐漸走向繁榮，人們逐漸看到生活的希望。他們認為，有錢可以賺，有工作可以做，這種經濟繁榮的現象會不斷的持續下去。可是，他們錯了，經濟繁榮不久之後，就出現衰敗的跡象。

好的工作越來越難找，上百萬的人失業，工廠生產的產品擺在貨架上無人問津。工廠不斷裁員，更多的人開始失業，找不到工作的人們怎麼可能有錢去買多餘的物資？這個惡性循環不斷進行，最終形成商人們口中的「經濟大蕭條」。

在接下來的十年裡，經濟大蕭條的陰雲一直籠罩在人們的生活中，美國也陷入這場經濟危機之中。富蘭克林・德拉諾・羅斯福成為美國總統的時候，美國正在經濟大蕭條的泥潭中掙扎。人們變得越來越絕望，他們看不到希望，覺得生活一片黑暗。所以，羅斯福上任以後，要解決的首要問題就是如何將美國從經濟大蕭條的泥潭裡拉出來。

羅斯福有信心拯救美國人逃離經濟危機。他上任以後，鼓勵美國人：「我們唯一恐懼的就是恐懼本身。」他要求通過一些法律，將國家的錢補貼給那些無法找到工作的人，讓他們不至於挨餓。

在此之後，羅斯福又繼續施行他的政策。美國政府出錢雇來幾千人為城市各個方面做工作，這個措施使更多人有工作，生活有保障。羅斯福的這些舉動，促進美國的經濟發展，舒緩經濟危機的壓力。這次的施政方針，被人們稱為「羅斯福新政」。

雖然羅斯福沒有辦法立刻把美國人從危機中拯救出來，但是在他執政期間，經濟危機帶給人們的絕望感已經不再那樣強烈。希望，正在透過經濟危機的陰雲，重新回到人們的生活中。所以，在羅斯福四年執政期滿之後，人們又投票選舉他成為下一任美國總統。

羅斯福連任兩屆美國總統，在任八年。在任期結束之後，人們又選舉他成為美國總統，於是他又當上第三次美國總統。後來，他第四次被選為美國總統，可惜的是，他沒有做完第四任的任期就去世，否則他會做十六年總統，說不定更多。

但是，這已經是美國歷史上的一個奇蹟，羅斯福從1933年到1945年一直當總統。十幾年以來，他為美國人民做出的貢獻不可磨滅。羅斯福對美國的貢獻還有一件：

在羅斯福第三個任期開始之前，二十年的和平時期已經結束，第二次世界大戰爆發。美國人民不希望自己捲入戰爭中，這也是羅斯福所期望的。但是，羅斯福認為，美國雖然遠離戰場，但是美國仍然有可能會遭受攻擊，為了以防萬一，他帶領美國人民做好迎戰準備。

果然不出羅斯福所料，美國也不可避免地遭受攻擊，但是因為羅斯福早有準備，所以美國並未遭受巨大損失，而是和全世界人民一起，走向勝利。可惜的是，羅斯福在德國投降之前一個月就去世，無法看到第二次世界大戰的勝利。

短暫的二十年，世界經歷緩慢的發展，也經歷無法避免的戰爭，更經歷無可避免的經濟蕭條。更嚴重的是，在這二十年之後，最惡劣的世界大戰還在等待人們。

【藏寶箱裡的日記】——《凡爾賽條約》

《凡爾賽條約》總共分為15部分，440條。它規定禁止德國實行普遍義務兵役制，只能招募志願人員參軍，而且它還規定，德國只能保留10萬人陸軍，海軍只保留一些輕型水面艦艇。此外，條約還規定，德國不能在萊茵河以東50公里內設防，就是所謂的萊茵蘭非軍事區。

根據條約的規定，德國必須歸還普法戰爭中取得的法國亞爾薩斯和洛林地區，德國所有海外殖民地由國際聯盟「委任統治」。經濟上，條約規定德國要支付大量賠款，但是卻沒有規定具體數目。

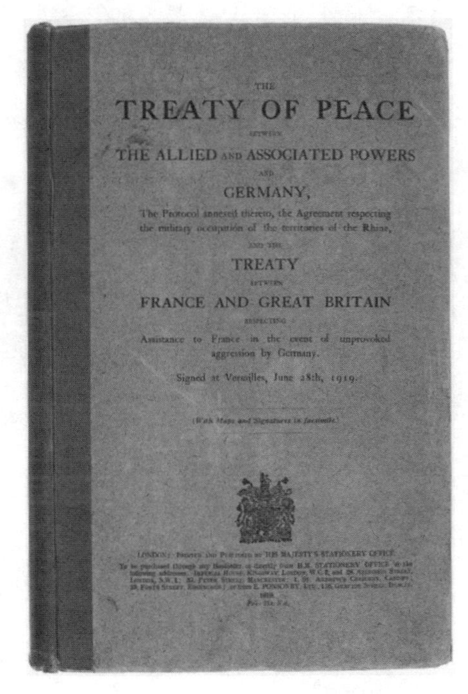

《凡爾賽條約》英文版封面

第 73 章：新時代在倒退走路

在第一次世界大戰結束以後幾年，義大利出現一個獨裁的統治者——墨索里尼。除了墨索里尼，另一個獨裁者更殘酷和厲害，他就是阿道夫·希特勒。他是德國的統治者，組織成立「納粹黨」。正是希特勒違反《凡爾賽條約》規定，帶領德國人建造大規模的陸軍和空軍部隊發動戰爭，吞併周邊一些小國，然後向波蘭進發。

當波蘭遭受德國攻擊的時候，英國立刻出面警告德國。可是希特勒不管這些，他還派出飛機和陸軍將波蘭攻佔。看到德國無視自己的警告，英國簡直忍無可忍，於是1939年，英國對德國宣戰，象徵第二次世界大戰開始。

波蘭位於蘇聯的西邊，就在德國入侵荷蘭之後，蘇聯從東邊進入波蘭，和德國一起瓜分波蘭。然後，德國繼續攻佔其他國家，挪威、丹麥、法國、比利時，德國的戰車逐漸輾過這些國家。

德國的攻勢實在是太強大，這些國家根本無法抵禦德國的攻擊，就在英法等國煩惱不已，對德國的攻勢難以招架的時候，墨索里尼給這些國家火上澆油，他帶著義大利加入戰爭，站在德國那邊。

這樣一來，德國的力量變得更強大。不久之後，德國的目標只剩下英國。

此時英國的首相是溫斯頓·邱吉爾，他面對的形勢非常危急：只有不足一百輛的坦克，少量飛機，士兵也很難與德國抗衡，看起來簡直是一場不可能勝利的戰爭。但是邱吉爾沒有放棄，他透過電台，多次發表演說，鼓勵英國人民要堅持抵抗德國入侵，鼓勵英國人民要勇敢，要無畏，不要屈服。邱吉爾說：「我們要不惜一切代價來保衛國家。我們要在海灘作戰，要在敵人的登陸地作戰，要在田野和街頭作戰，要在山區作戰。我們絕對不會投降！」

英國人在邱吉爾的帶領下，鼓足勇氣面對德國，堅決準備抗戰。德國的戰鬥力確實很強大，納粹黨將三千多艘駁船開進歐洲海岸，將船頭對準英國方向。這種駁船是一種沒有動力推進裝置，沒有自航能力，依靠機動船帶動的船，主要是用作客貨運輸，現在德國將三千多艘駁船停靠在歐洲海岸，就是準備隨時搭載納粹士兵橫渡英吉利海峽，入侵英國。

想要成功佔領英國，也沒有德國想的那麼容易，除了海上艦隊，英國的空軍也是十分強大。此時，希特勒必須先打敗英國的空軍，才可以有備無患地讓德國的陸軍登陸英國。所以，他派出德國最好的空軍前往英國，去轟炸英國的機場和海港。

英國英勇迎戰，在戰機比德國少的情況下，憑藉精湛的作戰技術，打敗德國的空軍，將納粹的飛機擊退，這就是著名的「不列顛戰役」。在這場空戰的最初十天中，英國的飛機只損失153架，可是卻擊落德國飛機697架。這是一場偉大的戰爭，也是德國遭遇的第一次失敗。

但是，德國並不甘心就這樣放棄，它雖然無法毀掉英國的空軍，但是它還是依靠自己強悍的空軍數量，不分晝夜地派出自己的空軍前往英國的倫敦上空，投下很多炸彈，炸毀很多建築，炸死很多英國居民。

英國皇家空軍飛行員不分晝夜地反擊德國空軍，德國的飛機不斷地被擊落。德國終於害怕了，最後只敢在晚上派出飛機去偷襲。

在整個戰爭中，德國對英國的空襲從未間斷。但是，希特勒還是無法掌握進入英國的最佳時間，為英國爭取籌集武器和軍隊的時間。可以說，是英國空軍捍衛這次戰爭，所以邱吉爾也稱讚英國飛行員。他說：「在人類戰爭史上，從來沒有一次像這樣，以如此少的士兵保護如此眾多的人民。」

【藏寶箱裡的日記】——溫斯頓・邱吉爾

你或許知道英國首相溫斯頓・邱吉爾是著名的政治家，但是你或許不知道他也是一位優秀的作家。1953年，邱吉爾以《第二次世界大戰回憶錄》，獲得諾貝爾文學獎。而且，據說他掌握十二萬以上的英語辭彙，是世界上掌握英語辭彙最多的人。邱吉爾總共寫下26部書，他的作品一經出版，就會引起轟動，獲得好評。而且，世界各國也在翻譯他的著作，在自己國家發行。邱吉爾還是一位著名的演說家，他在第二次世界大戰時期所做出的精彩演說，鼓舞許多人。當時，他的演講名稱是「熱血、辛勞、眼淚、汗水」，裡面有這樣一段話：

擺在我們面前的，是一場極為痛苦的嚴峻考驗。在我們面前，有許多漫長的鬥爭和苦難的歲月。你們問：我們的政策是什麼？我要說，我們的政策就是用我們全部的能力，用上帝所給予我們的全部力量，在海上、陸地、空中進行戰爭，與一個在人類黑暗悲慘的罪惡史上從未有過的窮凶極惡的暴政進行戰爭。這就是我們的政策。

你們問：我們的目標是什麼？我可以用一個詞語來回答：勝利——不惜一切代價，去贏得勝利。無論多麼可怕，也要贏得勝利。無論道路多麼遙遠和艱難，也要贏得勝利。因為沒有勝利，就不能生存。大家必須認識到這一點：沒有勝利，就沒有大英帝國的存在，就沒有大英帝國所代表的一切，就沒有促使人類朝著自己目標奮勇前進這個世代相傳的強烈欲望和動力。但是，當我挑起這個重擔的時候，我是心情愉快並且滿懷希望的。我深信，人們不會聽任我們的事業遭受失敗。此時此刻，我覺得我有權利要求大家的支持，我要說：「來吧，讓我們同心協力，一起前進。」

第 74 章：全世界都點燃戰爭的煙花

法國淪陷之後，英國成為德國的眼中釘，德國對英國的進攻一直很猛烈，沒有停息。雖然經歷「不列顛戰役」的勝利，但是英國並沒有真正贏得戰爭，德國雖然暫時不進攻英國，可是說不定還會再次捲土重來。

畢竟，德國的軍隊是世界上最強大、訓練最強力、裝備最精良的軍隊。人們都知道，如果德國休養過來，再次入侵英國，英國人很難再次將它趕走。

加拿大、澳洲、南非、紐西蘭、印度，是英國在海外的領土國。這些國家也想要派兵支援英國，可是想要支援英國，就必須走海路。誰又能保證他們在海上航行的時候，不會成為德國潛水艇的目標？

比起孤立無援的英國，德國可以算是幸福許多，它有墨索里尼的強力支持，日本也加入它的陣營。這三個國家的組合，讓世界上許多國家感到害怕，害怕他們不知道什麼時候會來侵略自己。

這種緊張的感覺，就連距離歐洲將近5000公里的美國也深深地感覺到。美國人未雨綢繆，他們積極準備作戰，擴充軍隊，準備坦克和飛機等軍事武器，並且不斷建造船艦來準備海上抗擊。

這些都是當時的美國總統羅斯福的遠見，在之前的故事中，我們已經說過。但是，養精蓄銳並不是一朝一夕就可以成功，需要長期的準備。美國的準備，看起來有些倉促，但是總比沒有好。美國準備大概一年時間，就遇到襲擊，幸好有之前的準備，所以美國還可以抵抗。這是後來的事情，我們還是先說德國。

在被英國打退以後，德國就在法國、丹麥、挪威建立新秩序，並且準備再次進攻英國。此時的義大利也沒有閒著，正在攻打希臘和埃及。但是，義大利軍隊與德軍相比還是比較弱，而且希臘軍隊英勇善戰，面對義大利的入侵，希臘人奮力抵抗，最終成功阻止義大利的進攻。

義大利在北非的戰場上，遇到一個極具傳奇性的英國將領。他集合大英帝國各地的戰士們，帶著這些戰士迎擊義大利軍隊。雖然他們的人數不及義大利軍隊的五分之一，但是士氣高漲。很快的，他們擊退義大利兩支部隊，而且成功地解放衣索比亞。

看到盟友義大利失利，德國當然不願意善罷甘休，德國派出精銳部隊前往北非，和那裡的英國軍隊纏鬥。這場戰爭一直持續三年之久，同時德國也出兵前往希臘，為義大利報仇。三個星期之內，德國就佔領希臘。

隨後，希特勒又派兵前往蘇聯，打算佔領蘇聯。蘇聯是一個大國，不僅面積遼闊，而且軍事力量強大，當年拿破崙遠征俄國，就是失敗而歸。如今，希特勒也想要來品嘗失敗的果實嗎？

不要以為希特勒很傻，他派兵遠征蘇聯，是朝向蘇聯的物資而去。蘇聯擁有豐富的資源，如果德國可以征服蘇聯，就可以得到大量的石油、小麥、木材、礦產。而且此時，德國已經佔領15個歐洲國家，希特勒非常有信心可以征服蘇聯。

德軍快速地衝進蘇聯境內，一路上蘇聯軍隊不斷敗退，讓德軍的信心更充足。可是，雖然蘇聯軍隊節節敗退，但是並沒有被完全擊潰。就這樣，德軍與蘇聯軍隊一路打到莫斯科城外。德國人認為，那裡將會是蘇聯徹底失敗的地方，但是事情並非像他們想的那樣。

德軍發動大規模的武器進攻，從三面同時進攻莫斯科城，數千架的飛機和坦克不斷對莫斯科進行狂轟濫炸。但是蘇聯軍隊和莫斯科人民並沒有屈服，他們寧死不屈，頑強的抵禦德軍的進攻。在堅持幾個星期之後，德軍終於被擊退，蘇聯軍隊成功地保衛莫斯科。

但是，這並不是蘇聯贏得勝利的終點，雖然德軍無法佔領莫斯科，可是德軍依然佔據戰爭優勢。就像之前在英國的情況一樣，德國人只是被趕走，他們也許很快就會回來。

就在蘇聯的情形稍微緩和的時候，美國遭到侵襲。

1941年12月7日，日本的空軍飛機突然襲擊在夏威夷珍珠港的美國艦隊。日本的突然攻擊，令美國毫無防備的艦隊損失慘重，兩千多名美國人死於這場襲擊之中。這次襲擊幾乎讓美國在珍珠港的軍隊全軍覆滅。在事發第二天，也就是1941年12月8日，英國和美國正式對日本宣戰。四天以後，德國和義大利對美國宣戰。

美國的準備本來就不夠充分，再加上日本的突然襲擊，美國損失很多軍艦，想要再補充戰艦需要很長時間，而且軍隊也沒有完全訓練好，此時的美國完全沒有能力對付德國和日本的攻擊。

但是，美國很幸運，就在千鈞一髮的時刻，德軍數百萬的軍隊被蘇聯軍隊牽制在歐洲，無法到美國作戰。這樣一來，使得美國有喘息的機會，在接下來的這一年，美國快速發展自己的軍工業。美國工廠生產大量的軍需物資，一部分留著自己備用，一部分被船隻送到蘇聯軍隊和在埃及的英國軍隊。

日本一直沒有停下侵略的步伐，他們侵略中國，佔領英國在新加坡的海軍基地，搶走菲律賓群島，侵佔馬來半島，佔據法屬印度支那，從荷蘭那裡奪取東印度群島，佔領泰國和緬甸……

如果你翻開亞洲地圖，用紅色表示當時被日本侵佔的地方，你會發現，將是一片很大的地方。日本的到處侵略，讓英美等國十分煩惱，但是羅斯福總統和邱吉爾首相還是決定先解決德國問題，然後再來收拾日本。於是，英軍和美軍組成聯軍，開往北非，他們迅速擊敗在那裡的德軍。然後，英軍和美軍會聚到英國，一起從英國出發，搭乘飛機前往轟炸德國，展開一場空中對決。

1944年6月，英美聯軍在德懷特・艾森豪將軍的帶領下，穿越英吉利海峽，在法國諾曼第登陸，與德軍展開殊死奮戰。英法聯軍在這次戰役中取得勝利，德軍被擊敗。英美聯軍乘勝追擊，開往德國。

德國在英法聯軍的打擊壓迫下，只好將兵力撤出法國、比利時、荷蘭，退回自己的國家。這三個國家因此恢復獨立自主。

另一條戰線上的蘇聯軍隊，也一直堅持與德軍戰鬥。他們一鼓作氣，將德軍打回德國。然後，蘇聯軍隊一路追擊，佔領德國的首都柏林。德國想要佔領全世界的美夢就此徹底破碎，他的同盟者墨索里尼已經被義大利人抓起來執行槍決。

接下來應該是日本。日本此時仍然在和全世界人民作對，但是大勢所趨，世界恢復和平已經指日可待。

那些被日本佔領的國家，在經歷長期艱苦卓絕的鬥爭以後，一個接一個地恢復自由。但是，面對急轉直下的形勢，日本仍然堅持不投降，一直到美國在日本的長崎和廣島投放兩顆原子彈，日本終於宣布投降。這次投降是用30萬日本人民的犧牲換來的，十分慘烈。

這場人類歷史上規模最大的第二次世界大戰終於結束。1945年5月，德國正式投降，日本在同年的8月宣布投降。此後，人類真正地迎來一個和平的時代。

第二次世界大戰之後，美國和蘇聯成為世界上最強大的兩個國家。在第二次世界大戰中，世界上很多國家被牽扯在內，很多人死於這場戰爭之中，許多國家也在經歷這場硝煙之後，變得傷痕累累。

但是唯獨蘇聯和美國，雖然遭受戰爭的創傷，但是依然很強大。首先是因為他們的國土面積非常大，其次是因為他們的資源十分豐富，他們用自己擁有的資源為自己的國家做恢復建設，十分便捷。所以，他們在戰後的恢復也十分迅速。

雖然在第二次世界大戰期間，蘇聯和美國是同盟國，可是來到和平時期，他們又變成競爭對手。世界上再也沒有任何國家可以與他們一爭高下，所以他們決定在彼此之間爭出第一名，看看誰才是這個世界上最強大的國家。他們的這種行為，就像兩個任性的孩子比賽誰跑得快。他們的舉動，給世界帶來很多麻煩。

【藏寶箱裡的日記】——第二次世界大戰的陣營

軸心國陣營：

德國、日本、義大利。

僕從國：斯洛伐克、匈牙利、保加利亞、羅馬尼亞、芬蘭、克羅埃西亞、偽滿洲國、偽「蒙疆聯合自治政府」、維琪法國、泰國、自由印度臨時政府、汪偽國民政府。

同盟國陣營：

中國、蘇聯、美國、英國、澳洲、比利時、加拿大、哥斯大黎加、古巴、多明尼加共和國、薩爾瓦多、希臘、瓜地馬拉、海地、宏都拉斯、盧森堡、荷蘭、紐西蘭、尼加拉瓜、挪威、巴拿馬、波蘭、南非聯邦、南斯拉夫、墨西哥、緬甸、菲律賓、衣索比亞、伊拉克、巴西、玻利維亞、伊朗、哥倫比亞、賴比瑞亞、法國、厄瓜多、秘魯、智利、巴拉圭、委內瑞拉、烏拉圭、土耳其、埃及、沙烏地阿拉伯、敘利亞、黎巴嫩、捷克斯洛伐克。

第 75 章：過去的戰爭與未來的創造

歷史的車輪不斷向前行進，在歷史前行的過程中，有和平也有戰爭，二者相互更替。如果你讀完之前講述的所有故事，你就會發現，世界每隔一段時間就會打一次仗。在戰爭期間，會出現許多有名的英雄，例如：賀雷修斯、列奧尼達、聖女貞德……他們堅持自己的信仰，保衛自己的家國，得到人們的尊重與紀念。

當然，還有許多不知名的人在戰爭中保衛自己的國家。他們為了國家的利益，不惜犧牲自己的性命。他們雖然在歷史上沒有留下姓名，但是他們也是值得後人尊重。

為了擴大自己的權力，滿足自己的欲望，為了財富而去侵略和傷害別人，無論這些人發動戰爭的理由是什麼，都不值得原諒。戰爭犧牲無數人的性命，破壞無數家庭的幸福，進而使得歷史倒退，這些都是戰爭帶來的壞處。無論戰爭之中是誰獲勝，他們也是與失敗者一樣，必須為戰爭付出代價。如果沒有戰爭，人們在和平之中應該會生活得更美好和幸福。

有時候，人們為了贏得戰爭的勝利，使用致命的武器。日本原子彈的爆炸，足以說明致命性武器對人類的毀滅有多麼巨大。為了自己的國家不被侵佔，人們還在不斷地研發更強大的武器，這些武器如果都被應用在戰爭中……我實在無法想像那個時候的世界將會變成什麼模樣，但願那樣的一天不會到來。

除了戰爭，人類也在不斷地創造奇蹟。飛機、直升機、太空船，把原來只有在神話中才會出現的飛翔夢想變成現實。但是，這不是人類創造的終點，人類的科技還在不斷地發展和進步。人類不斷地將夢想從童話中搬出來，變成現實。或許有一天，人們可以發明製造一種東西，它可以阻止所有的戰爭。

世界就像一個巨大的寶盒，等著人們將它打開，發掘其中隱藏的秘密。一些原本存在的事物，也不斷地被我們發現。新大陸已經在幾百年以前被發現，現在我們似乎沒有更新的大陸可以發現，但是人類卻可以發明原本不存在的東西，創造一個又一個神奇的時刻。

在優秀的科學家和發明家的努力下，人類的生活不斷地進步，例如：史坦梅茲、阿爾伯特・愛因斯坦、查爾斯・德魯，從真空吸塵器到迴旋加速器，從電子顯微鏡到空氣調節，從雷射到人工心臟移植……這一切都讓我們的生活變得更便利美好。

我們不得不提人類在醫學上的進步。最初，人類的醫療水準十分低下，一些現在看起來平常的疾病，在當時都是致命疾病。例如：很久以前，人們會因為天花而死亡，但是後來我們發明疫苗，透過接種疫苗就可以預防天花，因此我們從天花病魔的手中奪回許多人的生命。除此之外，防止破傷風等疾病的疫苗也被研製出來。青黴素的發現，可以防止病菌滋生。

如果你經常喝牛奶，一定會發現牛奶的包裝盒上通常會寫著「採用巴氏消毒法」。這種消毒法由德國人巴斯德發明，它可以殺死致命性細菌。人們為了紀念他，就用他的名字為這種消毒法命名。下次你再看到「巴氏消毒法」，應該要知道它指的是巴斯德發明的消毒法。

關於發明的故事實在是太多，我要另寫一本書才可以把這些偉大發明全部說給你聽。歷史中的故事太多太多，我們生活在歷史之中，要知道過去發生什麼，要瞭解現在的世界是什麼模樣，還要對今後生活懷抱希望與憧憬。

【藏寶箱裡的日記】——愛因斯坦

阿爾伯特・愛因斯坦是美國籍猶太人。1933年，他因為受到納粹政權迫害而來到美國，並且於1940年加入美國國籍。

愛因斯坦是世界上最偉大的科學家之一，現代物理學的開創者，同時也是著名的思想家和哲學家。曾經有人問愛因斯坦成功秘訣，他回答：「成功，就是正確方法加上努力工作，並且少說廢話。」

愛因斯坦在物理學上提出相對論，揭示時間和空間的本質問題。雖然這個理論很難理解，人們為了理解它而花費許多精力，但是它確實將物理學推向一個新的高度。

愛因斯坦對人類認識自然所做出的貢獻是巨大的，因此美國《時代週刊》曾經將他評選為「世紀偉人」。

現在

汲古閣 13

希利爾的世界歷史

作者 維吉爾・希利爾
譯者 王奕偉
美術構成 驟賴耙工作室
封面設計 斐類設計工作室
發行人 羅清維
企劃執行 張緯倫、林義傑
責任行政 陳淑貞

企劃出版 海鷹文化
出版登記 行政院新聞局局版北市業字第780號
發行部 台北市信義區林口街54-4號1樓
電話 02-2727-3008
傳真 02-2727-0603
E-mail seadove.book@msa.hinet.net

總經銷 知遠文化事業有限公司
地址 新北市深坑區北深路三段155巷25號5樓
電話 02-2664-8800
傳真 02-2664-8801
網址 www.booknews.com.tw

香港總經銷 和平圖書有限公司
地址 香港柴灣嘉業街12號百樂門大廈17樓
電話 （852）2804-6687
傳真 （852）2804-6409

CVS總代理 美璟文化有限公司
電話 02-2723-9968
E-mail net@uth.com.tw

出版日期 2022年01月01日 二版一刷
定價 360元
郵政劃撥 18989626 戶名：海鴿文化出版圖書有限公司

國家圖書館出版品預行編目（CIP）資料

希利爾的世界歷史 ／ 維吉爾・希利爾作 ； 王奕偉譯.
-- 二版. -- 臺北市 ： 海鴿文化，2021.11
面 ； 公分. --（汲古閣；13）
ISBN 978-986-392-397-8（平裝）

1. 世界史 2. 通俗史話

711 110016452